A Sociology of Special and Inclusive Education:
Exploring the manufacture of inability

특수교육과 통합교육의 사회학

장애학생과 저성취 학생을 위한 교육 정책

Sally Tomlinson 저 | 강종구 · 김라경 · 김지연 · 강성구 · 김소현 공역

학지사

A Sociology of Special and Inclusive Education:
Exploring the manufacture of inability
by Sally Tomlinson

역자 서문

초창기 국내 특수교육에서 장애란 치료가 필요한 '잘못된' 상태이며, 특수교육을 제공받는 장애학생은 무엇인가가 '잘못된' 학생이기 때문에 행동수정을 포함한 다양한 치료적 방법을 통해 고쳐져야 하는 대상이었다. 이에 따라 장애학생은 '정상'이 아니며 '잘못된' 존재로 여겨졌고, 그들을 '정상' 학생으로 변화시키는 것이 특수교육의 목적이었다. 이후 국내에서 특수교육은 계속해서 다양한 미사여구와 용어로 변화되어 왔지만, 결국 특수교육의 핵심적인 지위를 차지하고 있는 의료적, 치료적, 자선적 관점은 여전히 계속 주요 관점으로 유지되어 왔다.

이러한 특수교육에 뿌리 깊이 자리 잡고 있는 관습적인 관점은 나에게도 오랜 기간 지배적인 관점으로 자리 잡았다. 특수교육을 공부하는 과정에서도 관습적인 관점에 대해 혼란과 의문을 가지기는 하였지만, 이러한 혼란과 의문이 발생하는 근본적인 원인에 대해서는 구체적으로 이해하지는 못하였다. 이는 특수교육을 공부하는 과정에서 정말 이러한 학생들은 누구이며 어떠한 교육이 이루어져야 하는지를 계속 고민하게 만들었다. 이러한 고민은 나로 하여금 특수교육이 발전한 미국에서 공부를 하게 이끌었던 주요 요인이 되었다. 특히 1990년대 말 미국 밴더빌트대학교(피바디대학)에서 석사 과정으로 특수교육을 공부하기 시작하면서 미국 통합교육 환경에서 장애학생이 경험하는 다양한 장면은 국내 특수교육에 대한 고민을 더욱 증폭시켰다. 당시 장애학생이 일반학교에 통합되어 수업에 참여하는 모습은 매우 생소하면서도 놀라운 광경이었다. 일반교실에서 특수교사가 장애학생의 옆자리에서 수업을 지원하는 것을 일반교사와 비장애학생 모두 당연하게 받아들이던 광경, 일반교사가 수업 시간에 장애학생을 참여시키기 위해 많은 노력을 기울이며 비장애학생 역시 장애학생과 자연스럽게 어울리던 장면, 특수학교에 배치되어서 수업을 받던 장애학생이 일반학교에 배치되어 교육 받는 일 등 미국 특수교육 현장에서 경험하였던 장애학생의 통합교육은 그동안 한국에서 어렴풋이 상상하고 있었던 경계선을 넘어서는 충격 그 자체였다.

그렇지만 석사 과정을 마칠 때까지 이러한 경험과는 별개로 여전히 나의 머릿속에 주로 자리 잡고 있었던 것은 장애학생의 '문제'를 어떻게 하면 효과적으로 고치고, 이를 통해 보다 나은 교육을 제공할 수 있을까?'였다. 결국 내가 가지고 있었던 장애학생의 교육에 대한 인식은 학교 시스템이나 장애학생이 가지고 있다고 믿었던 문제를 고쳐서 '정상화'시키는 것이었다. 이는 당시에 전 세계적으로 광범위하게 퍼져 있었던 특수교육에 대한 치료적 접근이었다!

장애에 대한 의료적, 치료적 관점은 국내뿐만 아니라 전세계 특수교육에 뿌리 깊이 자리 잡아 온 전통적 관점이었다. 이처럼 뿌리 깊이 자리 잡고 있었던 전통적 관점을 재해석하고 변화시켜 가는 과정은 나에게 참으로 길고도 어려운 과정이었다. 내가 기존에 가지고 있었던 장애에 대한 전통적 관점을 비판하고 변화시켜 나간 것은 미국 컬럼비아대학교(티처스칼리지)에서 박사 과정을 공부하면서 장애학^{Disability Studies}이라는 학문을 처음 접하면서 비로소 시작된 것 같다. 박사 과정을 공부하면서 장애학에서 중점적으로 다루는 의료적, 사회적 관점을 통해 장애의 본질을, 다양한 관점을 통해 계속 탐색하고 고민하는 시간을 가질 수 있었으며, 이러한 과정을 통해 장애에 대한 사회적 관점으로부터 전통적 관점인 의료적 관점을 비판하고 재해석할 수 있다는 것을 서서히 이해할 수 있었다.

미국에서의 박사 과정 동안 가졌던 지식과 이해는 장애에 대한 밑거름이 되었지만, 장애와 특수교육에 대한 이해는 여전히 많이 부족한 상태였다. 미국에서 박사 학위를 받은 후 한국에서 장애, 특수교육, 통합교육에 관한 연구와 강의를 하는 동안 항상 머릿속에서 맴돌았던 고민은 국내 통합교육 상황에서 이루어지고 있는 특수교육의 불완전성에 관한 것이었다. 특수교육과 통합교육 관련 연구와 강의를 하면서, 국내에서는 특수교육과 통합교육 간의 관계가 모두 불안정한 상태로서, 상호 보완적이기보다는 각각이 전혀 다른 수준으로 작동하는 것 같았다. 이는 국내 통합교육이 특수교육 주도로 시작되었으며, 지금도 특수교육 주도로 통합교육과 관련된 다양한 법규와 정책이 이루어지는 상황에서 다소 의외의 상황이었다. '통합교육 속에서 특수교육이 과연 어떠한 역할을 하고 있는가?' '일반교육 속에서 특수교육은 받아들일 준비가 되어 있는 것인가?'와 같은 여러 질문이 머릿속에서 맴돌았다. 무엇보다도 '비장애학생이 대다수인 통합교육 상황에서의 특수교육 대상학생을 중심으로 하는 통합교육이 어떻게 실현 가능한가?'에 대한 의문과 고민이 계속해서 이어졌다.

연구자로서 한국에서 가졌던 장애, 특수교육, 특수교육과 통합교육 간의 관계에 대하여 계속하여 품고 있었던 모호함과 의문의 실타래는 Sally Tomlinson의 글들을 접하면서 사회학적인 관점으로 장애와 특수교육을 재해석할 수 있도록 이끌었다. 특히 Tomlinson이 언급한 '특수교육 산업화'라는 용어는 이제까지 어렴풋이 알고 있었던 장애, 특수교육, 통합교육 간의 관계에 대하여 새로운 차원의 이해의 물결 속으로 빨려 들게 하였다. 그동안 계속해서 특수교육, 통합교육, 장애학 등을 계속해서 공부하고 연구하면서 이러한 영역에 대한 지식과 이해의 폭을 넓혀 가고는 있었지만, 항상 무언가가 해소되지 않고 부족한 느낌을 떨쳐 버릴 수 없었다. 그러나 Tomlinson의 글들을 읽으면서 특수교육과 통합교육에 대한 통찰력을 확장시켜 나갈 수 있었으며, 무엇보다도 특수교육과 통합교육 간의 교차성에 대하여 보다 구체적으로 정리하고 고찰할 수 있는 시간을 가질 수 있었다. 특히 '특수교육은 왜 존재하는가?' '특수교육의 전문성은 무엇인가?' '관련 산업은 어떠한가?' 그리고 '특수교육의 미래는 어떻게 될 것인가?'에 대하여 상상할 수 있는 시간이었다. 이처럼 Tomlinson의 글들을 접하면서 그의 저서들을 국내에도 소개하고 싶은 마음이 간절해졌다. Tomlinson의 대표적인 저서들 가운데 하나인 『A Sociology of Special and Inclusive Education』을 연구자로서, 그리고 한국 통합교육과 관련된 다양한 이해당사자를 위해 꼭 한번 번역해 보고 싶은 소망을 가지게 되었다.

이 책을 번역하면서, 특수교육을 통해 장애라는 가상의 진단을 하고 이에 따라 특정 학생을 '정상' 학생과 다르게 구분하고, 소위 '정상'에서 벗어난다는 이유로 다양한 편견과 차별을 경험하고 있는 학생들이 지금보다는 더 공평하면서도, 포용적인 교육 환경에서 자신들의 교육적 권리를 제공받을 수 있어야 한다는 것을 다시금 생각하게 되었다. 하지만 '이러한 생각 자체가 장애인을 차별적이고 다른 존재로 인식하는 생각으로부터 시작한다는 것은 아닌가?' 하는 생각도 동시에 가지게 되었다. 결국 Tomlinson의 책이 시사하듯이, '우리가 가지고 있는 문제는 장애나 장애학생을 구분하고 특정한 기준으로 차별화하는 사회와 교육 시스템의 문제가 아닌가?'라는 생각을 하게 되었다. 이 책은 결국 우리가 생각하는 장애, 특수교육, 통합교육의 벽을 넘어 차별 없이 학생의 다양성을 존중할 수 있는 학생 중심의 통합교육을 강조하는 책이라는 이해가 되었다.

이 책을 번역하는 과정에서 함께 참여하여 많은 시간과 열정을 기울여 준 공동 번역자들에게 깊은 감사의 말씀을 드리고 싶다. 또한 이 번역서의 출간이 가능하게 지원해 준 학지사와 원고를 꼼꼼히 교정하면서 보다 나은 번역서가 될 수 있도록 많은 노력을 기울여 준 편집부 선생님들께도 깊은 감사의 말씀을 드리고자 한다. 아무쪼록 이 번역서를 통해 장애가 아닌 학생 자체를 바라보는 관점으로, 그리고 '장애'학생이라는 특정한 집단이 아닌 모든 학생을 위한 통합교육을 생각할 수 있기를 진심으로 바라 마지않는다.

대표 역자 강종구

서문

(결함이 있는 아이들의) 미래는 호의적이지 않을 것이다. …… 여성들이 그 어느 때보다 더 많이 가정과 가족을 소홀히 하면서 고용되고 있기 때문이다. …… 차[tea]와 다른 유해한 물품, 식단 …… 남성들은 게을러지고 있으며 실업자의 대열에 합류할 준비가 되어 있다. …… 교장들이 학교에 결함 있는 아동의 목록을 가지고 있는 것은 드문 일이 아니다.

(Potls, 1908: 5권 87)

서구 국가에서는 약 200년 동안 산업 사회에 적응할 수 없거나 적응하지 못할 것이라는 점에서 결함이 있는 것으로 간주되는 사람들의 교육과 고용에 대한 관심이 집중되어 왔다. 정책, 관행, 개입, 문헌에서는 이들에 대한 잔인함, 자선 또는 징벌적 자비, 그리고 최근에는 불평등한 사회에 조건부로 통합하는 방식을 번갈아 가며 사용하고 있다.

이제 차[tea]가 사회 문제로 비난받을 가능성은 줄어들었다. 그러나 이제는 일하든 일하지 않든, 자녀에게 부적절한 음식을 먹이는 여성과 실업자는 여전히 능력이 떨어지는 것으로 간주되거나 장애가 있거나 특별한 교육적 요구를 가진 자녀를 출산하는 것, 또는 꽤 정상적이지 않으며 정부, 전문가, 각종 실무자로부터 관심이 필요한 것으로 간주되는 사람들을 묘사하는 데 사용되는 기타 완곡 어법과 관련 있을 가능성이 높아졌다.

이 책은 특수교육 및 통합교육[special and inclusive education]과 저성취자 교육[The education of lower attainers]을 구성하는 사회적, 정치적, 경제적 정책과 관행에 대한 사회학적 관점을 제시한다. 19세기부터 국가 단위의 특수교육 시스템이 대다수에게 제공되는 주류mainstream 또는 정규regular교육의 하위 시스템으로 등장했지만, 20세기 말에는 특수교육이 통합교육이라는 광범위한 세계적 운동에 편입되었다. 전 세계적으로 교육 시스템이 확장되고 발전하고 있었다. 이전에 고등교육은 엘리트에게만 주어졌고, 기초 교육은 일부 사람들에게 주어졌으며, 대부분의 사람은 교육에서 배제되어 왔지만, 점점 더 많은 정부는 모든 사회 및 민족 집단, 특히 특별한 교육적 요구나 장애 및 학습의 어려움을 겪는 것으로 간주되는 사람까지도 교육에 포함시켜야 한다는 전제를 받아들이고 있었다. 1994년 92개 정부와 25개 국제기구가 '학교가 모든 아동, 특히 특수교육 필요가 있는 아동에게 서비스를 제공할 수 있도록 통합적인 교육inclusive education 접근법을 촉진하는 데 필요한 근본적인 정책 변화를 고려'하기 위해 회의를 가진 후 살라망카 성명서Salamanca Statement에 서명했다(UNESCO, 1994). 2000년 세네갈 다카르Dakar, Senegal에서는 아동, 청소년, 성인을 위한 '모두를 위한 교육'에 대한 전 세계의 긍정적 평가가 있었다(UNESCO, 2000). 유엔 '모두를 위한 교육Education for All'(EFA) 글로벌 모니터링 팀이 설립되어 글로벌 차원에서 통합교육과 특수교육이 연계되었다. 이것이 국가 또는 지역 수준에서 적용되는지 여부는 여전히 논란의 소지가 있으며, 2015년 EFA 모니터링 보고서는 글로벌 수준에서 장애 상태가 교육 배제의 위험을 계속 증가시키고 있다는 불만을 제기하였다. 인도India와 다른 개발도상국에서 자Jha가 지적했듯이, 전 세계적으로 추진되는 통합교육은 비문해 성인과 아동, 여성, 소수 민족, 배제된 카스트, 부족, 장애인, 빈곤층, 아동 노동자, 거리의 아동, 고아, 전쟁, 폭력, 자연재해의 피해자 등 모든 교육 격차와 불평등을 제거하는 것을 의미하는 광범위한 개념으로 의도된 것이었다(Jha, 2002).

선진국에서의 교육 시스템의 확장은 이전에는 장애 명칭label 또는 특수교육으로 배제되거나 최소한의 교육만 제공받던 집단을 위한 제도적 장치, 자원, 자금의 확대로 이어졌다는 것이 분명해졌다. 그러나 이제 여기에는 기본 교육basic education을 넘어 기대치가 지속적으로 높아지는 시스템에서 그 목표를 성취하기 어려운 많은 사람이 포함되었다. 최소한의 기본 자격도 없이 또는 최소한의 자격만을 갖춘 채 학교를 중퇴하거나 배제되어 실업자의 대열에 합류하는 저성취자 문제는 정치적으로나 경제적으로 중요한 문제가 되었다. 모든 국가 정부는 글로벌 경제 경쟁에서의 성공을 위해 더 높은 수준의 교육과 기술 훈련이 필요하다고 믿고 있으며 모든 젊은이들이 최소한의 기본 교육 수준 이상을 달성해야 한다는 데 점점 더 많은 관심을 가지게 되었다. 특수교육 프로그램이 통합교육이라는 개념에 포함되면서 업계 전체가 그 의미와 조직, 프로그램에 대한 글을 쓰고, 설명하고, 처방하고, 논쟁하게 되었다. 대다수의 문헌은 보다 일반적이고 인식 가능한 신체적, 감각적, 중증장애에 초점을 맞춘 반면, 대부분의 아동과 청소년의 경우 '문제'에 대한 평가와 범주는 전문가와 실무자의 가치 판단에 의존했다. 이러한 '비규범적' 서술적 범주(Tomlinson, 1982: 65)는 합의된 기준이 없으며 결정은 젊은이에게 내재된 자질보다는 판단을 만드는 사람들의 신념에 더 의존할 때 만들어진다. 선진국과 일부 개발도상국의 경우 대중 교육의 전체 구조는 저성취자, 학습장애를 가진 사람, 또는 다양한 특수교육적 요구를 가진 사람들에 대한 다양한 종류의 지원 확대를 강조하고 있다. 이는 '모두를 위한 교육'이라는 전 세계적인 흐름에 부합한다는 점에서 긍정적인 발전으로 볼 수 있지만, 아동과 청소년을 '능력', 장애, '잠재력' 측면에서 차별화함으로써 차별적이고 불평등하게 대우를 할 수 있다는 생각을 심어주는 것이기도 하다. 이러한 차별은 영재나 재능이 있는 학생으로 구분되거나 사립학교 또는 특혜를 받는 주류학교에서 더 많은 특권을 누리는 교육과 더불어 정치적, 경제적 목적에 부합하는 계층 구조를 강화시킨다.

이 책은 아마도 특수교육 사회학의 마크 2(!)라고 할 수 있다. 30여 년 전 같은 제목의 책을 썼을 당시에는(1982년) 특수교육을 구성하는 사회적 과정, 정책, 관행에 대한 진지한 사회학적 탐구를 소개할 수 있을 것 같았다. 당시 이론과 관행은 다양한 학문의 영향을 받았지만 사회학은 그중 하나가 아니었다. 당시에는 주로 결함, 장애 또는 방해를 이유로 아동을 일반교육mainstream education에서 분리하는 데 관심이 많았던 특수교육 관행에 의료, 심리, 행정, 규범적 교육 및 기술적 접근 방식이 영향을 미치고 정보를 제공했다. 전문가와 실무자들의 신념은 주로 개인, 가족, 사회 및 인종 집단 내의 결함과 불이익에 대한 이론에 기반을 두고 있었으며,[1] 교사와 부모는 논란이 많은 임상적, 심리적, 교육적 판단을 받아들이도록 요구받고 있었다. 나는 1978년에 학교 인구의 약 20%가 어떠한 유형의 특수교육이 필요하다는 보고서(DES, 1978) 발표에도 불구하고 당시에는 사회학적 관점에 대한 적대감이 있었으며, 이는 분명 사회적 조사가 필요한 문제라고 지적했다. 저성취자와 '특별한' 사람들을 위한 시스템의 확장이라는 분명한 사안에 대해 더 넓은 역사적, 사회적, 정치적 관점을 제시할 필요가 있었던 것 같다.

> 특수교육은 전문가와 실무자들이 활동하는 도덕적 틀을 제공하는 자애로운 인도주의 이념으로 가득 차 있다. 그러나 다양한 시기에 결함, 장애[handicapped] 또는 특별한 교육적 요구가 있는 것으로 정의된 아동에 대한 인식, 분류, 제공 및 치료는 계몽적이고 발전된 것일 수도 있다. 동시에 이는 사회적으로 더 약한 집단을 분류하는 사회적 범주화이기도 하다.
>
> (Tomlinson, 1982: 5)

이 책의 한 저명한 평론가는 당시 특수교육에 대한 비판적 견해가 사회적, 직업적 갈등을 강조하는 반면, 전문가들은 아동의 '불행을 최소화하려는 무관심한 욕구'에만 동기가 부여되어 있다고 우려했다. 실제로 그녀는 갈등의 관점에서 사회현상을 분석하는 것이 마르크스주의적 활동이라고 생각했다(Warnock, 1982). 특히 특수학교 폐쇄에 대한 논쟁이 전개되고 반통합주의 주장이 격렬해지면서 당시와 마찬가지로 일부 심리학자와 실무자들은 자신들의 영역에 사회학이 침투하는 것에 대하여 불편해했다(Ballard, 2003; Farrell, 2006; Kauffman & Hallahan, 2005 참조). '자애로운 인도주의'라는 개념은 유용한 것으로 입증되었고 수년 동안 널리 인용되어 왔지만, 과거와 마찬가지로 현재도 이러한 사회적, 인종적 집단의 대우를 적절하게 설명하지는 못한다. 리처드슨[Richardson]이 이러한 개념을 징벌적이고 가부장적[paternalistic] 자비로 정교하게 표현한 것이 더 정확해 보인다(Richardson & Powell 2011; Richardson et al., 2017). 적대심에도 불구하고 사회학적 관점은 대중적이고 지속적인 것으로 입증되었다(Allan, 1999, 2010; Barton, 1996; Barton & Armstrong, 2007; Brantlinger, 2008; Powell, 2011; Slee, 2011; Thomas & Vaughan, 2004).

기존의 특수교육, 그리고 통합교육 과정을 교사, 학부모, 아동에게 이해시키고,

권력을 가진 사람이 어떻게 교육에 대한 통제권을 유지하고 정당화할 수 있는지에 대한 지식을 제공하려는 시도는 많은 사람들로부터 환영받았다. 사회학의 목적 중 한 가지는 개인의 '사적인 문제'(Mills, 1959)를 구조적 뿌리로 추적하는 것이며, 사회학은 권력과 영향력을 가진 사람들의 사회 현실 표현에 이의를 제기할 수 있다. 현재 정신의학적 영향력에 대한 비판이 많으며, 1970년대 장애운동[Disability Movement]은 장애인으로 분류된 사람들의 삶을 제한하는 것은 사회적 제도와 과정이라는 사회적 이해를 바탕으로 성공적인 주장을 펼쳤다(Oliver, 1990; Oliver et al., 2002). 이러한 이해는 많은 신체적, 감각적, 기타 종류의 장애에 대한 법률 제정과 대중의 이해를 높이는 결과를 가져왔다. 하지만 'SEN[special education needs: 특수교육]'으로 간주되는 대다수의 청소년과 경미한 학습장애나 파괴적인 행동, 높은 시험 점수에 대한 요구를 수용하지 못하는 청소년들이 학교와 정책 입안자들에 의해 주요 문제로 간주되는 것에 대한 이해가 부족하다.

특수교육과 통합교육에 관한 방대한 문헌에서 가장 큰 문제는 글들이 상대적으로 더 잘 알려져 있거나 새롭게 인식되는 '장애'를 가진 소수집단에 집중되어 있다는 것이다. 예를 들어, 3,000페이지에 달하는 『특수교육 백과사전[Encyclopaedia of Special Education]』(Reynolds et al., 2014)에 인용된 논문은 주로 중증장애 연구를 기술하고 있으며, 지난 2년 동안 자폐성 장애와 교육에 관한 4권 분량(Humphrey, 2015)을 포함하여 약 240권의 자폐성 장애 관련 책들이 출판되었다. 그러나 대서양 양쪽에서는 SEN과 장애에 대한 비평적 글쓰기는 지속되어 왔으며, 관행을 변화시키는데 영향력을 발휘했고, 현재 다양한 범주와 장애에 대한 비평적 문헌과 통합교육에 대한 수많은 문헌이 존재한다. Artiles 등(2011)이 지적한 바와 같이, 문헌의 한 가지 문제점은 학계와 전문가들이 서로 다른 저널에 게재하는 경향이 있다는 것이다. 따라서 특수교육, 장애학[disability studies], 인종 및 계층, 글로벌 통합교육, 심리, 의료 및 신경과학 중재에 대한 연구는 동일한 고객을 다루면서 평행선을 따라 진행된다. 이는 아마도 쿤적 다원주의[Kuhnian pluralism]의 위험성과 과학 패러다임의 변화가 서로 다른 '전문가'의 교리를 정당화하는 데 사용될 수 있다는 토머스 쿤[Thomas Kuhn](1962)의 개념, 그 결과 경쟁적인 주장과 이념 전쟁을 불러일으킬 수 있다는 점을 잘 보여 준다. 사회생물학의 부활로 인해 "인종이 사회적 구성물이라는 통념은 생물학적 실체를 결여하고 있으며, 인간의 유전적 특성과 인종 범주 사이의 연관성을 더 강조해야 한다."는 주장이 제기되면서 '인종' 개념과 관련하여 이념 전쟁이 다시 벌어지고 있다(Shiao et al., 2012: 67). 이에 대해 모닝Morning(2011, 2014)은 '인종'은 생물학적 분류를 구성하려는 역사적 시도에서 발전된 사회정치적 범주로 존재한다고 지적했다. 더욱이 메서Messer(2014)는 2014년 2월 미국과학진흥협회American Association for the Advancement of Science에서 "유전적 자질이나 다양한 신체적, 지적 특징을 토대로 사람들을 분리하려는 어떠한 신념 체계도 인간 사회에서 용납될 수 없다."라고 인용했다. 그러나 카츠Katz는 '자격 없는 빈곤층의 생물학적 열등'(2013)에서 (유전자에 대한 외부적이고 가능한 역사적 영향을 다루는) 환경 후성유전학 연구는 주로 가난하고 불우한 집단과 관련이 있으며, 빈곤층에 대한 새로운 통치의 일부가 되어 생물학적 기반 계층 인종차별로 돌아갈 수 있다고 제안했다.

왜 마크 2인가?

이 책의 주요한 논거는 전 세계적으로 저성취 학생과 특수교육 및 통합교육에 대한 수많은 문헌과 정책적인 권고에도 불구하고 정부는 이 영역을 확장하는 것에 대한 확신이 없으며, 너무 많은 비용이 발생하는 것에 대해 부담스러워하는 것처럼 보인다. 학교 실무자들은 자신들에게 요구되는 부담에 불만을 가지며 종종 두려워하고 있으며, 전문가, 특히 민간에 고용된 경우 점점 더 자신의 이익을 방어하며, 개인과 시스템의 결함을 설명하는 새로운 '전문성'이 매일 등장하고 있다. 학부모들은 자녀에게 발생하는 일에 대해 더 많은 발언권을 약속받았으며, 일부 학부모들의 경우에는 특수교육 자원을 확보하고 자녀를 원하는 학교에 입학시키는 방법을 찾는 데 능숙해지고 있지만, 여전히 무슨 일이 일어나는지를 알아내는 것에는 장벽과 모호함을 느끼고 있다. 전 세계적으로 소득과 부의 불평등이 계속 증가함에 따라 저성취자와 특수교육 대상자의 미래는 특히 불안정하다. 청소년 교육에 대한 원인, 결함, 배치, 조직, 자원, 자금, 청소년 교육에 대한 전문적 침해에 대한 논쟁이 계속되는 동안, 교육을 마친 이후 청소년들에게 어떤 일이 발생하고 있는지, 그리고 앞으로 어떠한 일이 발생할지에 대한 관심, 연구, 조사는 놀라울 정도로 거의 이루어지지 않고 있다.

이 책은 학교와 대학에서 저성취자로 간주되는 아동과 청소년, 학습 어려움 및/또는 장애를 가진 특수교육 아동과 청소년의 수가 증가하고 있으며, 이들이 취업 시장에서 어떠한 일을 겪고 있는지에 대한 정보와 토론을 한데 모으려고 노력하였다. 이러한 확대는 글로벌 지식 경제의 성공적인 경쟁을 위해 국가적 필요와 모두를 위한 교육 및 기술 훈련이 필요한 경쟁력 있는 한 글로벌 경제의 발전과 연계되어 있다. 모든 젊은이들은 어려움이나 장애가 있더라도 자신과 인적 자본에 끊임없이 투자하여 더 높은 시험 점수와 새로운 기술을 습득하고 계층화된 교육 시스템과 사라져가는 취업 시장에서 서로 경쟁해야 한다. 모든 젊은이들은 실업이나 복지 혜택에 의존하지 않고 경제적으로 생산적인 존재가 되어야 한다. 필수 수준까지 학습하는 데 어려움을 겪고 낮은 수준의 직업 과정과 낮은 수준의 직업으로 이어지거나 사회에 '짐'으로 남을 수 있는 젊은이들은 문제가 있는 것으로 간주된다. 교육과 취업에서 성취하지 못하고 비행 청소년으로 간주되는 청소년들은 청소년 보호 시설이나 교도소에 수감될 수 있다. 하위 단계로 확대되는 제도로 유입되는 청소년들의 특징은 계속해서 사회경제적 수준이 낮고 여성보다 남성이 많으며 소수 인종과 민족이 과도하게 대표된다는 점이다. 그러나 경쟁적인 학교 환경에서 학습장애를 경험하는 자녀를 위한 중산층의 자원 수요가 확대되면서 '특수교육 산업'이 확대되고 있다(Riddell et al., 2016; Tomlinson, 2012). 글로벌 경제에서 모든 젊은이들의 미래는 더욱 불안정해지고 있으며, 추가 교육 서비스와 자원에 대한 경쟁은 더욱 치열해지고 있다.

하지만 역설적이게도 서구 국가에서 150년 동안의 대중 교육은 더디고 부분적인 성공을 거두었다. 19세기 하류층과 인종 및 민족 집단의 교육에 대한 반대부터 동등한 자원의 의도적인 보류에 이르기까지, 이들 집단은 교육받을 수 있다는 것을 증명해 왔다. 그러나 이제는 글로벌 디지털 경제에서 일할 수 있는 사람보다 훨씬 더 많은 사람들이 교육을 받고 있다. 이것이 바로 이러한 성공을 뒤로 미루고, 새로운 우생학과 고정된 능력, 즉 '낮은 IQ'와 '결핍된 두뇌deprived brains'라는 개념을 통해 이러한 집단의 무능력이 유전될 가능성이 있다는 것을 증명하려 시도하는 한 가지 이유일 것이다. 실제로 학습 능력이 완벽한 젊은이들을 위해 계층적 학교 시스템에서 '전략적 수준의 무지'를 유지하는 것이 앵글로색슨 국가에서는 정책 목표가 된 것으로 보인다. 이 책이 영국과 미국의 정책, 관행, 문헌에 집중하는 이유 중 한 가지는 이 두 나라가 시장 신자유주의, 교육 민영화, 젊은이들 사이의 경쟁적 개인주의 모델을 가장 명확하게 채택했기 때문이다. 특히 영국은 직업 교육과 훈련을 '학업' 교육에 비해 후순위로 여겨 왔으며, 중산층 및 열망하는 그룹은 오랫동안 직업 교육을 기피하는 경향이 강했다. 이는 기술 및 직업 교육을 더 존중하는 다른 유럽 국가들과는 대조적이다.

영국과 미국에서는 하위 사회 집단의 유전적 열등성을 밝히려는 유전 연구가 활발히 진행되고 있으며, 이 두 나라가 부유한 세계에서 소득 불평등 수준이 가장 높은 것은 우연이 아니다(Dorling, 2015; Stotesbury & Dorling, 2015). 특히 미국에서는 전체 인구, 특히 아프리카계 미국인 및 기타 소수 민족의 열등한 교육 수준이 불평등한 사회의 상징으로 남아 있으며, 호주와 뉴질랜드 등 다른 국가에서도 많은 인구가 유전적 무능력을 믿고 이들을 불평등하게 대우하고 있는 것으로 보인다. 이 책은 특수교육 및 통합교육이 불평등을 지속적으로 재생산하는 데 있어서 어떻게 그리고 왜 영향을 미치는지에 대한 설명을 시도하였다. 이 책은 현재의 정책이 일반교육 접근을 거부함으로써 인구의 무지를 양산하도록 설계된 것은 아닌지에 대한 의문을 제기하였다. 또한 적어도 120년 동안 유지되어 온 '지능'이라는 것은 고정된 높고 낮은 능력, 똑똑한 사람과 아둔한 사람, 학문적인 사람과 실용적인 사람이라는 개념을 설정하는 종형 곡선bell curve에 따라 편리하게 배치된 점수인 IQ 테스트로 측정될 수 있다는 신화를 깨뜨리려고 시도하였다.

이 책은 다음과 같은 질문을 다루었다.

- 학습 어려움, 저성취, 행동 문제 또는 장애가 있는 것으로 간주되는 젊은이들

의 25~30%를 다루는 전체 교육 부문이 왜, 그리고 어떻게 발전해 왔는가?

- 특수교육 프로그램과 자원은 어떻게 통합교육의 변형에 포함되었는가?
- 능력의 위계, 학습 잠재력의 한계, 유전적 속성의 측정으로 추정되는 IQ에 대한 이데올로기적 믿음이 젊은이들의 치료를 계속 정당화시켜 온 이유는 무엇인가?
- 특수한, 통합된, 또는 저성취 프로그램 이후 젊은이들의 일과 삶의 기회 측면에서는 어떤 일이 일어나고 있는가?

책의 기획

1장에서는 교육 시스템의 발전 과정과 경제와의 관계를 이해하지 않고는 특수교육 및 통합교육의 확대를 이해할 수 없음을 시사하였다. 교육 시스템과 그 일부는 자발적으로 발전하지 않으며 반드시 다양한 젊은이 그룹에 혜택을 주기 위해 변화하지도 않는다. 교육 시스템은 그것을 통제하는 사람들의 목표에 따라 변화하고 확장되며 갈등과 권력 투쟁을 수반한다. 경제, 시장, 일자리 경쟁, 생산, 금융 흐름, 정보, 생활방식 등을 포괄하는 개념인 글로벌화를 고려하지 않고서는 교육 시스템을 연구할 수 없다. 교육은 이제 '자본'이자 글로벌 산업의 일부이며, 가치 있는 지식으로 간주되는 것은 사고팔 수 있는 상품이 되었다. 권력을 가진 사람들은 제공되는 교육의 양과 종류를 조절할 수 있으며, 하위 집단을 대상으로 '전략적인 무지의 유지'(Archer, 1988: 190)를 사용하여 그들이 받을 교육의 양과 종류를 결정할 수 있다. '교육 자본'이 제한적이거나 전혀 없는 사람들은 국가 및 글로벌 경제에서 불리한 위치에 있으며, 이는 특히 교육 시스템에서 특수교육이 필요하거나 장애, 학업 중단, 저성취 영역에 있는 젊은이들이 해당된다. 이 장에서는 장애, 특수교육, 통합교육과 관련된 문헌과 관행의 확대에 주목하면서 교육 확대에 대한 몇 가지 사회학적 이론과 설명을 살펴보았다. 여기서 발생하는 긴장과 반목은 오랜 기간의 사회적, 정치적 역사를 지닌 모순을 보여 준다. 통합성과 형평성에 대한 주장에도 불구하고 이를 실현한 국가는 없으며, 현재 일어나고 있는 일은 기존 시스템에 있어 골칫거리인 젊은이들의 '무능력', 특히 고정된 능력/장애라는 만트라mantra: 주문를 통해 급변하는 세계 속에서 전통적인 위계적 사회 질서를 유지하려는 시도일 수 있다. 역설적이게도 이는 대부분의 젊은이들이 실제로 국가 및 글로벌 경제에서 학습하고 일할 수 있는 능력이 있는지에 대한 두려움과도 관련이 있을 수 있다.

2장에서는 영국에서의 특수교육 출현과 발전이 인도주의적인 진보라기보다는 지배적인 사회적, 정치적, 경제적 이해관계를 뒷받침하는 것임을 간략하면서도 개괄적으로 설명하였다. 이 장에서는 19세기 중반부터 21세기 첫 10년간의 사건을 개관하였으며, 장애인 교육 제공의 이면에 있는 경제적, 통제적 필요성을 설명하고, 장애인을 수익성 있고 노동에 적합하게 만드는 데 관심을 가진 기업, 시설, 분리 학교교육에 있어 빈민, 장애, 비행 아동 통제에 관심을 가진 정부를 보여 주었다. 결함이 있고 능력이 떨어지는 아동을 정의하는 데는 의학적, 심리적 이해관계가 지배적이었으며, 교사들은 교실에서 문제아를 제거하는 데 관심을 가졌다. 초기 우생학적 관점은 영향력을 가졌으며, 이러한 견해는 특히 결함 있는 자녀를 낳아 (영국) 인종을 위협하는 여성들에 대한 통제에 영향을 미쳤다. 전후 탈식민지 이민은 1960년대부터 특수교육 분야에서 인종 및 민족 문제를 도입시켰다. 모듬식 통합integration에 대한 논의는 1990년대부터는 포용식 통합inclusion이라는 개념으로 대체되었으며, 1999년 신노동당 정책에서는 배제와 통합을 병행하는 익숙한 방식을 채택하였고, 특수학교가 포함된 통합 촉진을 위해 800만 파운드의 표준 기금을 마련했다.

3장에서는 19세기 미국 특수교육의 사회적 기원에 대해 간략하게 살펴보았다. 특수교육 역사가들은 공립학교의 의무 교육은 이미 가난하고 결함이 있으며 파괴적인 아동을 배제한 모든 잠재적 미국인을 포함하기 위한 것이며, 특수교육은 그 기원부터 인종적 열등감에 대한 깊은 신념과 관련 있다고 지적하였다. 특수교육이 확대되면서 '비백인'과 제2언어를 사용하는 아동이 불균형적으로 포함되었다. 1975년(공법 94-142) 이후의 논쟁은 모듬식 통합integration 또는 포용식 통합inclusion을 긍정적인 발전으로 보고 특수교육을 통해 불평등과 인종 불평등이 영속화될 것이라는 우려에 초점을 맞추었다. 영국보다 미국에서 저성취 젊은이들과 특수학생의 대학 또는 취업 시장 준비에 더 많은 관심이 집중되었지만, 사회학자인 리처드슨Richardson과 파월Powell(2011)은 특수교육 서비스를 받는 젊은 층 인구는 직업훈련, 수감, 일반교육, 사회적 분리, 계층화 문제와 함께 연구되어야 하다고 지적했다. 이 장에서는 빈곤층 및 소수 민족 학생과 특권층 학생 간의 '성취도 격차'에 대한 우려를 '교육 부채'로 올바르게 설명할 수 있다고 지적하였다(Ladson-Billings, 2006).

4장에서는 '능력'과 정신 측정이라는 개념에 대한 19세기와 20세기의 불쾌한 역사와 빈곤층과 소수 인종의 유전적 열등성에 대한 믿음을 상기시켜 준다. 많은 심리학자들이 포기한 것으로 알려진 IQ 테스트는 여전히 진 세계 많은 지역에서는 문제가 되지 않는 개념이다. 카민Kamin은 "역사적으로 IQ 테스트가 전달한 메시지보다 더 위안이 되는 메시지는 거의 없다. 가난한 사람, 외국에서 태어난 사람, 소수 민족은 멍청한 것으로 보인다. 그들은 그렇게 태어난 것으로 보인다."(Kamin, 1974: 16)라고 언급했다. 영국과 미국의 '오래된' 우생학자와 심리학자들의 연구가 검토되었다. 하위 사회계층과 소수 민족이 유전적인 측면에서 정신적으로 열등하다는 개념을 확산시킨 사회 다윈주의와 우생학적 신념이 식민지 이후 유럽과 노예 제도 이후 미국에서 구축된 신념 체계에 대해 논의되었다. 특히 영국과 미국에서는 신경과학과 행동 유전학의 발전으로 인해 낮은 인지 능력의 유전에 대한 논쟁이 다시 일어나고 있다. 영국에서는 로버트 플로민Robert Plomin과 그의 동료들의 연구가 정부에 영향을 미친 것으로 보인다. 그는 아동들을 검사하고 이들에게 유전적 및 학습 프로필에 적합한 교육을 제공해야 한다고 조언했다(Asbury & Plomin, 2014). 또한 정신적(인지적) 결함과 사회적 병리 사이의 우연한 관계도 지속되고 있다. 영국의 모든 정부는 사회적, 교육적 분리와 불평등을 뒷받침할 수 있는 새로운 암호-우생학crypto-eugenics의 영향을 받은 것으로 보인다(Dorling, 2010).

5장에서는 영국과 미국 정부가 젊은이들의 무지를 전략적 수준으로 끌어올리기 위해 어떤 노력을 기울이고 있는지에 대해 논의하였다. 다른 유럽 국가나 전 세계 다른 국가들보다 이들 국가에서 더 일반적인 개념으로는 아동이 받아야 할

교육의 양과 종류를 결정할 수 있는 고정된 양의 '인지 자본'과 고정된 능력이 있다는 것이다. 영국에서는 특수교육 라벨에 상관 없이 일반교육이 요구하는 수준에 도달하지 못하는 아동과 청소년의 경제적 필요성이 교육 시장 개혁과 신자유주의 이데올로기가 구체화된 1980년대부터 더욱 중요해졌다. 이는 기여할 가능성은 낮고 자원을 요구할 가능성은 높은 비수익 집단으로는 경제가 성장할 수 없다고 생각했기 때문이다. 통합교육에 서명하였으며, 학부모 및 사회 정의의 주장에 압력을 받았음에도 불구하고, 정부는 특히 2014년 입법과 새로운 실천 강령을 통해 비용을 절감하고 자원을 요구하는 사람의 수를 줄이는 데 더 많은 관심을 가졌다. 2010년 연립 정부가 선출되고 2015년부터 5년 동안 보수당 정부가 들어서면서 정책은 비용 절감에 집중되었으며, 특히 2016년에는 이러한 집단을 일반교육에 대한 '대안교육'을 확대하기 위한 법안을 통해 잠재적 장애 집단을 사회적으로 통제하는 데 집중했다. 무지를 유지하기 위한 새로운 전략인 가난한 아동의 '결핍된' 두뇌에 대한 증거를 제공하기 위해 신경과학이 투입되었다. 국가 교육과정에 대한 스트레스로 인해 저성취자들은 더 많은 어려움을 겪었으며, 특수교육 산업과 함께 고등능력 산업이 발전했다. 이 장에서는 특수교육대상자 및 저성취자가 실제로 누구인지에 대한 혼란이 여전히 만연하기 때문에 3개국의 지도자, 대학 학장, 행정가, 교사에게 이 그룹을 어떻게 정의하는지를 질문하는 연구 프로젝트의 정보를 포함하였으며, 이에 대한 자세한 내용은 8장에서 확인할 수 있다.

6장에서는 특수, 장애, 결함, 문제 아동에 대한 평가, 발견, 치료에 있어 전문가 영향력 확대를 논의하였다. 의료계의 우위와 심리학자 및 정신 측정 기술의 영향력은 잘 기록되어 있으며, 이러한 그룹의 정의, 원인, 목적지를 통제하기 위한 싸움이 언급되었다. 1996년에는 '특수한' 사람들을 다루는 데 관심을 가진 약 35명의 전문가를 문서화할 수 있었지만(Tomlinson, 1996), 특수교육 산업이 확장되고 저성취자들을 다루면서 더 다양한 전문가 그룹이 필요하게 되었다. 신경과학자와 행동 유전학자들의 새로운 전문적 관심사와 행동 조절을 위한 정신 의학 약물을 옹호하는 사람들의 영향도 관련되어 있다. 자존감과 정서적 웰빙, 정신건강 문제를 다루는 치료교육^Therapeutic education^이 확대되고 행정 관료주의도 확장되었다. 모든 정부는 항상 교육 및 사회 이데올로기를 지원하기 위해 의학, 심리학, 관련 전문가를 활용해 왔으며, 이제는 '더 나은 두뇌'를 찾고 파괴적인 행동을 통제하는 데 관심을 가지고 있다. 6장에서는 항상 문제아를 식별하고 교실에서 배제하는 데 관심을 가져왔으며 이제는 '기준을 높이는' 동시에 통합성도 발휘해야 하는 교사들의 딜레마에 대해 살펴보았다. 학교 내 특수교육 지원 코디네이터Special Educational Needs Co-ordinators(SENCO)를 확대하고, 저성취자와 특수교육대상자의 주요 교육자인 교수학습 보조원 직업을 신설한 것은 주목할 만하다. 이는 자격을 갖춘 교사들이 아동에 대한 관심을 기울이지 못하게 하는 방식으로 작용하며, 이러한 전문가들의 선한 의도가 무엇이든 간에 무지를 양산하는 결과를 초래할 수 있다.

7장에서는 특수교육과 통합교육 확대에 있어 부모의 영향력과 정부와 전문가의 대응에 대해 살펴보았다. 역사적으로 일반교육으로부터 배제된 아동의 부모와 보호자는 대체로 하류층이거나 언어 능력 부족이라는 가정하에 비롯된 피상적이고 자비적인 대우를 받아 왔다. 영국에서는 사회경제적 수준이 낮은 부모를 대상으로 하는 육아 수업과 프로그램이 교육부의 지원을 받고 있으며, 신경과학은 부적절한 양육이 결함 아동을 낳는다는 제안을 하는 데 사용되고 있다. 상류층과 중산층이 '아둔하고 결함 있는dull and defective' 자녀를 낳을 수 있다는 증거는 여전히 무시되고 있다. 부모는 여전히 부정적인 대우를 받을 수 있으며 사회계층이 낮고 소수 인종일수록 문제아problem children를 과잉 생산할 것이라는 가정이 있지만, 이제 부모 선택권 확대를 약속한 정부는 딜레마에 빠져들었으며, 약속대로 제공되지 않을 경우 소송이 늘어날 수 있다. 2016년에 있었던 한 가지 제안은 주립학교에서 운영위원회를 통해 부모의 영향력을 배제하자는 것이었다. 지식이 풍부한 부모들은 자녀가 학습을 방해하는 의학적, 신경학적, 치료적 장애를 앓고 있다고 주장하며 특별한 자원을 요구하는 경우가 점점 더 많아지고 있다. 이는 글로벌 시장 경제에서 교육의 경쟁적 성격을 뒷받침하는 이데올로기와 자녀가 취업 시장에서 역할을 하는 데 필요한 자격과 졸업장을 취득하지 못할 것이라는 중산층 및 중산층을 열망하는 집단의 두려움과 관련이 있다. 정부는 빈곤층과 장애인 가족에게 수당 삭감이라는 불이익을 주는 정책을 내놓았으며, 이에 따라 장애인 수당 신청자를 '복지 부랑자welfare scroungers'로 지칭하는 사회적 비난이 증가함으로써 '부서진 영국Broken Britain'의 원인이 되었다.

8장에서는 특수교육 프로그램에 참여했거나 저성취자로 분류되는 사람들을 경제적으로 고용할 수 있는지 여부와 방법을 중심으로 선진국의 주요 문제를 논의하였다. 선진국과 개발도상국 모두 일자리 창출과 그에 따른 사회적 통합이라는 과제에 직면해 있다. 모든 젊은이들을 교육 시스템에 포함시키기 위해서는 교육이 끝난 후 특수교육 또는 저성취자를 어떻게 할 것인가?하는 문제가 중요해진다. 영국의 저숙련 젊은이들은 다른 선진국보다 더 많은 취업 장벽에 직면해 있으며, 상당수가 (교육, 고용, 훈련에 참여하지 않는) 니트Not in Education, Employment and Training(NEET)족으로 분류된다. 대다수의 젊은이들이 일하는 또는 일하지 않는 가정 출신이지만, 중산층은 이제 경쟁적인 시장 경제에서 많은 자녀들이 일자리를 찾거나 유지하지 못할 수 있다는 두려움을 갖고 있다. 일자리에 대한 '글로벌 경매'가 벌어지고 있으며(Brown et al., 2011), 많은 중산층 젊은이들은 저임금 단기 일자리를 통해 '프레카리아트precariat(단순 노동자)'라는 전통적인 노동자 계층에 합류하면서 인적 자본 이론은 이제 무의미해졌다. 그럼에도 불구하고 중산층은 여전히 자녀를 직업 준비를 하는 곳에 보내는 것을 꺼리고 있다. 경쟁적인 글로벌 자본주의와 디지털 경제의 확산은 특수교육 및 저성취 계층에게 중요한 결과를 가져왔다. 모든 젊은이들을 제대로 통합하는 교육 정책과 모두에게 일자리를 제공할 수 있는 고용 정책이 부족한 선진국에서는 여전히 '피해자를 탓하는 것'이 기본 입장이다. 미국에서는 아프리카계 미국인과 히스패닉계 젊은이들이 많이 포함된 학교-교도소 간 파이프 라인pipeline에 대한 많은 연구가 진행 중이다. 이 연구에서 젊은이들을 실제로 상대하고 있는 3개국 학교 및 대학 학장들의 견해가 더 자세하게 논의되었으며, 이 모든 젊은이의 일자리와 삶의 목적지에 대한 자세한 정보가 부족하다는 점이 지적되었다.

이 책의 주요 결론은 능력이나 장애를 기준으로 젊은이들을 계속 분리하는 정책과 이로 인한 사회계층 및 인종별 분리에 관한 것이다. 특히 영국과 미국에서 정부 정책이 실제로 학습할 수 있는 '능력'이 무한대인 대다수의 청소년들의 무능력을 어떻게 만들어 내고 있는지를 다양한 방식으로 다루었다. 학교가 실패하고, 아이들이 결함이 있고, 사회 이동성이 정체되어 있으며, 저성취 청소년들은 파괴적이며, 의욕이 없고, 직업 능력이 부족하다는 미사여구는 개인의 결함보다는 정책과 관행의 결과이다. 긍정적인 정책은 '교육'에 대한 보다 문명화된 아이디어를 발전시킬 수 있는 경제와 사회를 개발하는 데 중점을 둘 수 있다. 이러한 것은 학력 수준에 상관없이 모든 젊은이들에게 일자리를 제공하고, 취업 능력은 부족할 수 있지만 여전히 가치 있는 시민으로서 가부장주의[paternalism]나 모욕이 필요하지 않은 사람들을 돌볼 수 있도록 준비할 수 있다.

미주

1) 인종, 인종차별, 민족, 문화, 다문화주의를 정의하려는 수많은 문헌에서 "인종 및 민족 집단은 실제로 이러한 특성을 가진 집단이라기보다는 공통된 행동 특성을 가진 집단이다……. 인종 집단은 유전적 또는 기타 결정론적 기반을 가진 것으로 생각되는 집단이며, 민족 집단은 행동이 변화할 수 있는 집단으로 생각된다."라는 렉스[Rex](1986: 17)의 정의가 채택되었다. 서구 국가에서 인종 집단을 정의하는 용어는 시간이 지남에 따라 그리고 국가마다 달라진다. 영국에서는 현재 BME[Black and Minority Ethnic](흑인 및 소수 민족)라는 용어가 사용된다. 인구조사 질문에서는 흑인과 출신 국가라는 용어를 사용하며 '유색인종'이라는 용어는 더 이상 허용되지 않는 반면, 미국에서는 아프리카계 미국인, 멕시코계 미국인, 라틴계 미국인, 아메리카 원주민 등 출신 국가별 설명과 함께 '유색인종'이라는 용어가 허용되고 있다.

참고문헌

Allan, J. (1999). *Actively Seeking Inclusion: pupils with special needs in mainstream schools*. Brighton. Falmer.

Allan, J. (2010). "The sociology of disability and the strategies for inclusion." *British Journal of Sociology of Special Education*, 31/5: 603–620.

Archer, M. S. (1988). *Culture and Agency*. Cambridge. Cambridge University Press.

Artiles, A. J., Kozleski, E. B. and Waitoller, F. R. (2011). *Inclusive Education*. Cambridge MA. Harvard Education Press.

Asbury, K. and Plomin, R. (2014). *G is for Genes: the impact of genetics on education and achievement*. Chichester. Wiley Blackwell.

Ballard, K. (2003). "Including ourselves: teaching, trust, identity and community" in (ed.). Allan, J. *Inclusion, Participation and Democracy: what is the purpose?* Dordrecht. Kluwer.

Barton, L. (1996). *Disability and Society Emerging Issues and Insights*. Harlow. Longman.

Barton, L. and Armstrong, F. (2007). Policy, Experience and Change: cross-cultural reflections on inclusive education. Dordrecht. Springer.

Brantlinger, E. (ed.) (2008). *Who Benefits from Special Education?* New York. Routledge.

Brown, P., Lauder, H. and Ashton, D. (2011). *The Global Auction: the broken promise of education, jobs and income*. Oxford. Oxford University Press.

DES (1978). *Special Educational Needs: report of the Committee of Enquiry into the education of handicapped children and young people*. London. The Stationery Office.

Dorling, D. (2010). "The myth of inherited inequality." *Fabian Review*, 122/1: 19-21.

Dorling, D. (2015). *Injustice-why social inequality still persists*. Bristol. Policy Press.

Farrell, M. (2006). *Celebrating the Special School*. London. Routledge.

Humphrey, N. (2015). *Autism and Education* (4 vols). London. Sage.

Jha, M. M. (2002). *Schools Without Walls: inclusive education for all*. Oxford. Heinemann Educational.

Kamin, L. J. (1974). *The Science and Politics of IQ. Harmondsworth*. Penguin.

Katz, M. (2013). "The biological inferiority of the undeserving poor." *Social Work and Society*, 11/1: 1-9.

Kauffman, J. M. and Hallagan, D. P. (2005). *The Illusion of Full Inclusion: a comprehensive critique of a current educational bandwagon* (2nd ed.). Austin TX.

Pro-Ed.

Kuhn, T. (1962). *The Structure of Scientific Revolutions*. Chicago IL. Chicago University Press.

Ladson-Billings, G. (2006). "From the achievement gap to the education debt: understanding achievement in US schools." *Educational Researcher*, 15: 3-12.

Messer, A. E. (2014). "Scientific racism's long history mandates caution." *Penn State News*, 3 March.

Mills, C. Wright (1959). *The Sociological Imagination*. Oxford. Oxford University Press.

Morning, A. (2011). *The Nature of Race: how scientists think, feel and teach about human difference*. Berkeley CA. University of California Press.

Morning, A. (2014). "And you thought we had moved beyond all that: biological race returns to the social sciences." *Ethnic and Racial Studies*, 37/10: 1676-1686.

Oliver, M. (1990). *The Politics of Disablement*. Basingstoke. Macmillan.

Oliver, M., Barnes, C. and Barton, L. (2002). *Disability Studies Today*. Cambridge. Polity Press.

Potts, W. A. (1908). "Evidence" in *Vol 5. Royal Commission on the Care and Control of the Feeble-Minded*. London. HMSO.

Powell, J. W. (2011). *Barriers to Inclusion: special education in the United States and Germany*. Boulder CO. Paradigm Press.

Reynolds, C. R., Vannest, K. J., and Fletcher-Janzen, E. (eds) (2014). *Encyclopaedia of Special Education* (4th ed.). New York. Wiley.

Rex, J. (1986). *Race and Ethnicity*. Milton Keynes. Open University Press.

Richardson, J. G. and Powell, J. W. (2011). *Comparing Special Education: origins to contemporary paradoxes*. Stanford CA. Stanford University Press.

Richardson, J. G., Wu, J. J. and Judge, D. (2017). *The Global Convergence of Vocational and Special Education*. London. Routledge.

Riddell, S., Weedon, E., Danforth, S., Graham, L., Hjörne, E., Pijl, S-J. and Tomlinson, S. (2016). "Special education and globalisation: continuities and contrast in the developed and developing world" *Discourse. Studies in the Cultural Politics of Education* 37/4: 489-495.

Shiao, J. L., Bode, T., Beyer, A. and Selvig, D. (2012). "The genomic challenge to the social construction of race" *Sociological Theory* 30/2: 67-88.

Slee, R. (2011). *The Irregular School*. London. Routledge.

Stotesbury, N. and Dorling, D. (2015). "Understanding income inequality and its implications: why better statistics are needed" *Statistical Views* 21 October.

Thomas, G. and Vaughan, M. (2004). *Inclusive Education: readings and reflections*. Maidenhead. Open University Press.

Tomlinson, S. (1982). *A Sociology of Special Education*. London. Routledge and Kegan Paul (reprinted 2012).

Tomlinson, S. (1996). "Conflicts and dilemmas of professionals in special education" in (eds). Christensen, C. and Rizvi, F. *Disability and the Dilemmas of Education and Justice*. Buckingham. Open University Press.

Tomlinson, S. (2012). "The irresistible rise of the SEN industry" *Oxford Review of Education* 38/3: 267-286.

UNESCO (1994). *Salamanca Statement and Framework for Action on Special Educational Needs*. Salamanca, Spain.

UNESCO (2000). *The Dakar Framework. Education for All: education for meeting our collective commitments*. Dakar, Senegal.

Warnock, M. (1982). "Marxist spectacles" *New Society* 11 March.

약어

ADHD 주의력 결함 과잉 행동 장애Attention Deficit Hyperactivity Disorder

ASD 자폐 스펙트럼 장애Autistic Spectrum Disorder

BESD 행동정서사회장애Behavioural, Emotional and Social Disorder

BTEC 비즈니스 및 기술 교육 위원회Business and Technical Education Council

CCG 임상 위탁 그룹Clinical Commissioning Group

CEM 평가 및 모니터링 센터Centre for Evaluation and Monitoring

CSE 중등교육 자격증Certificate of Secondary Education

DES 교육과학부Department of Education and Science

DfCSF 아동 학교 및 가족을 위한 부서Department for Children Schools and Families

DfE 교육부Department for Education

DfEE 교육 및 고용부Department for Education and Employment

DfES 교육 및 기술 부서Department for Education and Skills

EAL 추가 언어로서의 영어English as an Additional Language

EBD 정서행동장애Emotionally and Behaviourally Disturbed

EHCP 교육 건강 및 관리 계획Education Health and Care Plan

EMA 교육 유지 수당Educational Maintenance Allowance

EMH 교육적으로 정상 이하Educationally Mentally Handicapped

ESN 교육가능급 정신지체(지적장애)Educationally Subnormal

ESRC 경제 및 사회 연구 위원회Economic and Social Research Council

FE 추가 교육Further Education

FSM 무상 급식Free School Meals

GCSE 중등교육 일반자격증 General Certificate of Secondary Education

GNVQ 일반 국가 직업 자격 General National Vocational Qualification

G and T 영재 및 재능 Gifted and Talented

IDEA 장애인교육법 Individuals with Disabilities Education Act

IQ 지능 지수 Intelligence Quotient

LD 학습장애 Learning Disability

LDD 학습 어려움 또는 장애 Learning Difficulty or Disability

MLD 중등도 학습장애 Moderate Learning Difficulty

NCLB 아동낙오방지법 No Child Left Behind

NEET 교육, 고용, 훈련에 참여하지 않는 Not in Education Employment or Training

NVQ 국가 직업 자격 National Vocational Qualification

OECD 경제 협력 개발 기구 Organisation for Economic Co-operation and Development

Ofsted 교육 표준 사무소 Office for Standards in Education

PIAAC 국제 성인 역량 평가 프로그램 Programme for the International Assessment of Adult Competences

PISA 국제 학생 평가를 위한 프로그램 Programme for International Student Assessment

PMLD 중도 복합 학습장애 Profound and Multiple Learning Difficulty

PRU 학생 추천 단위 Pupil Referral Unit

RCCCFM 심신미약자 관리 및 통제에 관한 왕립 위원회 Royal Commission on the Care and Control of the Feeble-Minded

SEN 특수교육 요구 Special Educational Needs

SENCO 특수교육 지원 코디네이터 Special Educational Needs Co_ordinator

SEND 특수교육 및 장애 Special Educational Needs and Disability

SLD 중증 학습장애 Severe Learning Difficulty

SPLD 특정 학습장애 Specific Learning Difficulty

TVEI 기술 및 직업 교육 이니셔티브 Technical and Vocational Education Initiative

UTC 대학 기술 대학 University Technical College

YOP 청소년 기회 프로그램 Youth Opportunity Programme

YTS 청소년 훈련 계획 Youth Training Scheme

나는 사회가 범죄 없이, 빈곤 없이, 건강이 크게 개선되고, 지적인 능력과 행복이 백 배로 증가되는 상태로 존재하도록 형성될 수 있다는 것을 알고 있다. 그리고 현재로서는 무지를 제외하고는 그러한 사회 상태가 보편화되는 것을 막는 어떤 장애물도 존재하지 않는다.

(로버트 오웬Robert Owen, 1816년 뉴래나크New Lanark 주민들에게 한 연설)

차례

01장

교육 확장의 사회학

> 국가 교육 시스템은 학습 발전의 분수령이 되었다. 이는 대중 교육mass education의 도래, 대중 문해력의 확산뿐만 아니라 모든 현대 사회의 교육 발전에 있어 지배적 역할을 하게 된 국가 학교교육의 시작을 알리는 것이었다. (Green, 2013: 11)

교육 시스템은 어떠한 이유로 발전하며, 어떻게, 그리고 왜 확장되는가? 이러한 것은 대부분의 정책 입안자와 실무자들이 자신들의 바쁜 일상 속에서 고민하는 질문은 아니다. 그러나 특수교육의 확대와 통합교육의 발전은 전체 교육 시스템의 발전과 그에 따른 경제와의 관계를 파악하지 않고는 이해할 수 없다. 이 문제에 대한 이론적 관심은 제한적이기는 하지만, 지난 200여 년 동안 국민국가nation states가 등장하면서 서구 국가에서 공교육 시스템이 출현했다는 것은 사회 역사학자들을 통해 알 수 있다. 동아시아 국가들의 국가 형성에서 교육의 역할에 대한 연구도 증가하고 있으며, 산업화 이전 또는 이후에 교육 시스템이 어떻게 발전했는지에 대한 논의도 활발하게 다루어지고 있다(Green, 2013). 국민국가를 만들고 운영한 사람들은 결국 교육이 모든 사회 집단에 적용되어야 하며 다양한 사회적 요구에 부응할 수 있다는 데 동의하는 것처럼 보인다. 특히 이민자 집단으로 구성된 신흥 미국의 경우에는 교육이 보다 응집력 있는 사회를 만드는 데 도움이 될 수 있다는 미사여구가 있었으며, 2000년대 초반에는 급속히 글로벌화되어 가는 세계에서 사회적 응집력을 유지하는 것이 주요 정책적 과제가 되었다(Green et al., 2006). 각국의 정부는 교육과 훈련, 이전에 배제되었던 젊은이들을 더 많이 통합함으로써 사회적 응집력을 높일 수 있을 것이라는 희망을 가졌다. 그러나 이러한 희망은 서구 사회에서 대중교육이 공동의 선을 지향하지 않으면서 경제적, 사회적, 정치적, 종교적 이해관계에 따라 발전했으며 종종 서로 간에 경쟁한다는 모순에 기초하고 있다. 일부 국가에서는 교육 시스템의 위계적 구조와 그에 수반되는 이데올로기가 하위 사회 집단의 재생산을 보장하였으므로 다른 목적을 위해 응집력을 유지했다.

선진국에서는 100년이 훨씬 넘는 기간 동안 정규교육formal education에 전념하는 기관 및 인력의 전국적인 집합체로 구성된 국가 교육 시스템이 지속적으로 확장하여 왔으며 다양한 이해관계에 대하여 부응해 왔다. 이러한 시스템은 그 규모와 복잡성이 엄청나게 크고 비용이 많이 들기 때문에 정부는 이제 많은 부분을 사적 이익에 돌려주려고 노력하고 있다. 이제 국가 시스템은 전 세계적인 이해관계, 영향력, 분쟁에 의해 분산되고 영향을 받는다. 교육은 글로벌 산업의 일부이며, 가치 있는 지식으로 여겨지는 것은 이제 사고팔 수 있는 상품이 되었다. 강력한 지위에 있는 사람들은 다양한 집단에 제공되는 교육의 양과 종류를 조절할 수 있으며, 통제 집단은 종종 하위 집단을 대상으로 '무지의 전략적 유지'(Archer, 1988: 190)를 사용하여 그들이 받을 교육의 양과 종류를 결정한다. 이는 어떤 형태로든 특수교육을 받는 사람들에게 항상 있어 왔던 일이다. 글로벌 경제에서 교육 자격은 점점 더 그 자체로 자본의 한 형태로 간주되고 있다. 매우 부유한 사람들만이 자신들의 자녀가 '교육 자본'을 얻는 것을 피할 수 있지만, 이들은 일반적으로 자녀를 값비싼 사립학교에서 교육받게 함으로써 자신들의 지위를 정당화하는 동시에 자녀를 세계 최고의 대학에 진학시키려고 한다. '교육 자본'이 제한적이거나 전혀 없는 사람들은 국가 및 글로벌 경제에서 뚜렷한 불이익을 받으며, 이는 특히 교육 시스템 영역에서 특수교육, 장애, 저성취에 속한 젊은이들에게 해당된다.

글로벌화

현재 모든 국가에 영향을 미치는 경제, 정치, 사회, 문화적 변화의 복합적인 결과인 글로벌화에 대한 이해 없이는 저성취자, 특수 계층, 장애인 등의 집단을 다루기 위해 점점 더 조직화되고 있는 교육 시스템과 그 하위 구조에 대한 논의가 이루어질 수 없다. 그 어느 때보다 교육 시스템과 그 구조, 내용, 결과가 글로벌 네트워크에 얽혀 있다.

산업 자본주의와 제국주의가 세계 무역의 연결 고리를 만들었고, 산업 사회가 부상한 이후 교육받고 숙련된 인력과 글로벌 경쟁의 연결 고리가 만들어졌기 때문에 글로벌화는 역사적으로 새로운 것은 아니다. 1870년 영국에서 초등교육법을 도입한 포스터[Forster](W. E. Forster)는 "초등교육의 신속한 제공 여부에 따라 산업 번영이 달려 있다. 교육을 받지 못한 노동자들은 대부분 미숙련 노동자들이다." (Forster, 1870)라고 주장했다. 그러나 일관된 직업훈련은 없었고 중산층과 상류층은 다른 교육을 받아야 했다. 식민지 국가와의 무역은 준비된 시장을 제공했으며, 특히 직업훈련이 강조된 독일은 국가 간 경제적 경쟁력이 있었다. 옥스퍼드 대학의 한 석사는 오랫동안 영국 상류층과 중산층의 직업 교육 및 훈련 기피의 특징인 속물근성에 대해 "독일 교육은 영국이 상당히 많이 낭비하고 있는 2류 능력을 잘 활용하고 있다. …… (영국은) 2류의 지능을 수익성 있게 사용하지 못하고 있다." (Sadler, 1916)고 지적하였다. 직업 기술에 대한 경멸과 '2류 지능'만이 직업훈련을 받을 것이라는 가정이 지속되는 것은 영국 교육 시스템의 가장 큰 비극 중 하나로 남아 있다.

지난 30년 동안 선진국 정부는 글로벌 경제에서 성공적으로 경쟁하기 위해서는 교육과 기술 훈련이 필요하다는 신념을 고수해 왔으며, 디지털 기술을 통한 지식과 정보의 흐름이 점점 더 물질 경제를 대체하는 지식 경제에 대한 논의가 활발하게 이루어지고 있다. 특히 영국 정부는 장애나 학습 어려움을 경험한 사람들을 포함한 모든 젊은이가 평생 기술 학습에 참여하고 지역 또는 국가적으로 일자리가 있든 없든 지속적으로 '기술 향상'을 해야 한다는 인적 자본 이론의 미사여구를 사용해 왔다. 글로벌화에 대해 가장 일찍 그리고 가장 비관적으로 쓴 작가 중 한 명인 벡Beck은 1945년 전후 서방 국가들이 안보와 경제 성장을 제공했던 시기를 제1차 현대성modernity으로 묘사했으며, 지금은 불안정한 일자리, 특히 저숙련 노동자의 저임금으로 대표되는 제2차 현대성으로 대체되었다고 설명했다. 초국적 기업의 소유주들이 회사를 이전하고 노동력이 가장 저렴한 곳으로 아웃소싱outsource 하기 때문에 이들은 쉽게 '고용 없는 자본주의'의 희생자가 된다(Beck, 2000). 벡은 또한 국민국가와 정부에 충성하지 않는 다국적 기업에 의존하는 국제 무역의 확대와 교육을 팔아 벌어들이는 지금이 시민의 권리보다 우선시되는 글로벌 금융 시장, 현재 진행 중인 ITC 혁명을 고려할 때 새로운 세계성globality은 되돌릴 수 없다고 지적했다.

글로벌화의 긍정적인 결과 가운데 한 가지는 전 세계적으로 인권과 사회 정의에 대한 요구가 높아진 것으로 보이며, 이는 통합교육을 향한 움직임에 도움이 되었다. 교육 시스템이 확장된다는 것은 기존 제도와 전통을 옹호하는 사람들이 반대론자들과 양보와 타협을 해야 한다는 것을 의미한다. 인종, 성별, 장애 그룹은 특히 차별금지법을 이용해 교육과 법적 구조에 영향을 미치는 것으로 나타났다. 그러나 전반적으로 경제 글로벌화는 대부분의 국가에서 사회 정의나 평등에 크게 기여하지 못했으며, 스티글리츠Stiglitz는 선진국 정부가 항상 자신과 권력 집단에 이익이 되는 비윤리적인 방식으로 글로벌화를 관리하려 했다고 주장했다(Stiglitz, 2002). 돌링Dorling은 가장 부유한 국가(특히 미국과 영국)에서 강력한 엘리트 집단의 이기적 이익을 위해 사회적 불공정이 재생산되고 지지되는 불평등에 대해 지금까지 가장 잘 설명한 프레젠테이션을 제작했다. 총소득 불평등과 가난한 사람들에 대한 비하를 지지하는 것은 "부유한 사회에서 대다수 사람들은 소수는 특별히 유능하므로 명백히 자격이 있으며, 다른 한쪽의 사람들은 특히 무능하기 때문에 자격이 없다고 배워 왔고 믿게 되는 총체적 교육 신념에 해당된다."(Dorling, 2015: 115). 이러한 견해를 반박하는 것이 이 책에서의 주요 과제이다.

교육 확장에 대한 몇 가지 이론

학문으로서의 사회학은 특수교육과 통합교육 문제를 논의하기에 적합하지 않다. 2013년 영국사회학저널The British Journal of Sociology의 새 편집자는 첫 번째 사설에서 "위기는 우리 학문의 기본 입장이다. '사회학이란 무엇인가'라는 질문은 원칙적으로 결코 해결되지 않는다."라고 적었다(Slater, 2013: 1). 많은 사회학자들은 사회 세계의 사회학적 문제보다는 이론적 전쟁에 몰두해 왔다. 거의 40년 전인 1960년대와 1970년대에 사회학 발전에 중요한 역할을 했던 존 렉스John Rex는 토마스 쿤Thomas Kuhn의 패러다임 전환 개념이 다윈주의를 정당화하기 위해 교리와 종파, 이념 전쟁, (세어 보고 조사하고 사실을 알려 주는) 경험주의로의 복귀를 모두 진지한 지적 탐구의 대상으로 삼는다면 이 분야의 미래도 비슷할 것이라고 예측했다(Rex, 1978). 특수교육 분야에서 학생을 '집계하고 명칭을 붙이는 것'은 확실히 필요한 사실로 여겨졌지만, 집계된 것에서 결함을 발견하는 것을 제외하고는 설명은 거의 없었다. 사회학자 에밀 뒤르켐Emile Durkheim은 사회적 사실에 대한 이해의 필요성을 확신했지만, 사회에서 사람들이 어떻게 대우받는지 이해하기 위해 연구해야 할 사회적 현상이나 힘(확립된 신념과 관행, 정치 및 종교 이데올로기, 사회 조직)을 언급하고 있었다. 그는 또한 개인의 행동에 대해 심리학적 설명을 사용하는 것을 경계했는데, 그의 유명한 자살 연구(1897년)는 개인의 정신 상태와 행동은 주변의 사회적 조건을 이해하지 않고서는 이해될 수 없음을 보여 주었다. 만약 그가 영국에서 '일하기 적합하다'는 판정을 받은 후 자살하는 장애인의 수가 증가하는 것을 보았다면, 개인적인 현상이 아닌 사회적인 현상으로 이해했을 것이다.[1] 사회 통합을 위한 대중 교육의 역할을 설명하는 데 관심을 가졌던 유럽 자유주의 사회주의자로서 뒤르켐은 노동 시장, 엘리트의 재생산, 반항적 집단에 대한 통제, 중증 장애인의 (종종 존재하지 않는) 업무에 대한 교육, 특히 시장 지향적 사회에서 교육을 둘러싼 현재의 정체 담론에 실망했을 것이다.

일반적으로 교육 사회학 과목을 포함한 대학 과목으로서의 사회학은 다양한 이론적, 방법론적 접근 방식을 보여 주는 연구와 함께 여전히 인기가 있으며, 그 대부분은 정책 및 정치적 문제를 설명하고 '영향'을 미치는 데 초점을 맞추고 있다. 교육 사회학에 대한 훌륭한 입문서(Boronski & Hassan, 2015)가 있으며, 오래된, 새로운, 현상학적, 급진적, 비판적, 포스트모던적, 페미니스트 및 기타 이론가들을 소개하며, 일반적으로 계층, 인종, 성별 및 장애 관계의 불평등에 대한 메타 이론이 이론으로 통용된다는 결론을 내리고 있다. 명명하기, 담론, 일탈 이론은 모두 특수교육 영역에서 공감을 얻고 있으며, 장애, 페미니즘, 비판 인종 이론을 통합한 '장애 비판[Discrit]'과 같은 교차 이론은 불이익을 '창조'하는 교육 조직의 비뚤어진 패턴을 설명한다(Connor et al., 2016). 본질적으로 이론을 구성하는 것은 불평등이 발생하고 불이익이 지속되는 구조의 출현에 대한 설명이 부족하지만, 겉으로 보기에 다루기 어려운 문제를 설명하려는 시도이다. 사회 이동성의 부족을 걱정하는 손길과 '사회적 약자'의 이동성을 개선하는 방법을 찾기 위한 연구에 투입되는 돈은 교육 시스템과 노동 시장이 구조적으로 그러한 이동성을 막도록 설계된 사회에서 무의미하다.

교육 시스템의 확장과 특수, 통합, 대안 유형과 같은 다양한 하위 시스템을 설명하기 위해 어떤 이론이 제시되든지 간에, 교육 시스템과 그 일부가 저절로 생겨난 것이 아니라는 점을 강조해야 한다. 이러한 것들은 일반적으로 특정 집단의 젊은이들에게 혜택을 주고 다른 집단을 차별화하기 위해 발전한다. 제도는 통제하는 사람들이 추구하는 목표에 따라 그 특성을 발전시키기 때문에, 통제 세력이 누구이며 그들이 어떤 교육 구조와 내용을 옹호하는지에 대해 알아야 할 필요가 있다(Archer, 1979). 예를 들어, 1990년대 초 영국에서 보수당 정부는 시장 경쟁과 학교 '선택권' 정책을 강행하고 시험 결과를 축구식 순위표로 공개했다. 이는 학교가 순위표를 향상시키지 못하는 '바람직하지 않은' 아동을 배제하는 전략을 개발하는 데 즉각적인 영향을 미쳤으며, 그 결과 사회적, 인종적, 장애적 분열이 발생했다. 야당인 노동당의 교육 담당자는 모든 지역의 진정한 종합학교가 어떤 모습일지 설명하는 보고서를 작성했는데, 여기에는 '모든 아동이 중요하다[Every Child Matters]'는 제목의 섹션이 포함되어 있다(Taylor & Tomlinson, 1994). 그러나 여당은 이를 무시했고, 최근 신노동당 당수로 임명된 토니 블레어Tony Blair는 이를 거부했다.[2)] 1997년 집권한 노동당은 2003년에 '모든 아동이 중요하다.'(HM Treasury, 2003)라는 제목의 보고서를 통해 0~19세 모든 아동을 위한 새로운 서비스 프레임워크를 제시했다. 그러나 '좋은' 주립학교에 입학하기 위한 경쟁이 치열해지면서 학교 시스템 전체에 분열적 영향을 미쳤고, 학교가 '영재와 재능gifted and talented'이 있는 아동을 분리하고 그렇지 않은 아동을 위한 학습지원부서Learning Support Units를 운영하도록 하는 정책을 도입했다. 노동당은 2002년 학교를 지역의 영향력에서 벗어나 책임감 없는 개인과 신탁이 운영하는 후원 '아카데미'로 전환하는 정책을 추진했다. 2016년까지 보수당 정부는 학교가 다중 아카데미 신탁Multi-Academy Trusts(MATS)에 의해 운영되고 정부가 임명한 지역 학교 위원회Regional School Commissioners(RSC)가 감독하는 강제 아카데미화 프로그램을 통해 놀랍도록 비민주적인 방식으로 학교 시스템을 지방 당국과의 파트너십에서 완전히 제거할 것을 제안했다. 이는 교육 및 관련 서비스 제공은 권력을 가진 사람들이 자신의 견해와 목표를 다른 사람들에게 강요할 수 있기 때문에 발생하지만, 그 결과는 정부가 반드시 이해하지 못하는 심각한 결과를 초래할 수 있음을 보여 준다. 그러나 여당이라도 반대가 있으면 타협해야 할 수도 있으며, 결국 아카데미 강제 전환은 보류되었다.

통제권을 가진 사람들의 동기는 다양할 수 있으며, 종종 집단이 얼마나 독단적인지에 따라 달라질 수 있다. 영국의 '공공'(사립)학교 시스템은 강력한 직업 협회의 지원을 받고 미래의 엘리트를 배출하는 곳으로 오랫동안 변화에 저항해 왔으며, 특히 국가 시스템과 통합해야 한다는 제안에 저항해 왔다. 영국에서는 처음에는 유일한 교육 제공자였던 기성 종교 단체가 20세기 후반에 등장한 신생 종교 단체와 합세하여 학교를 통제하고 있다. 독일의 한 특수학교 교사 노조는 특수학교 폐쇄에 강력히 저항해 왔다. 19세기 영국과 미국에서 명성이 높지 않았던 사립학교들은 주정부, 중앙 정부, 연방 정부, 주 및 지역 지방 정부가 통제권을 행사하게 되면서 점차 퇴출되었다. 그러나 독단적인 중앙 정부나 주정부는 이제 많은 교육 통제권을 민간 기관에 돌려주고 있다. 공교육 시스템을 갖춘 선진국에서도 유치원, 특수학교, 종교학교, 직업 및 무역 학교, 비즈니스 스쿨, 대학 등 모든 수준에서 민간 교육기관이 존재한다. 이러한 중심적인 설명은 교육 시스템이 감당할 수 없는 한계까지 성장했다는 주장, 사적 공급의 우월성에 대한 불변의 믿음, 국가가 사회적 공급을 보장한다는 시민과의 사회 계약에서 벗어나 '국가를 축소'하려는 결정으로 인해 정부에 대한 자금 조달의 위기가 인식되고 있다는 점과 연관되어 있다. 교육 분야에서 새롭게 등장한 독단적인 집단은 '자선 자본가'로, 신기술로 큰돈을 번 개인들이 표면적으로는 '기부'를 하지만 실제로는 자금 조달을 조직하며 국내 · 외 학교교육을 통제하고 있다(McGoey, 2015).

교육 확장에 대한 몇 가지 설명

선진국에서의 교육 확대는 일반적으로 경제의 기능적 측면으로 설명되어 왔다. 산업화 국가들은 더 많은 교육과 기술을 갖춘 인력이 필요했으며, 대부분이 반복적인 저임금 일자리에 종사하는 분업에 대비해야 했다. 그러나 산업화와 교육 발전 사이의 연관성은 더 폭넓은 설명을 필요로 했다. 이는 공장 생산과 도시 생활이 도시에서의 엄청난 인구 증가와 함께 노동 통제와 사회 질서에 새로운 문제를 일으켰다는 사회 갈등 이론에서 찾을 수 있다. 공교육은 아동 및 여성 노동 문제, 도시 빈민가의 생활환경 범죄와 비행 문제에 대한 하나의 해답이었다. 급진적 사회학자들(Bowles & Gintis, 1976; Katz 1968)은 저임금 노동과 사회 계층 통제에 필요한 새로운 형태의 사회화를 중심으로 설명을 제시했다. 전통적인 형태의 가정교육이 무너지면서 교육 개혁가들은 초등학교를 순종과 일상에 대한 종속, 엄격한 규율의 습관을 심어 줄 수 있는 수단으로 여겼다. 종교 단체들과 공장 고용주들은 도시 빈민을 통제하고 '도덕화'하는 데 공통의 관심을 가졌다. 젊은이들 스스로도 학교에서의 통제가 항상 반갑지만은 않았는데, 지금과 마찬가지로 중퇴생들은 학교 밖의 삶이 더 매력적이라고 생각했기 때문이다. 19세기 초 교육을 연구한 샌더슨[Sanderson](1983)이 발견한 것처럼, 젊은 방랑자들이 마지막으로 고려한 것은 교육을 받기 위해 학교에 가는 것이었다. 자유주의 교육 개혁가들과 산업 고용주들은 도시 쇠퇴와 가족생활의 붕괴를 공립학교 확대의 주요 원인으로 꼽았다. 가난하고 무지한 사람들은 '무례한 매너, 불경한 언어, 저급한 게으름의 악습'(Katz, 1968: 31)을 보였으며, 이는 초등학교에서 좋은 매너, 도덕, 일하는 습관을 심어 주어야 하는 타당한 이유처럼 보였다. 가난한 사람들의 매너와 가정생활에 대한 비난은 수 세기에 걸쳐 반향을 일으켰다. 보울스Bowles와 긴티스Gintis(1976)는 사회적 분업을 재생산하는 데 있어 교육의 역할에 대한 이론을 계속 발전시켰으며, '지능'에 따라 아동을 다양한 학교와 직업에 적합하게 구분하기 위해 IQ 테스트가 빠르게 수용된 것을 지적할 수 있었다. 그들은 특수교육 대상 아동을 구분하기 위해 IQ 테스트를 사용하는 것에 특별히 주목하지는 않았지만, 이 책의 뒷부분에서 다루고 있는 것처럼 IQ를 개인의 능력에 대해 많은 것을 알려 주기보다는 불평등을 정당화하는 메커니즘으로 간주했다.

막스 베버Max Weber의 연구는 특수교육과 통합교육의 프로그램 조직을 구성하는 많은 요소를 이해하는 이론적 배경으로서 특히 중요하다. 베버는 지배적인 집단이 사회적 약자에게 어떤 일이 일어날지 결정할 때 정당한 권위를 내세워 다른 사람들을 설득하는 방법을 보여 주었다. 1921년 「교육법」 54조에 따라 당국이 아동을 '인증'하고 부모에게 '결함이 있는' 자녀를 영국의 특수학교에 보내거나 벌금을 내지 않으면 징역형에 처하도록 강요할 수 있었지만, 노골적인 강압은 필요하지 않았다(1981년까지만 해도 개념적으로만 존재했던 상황). 대중 교육 상황에서 필요한 것은 시스템의 다양한 고객을 다루는 대규모 관료제이다(Weber, 1947). 저성취자나 '특수 계층'을 다루는 확대된 관료 조직을 접해 본 사람이라면 관료 조직이 제공하는 장벽과 난해함을 인식할 것이다. 그는 또한 일부 집단이 자신보다 아래라고 생각되는 다른 집단과 거리를 두려고 하며 피해야 한다는 지위 개념의 중요성에 대해서도 소개했다. 특수교육의 역사는 낙인 찍힌 집단이 기피되는 수많은 사례를 제공한다. 베버에 이어 부르디외Bourdieu와 파세론Passeron(1977)의 연구도 주어진 신분 질서를 정당화하고 영속화하는 교육 시스템의 기능에 관심을 기울였다. 이들의 연구는 아동의 학교 교육에서 문화적 자본의 중요성에 대해 현재 널리 받아들여지고 있는 관념을 형성하는 데 기여했다. 그들은 교육적 성취가 표면적으로는 공정한 시험에 기반을 두고 있지만, 많은 가정이 갖추지 못한 문화적 역량을 요구한다고 주장했다. 사회적 자본의 결함과 함께 문화적 자본의 부족은 노동계층의 교육 실패를 설명하는 방법으로 교육학자와 정치인들의 어휘와 의식 속에 들어왔다. 부르디외는 1960년대 초 프랑스 중산층과 노동계층 성인 1,200여 명을 대상으로 한 인터뷰를 바탕으로 쓴 저서 『구별Distinction』에서(Bourdieu, 1984) 소비되는 문화적 '상품'의 측면에서 계층 간 지위 구별의 영속성을 설명하면서 계층 간 명백한 차이를 설명했다. 문화적 선호도, 교육 자본, 부모의 직업은 모두 밀접하게 연관되어 있었다. 이러한 이론적 이해는 칭찬할 만한 것이었지만, 정책 입안자들과 학교 시스템은 이러한 통찰을 학교에서의 낮은 학업 성취도에 대한 설명으로 사용하고 이를 가정 및 가족 배경과 연결시키는 데 능숙해졌다.

특수교육과 통합교육에 대한 몇 가지 설명

장애, 특수교육, 통합교육과 관련된 문헌과 정교한 사례, 그리고 이러한 용어가 불러일으키는 감정과 반목은 오랜 사회적, 정치적 역사를 지닌 역설과 모순을 보여 준다. 이전에 배제되었던 사람들을 통합하려는 전 세계적인 움직임에도 불구하고, 특수교육이 주류학교에 점점 더 많이 자리 잡고 있는 이유는 무엇일까? 왜 정부는 '특수교육 산업'의 확장에 순응했는가(Tomlinson, 2012)? 글로벌 경제에서 결함이나 결핍으로 간주되는 사람들이 점점 더 잉여 인구로 여겨지는 상황에서 특수교육은 정말로 다양한 집단의 요구를 충족시켜 주고 있는가? 그리고 학교의 특수교육대상자와 저성취자를 위한 프로그램 확대는 실제로 누구의 이익에 부합하는 것일까? 이러한 질문에 답하기 위해서는 정책과 관행에 대한 사회적, 역사적 영향과 신경과학자, 행동 유전학자 등에 의해 널리 퍼진 심리적, 의학적 영향에 대한 이해 없이 특수교육과 통합교육에 대한 어떠한 이론도 존재할 수 없다는 사실을 인식해야 한다. 직면해야 할 역사적 모순도 있다. 예를 들어, 스웨덴에서는 1950년대와 1960년대에 장애아동을 주류학교에 '통합'하고 '정상화'하는 것에 대한 논의가 진행되었는데, 동시에 결함 있는 아이를 낳을 가능성이 있다고 여겨지는 '결함 있는' 여성에 대한 강제 불임 수술이 시행되었다.

스크리틱Skrtic은 그의 저서 『특수교육의 배후Behind Special Education』(Skrtic, 1991)에서 일반교육과 관련된 제도적 관행으로서 특수교육의 발전과 변화하는 가정 및 관행을 합법화하는 데 필요한 복잡한 행정에 대한 가장 일관된 분석 중 하나를 작성하였다. 그의 견해에 따르면 미국에서는 산업화, 이민, 의무 취학이 주류교실에서 골칫거리인 학생들을 대량으로 양산한 원인이었다. 이 문제는 비효율적인 학교 조직과 결함 있는 학생의 문제로 재구성되었다. 이는 문제아를 다루는 교육 행정의 발달을 촉진했고, 이는 다시 특수교육 분야의 발전을 촉진했다. 이 책의 많은 통찰 중 하나는 특수교육이 기계적 관료주의로 구성되고 유지되는 반면, 21세기에 필요한 것은 사람들이 서로 협력하고 배우는 '특별(임시)조직adhocracy'이라는 개념이다. 그는 분리, 능력 그룹화, 추적은 젊은이들로 하여금 서로에게서 배울 수 있는 능력을 감소시키기 때문에 특별(임시)조직에서 설 자리가 없다고 지적했다. 흥미롭게도 특별(임시)조직의 변형은 이제 기업가들과 심지어 학교에서까지 서로 협력하고 배우도록 촉구하는 정부의 미사여구로 활용되고 있다!

더 넓은 범위의 국가적, 세계적 맥락을 무시한다면 특수교육과 통합교육에 관한 어떠한 이론도 유용할 수 없으며, 수많은 연구는 통합교육의 범주에 속하는 정책과 관행을 조사하기 위해 문화 간 비교를 사용하고 있다. 리처드슨Richardson과 파월Powell(2011)은 특수교육의 기원과 발전에 대한 권위 있는 사회학적 분석을 내놓았으며, 문화적, 종교적, 정치적, 경제적 체계가 매우 다른 사회에서 특수교육 관행을 조사하는 과제를 수행했다. 이들은 장애 및 장애아동과 청소년을 다루기 위해 확립된 구조를 설명하고, 많은 젊은이들을 낮은 수준의 교육과 제한된 미래로 보낼 때 사회가 무엇을 하고 있는지를 이해하는 데 역사적 선례와 문화 간 차이가 중요한 이유를 수립했다. 또한 선진국의 특수교육과 통합교육 관행은 학교 시스템과 하급 과정에 적응하지 못하는 젊은이들을 위한 직업훈련과 청소년 범죄자 기관 및 교도소에 대한 의존과의 관계를 이해하지 않고는 논의할 수 없다고 지적했다.

통합을 정의하기

20세기 후반부터 시작된 통합교육에 대한 전 세계적, 국가적 관심을 설명하고 정의하는 것은 특수교육의 복잡성을 설명하는 것보다 훨씬 더 어려운 작업임이 드러났다. 통합교육을 정의하려는 시도는 무수히 많지만, 기존의 특수교육 관행을 옹호하는 데 감정적으로 관심이 많은 참여자들이 만족할 만한 정의는 없다. 이는 젊은이들을 별도의 기관이나 또는 학급으로 분리하여 교육하는 한 세기의 전통적 관행을 뒤집는 것이기 때문에 이해할 수 있는 일이다. 또한 아동 발달과 학습에 대한 전통적인 이해, 그리고 능력과 잠재력에 대한 기존의 개념을 뒤집는 것이기도 하다. 현재 아마존 웹사이트에는 7,000여 권의 통합 관련 서적이 등록되어 있으며, 1996년에 창간된 국제통합교육저널International Journal of Inclusive Education은 이 분야를 논의, 정의, 비판, 설명, 이론화하는 수백 편의 논문을 게재하는 수많은 저널 중 하나에 불과하다. 또한 전통적인 형태의 특수교육을 유지하면서 장애 및 학습 어려움으로 명명된 아동을 통합하는 개념을 종합하려는 시도도 있다. 혼비Hornby(2015)의 최근 연구는 이러한 시도를 잘 보여 준다. 그는 다양한 결함을 평가하고, 전문가를 양성하고, 학급과 학교를 분리된 연속선상에서 조직함으로써 점점 늘어나는 문제아 집단을 다루기 위한 청사진인 '통합특수교육inclusive special education 이론'을 설명하였다.

인권과 사회 정의에 대한 준수는 통합을 정의하려는 많은 시도와 통합교육 시스템 내에서 특수교육 프로그램과 지역이 차지하는 위치를 뒷받침하지만, 이론은 종종 설명과 처방에 그치는 경우가 많으며, 이는 아마도 이해의 한계에 도달한 것일 수 있다. 아티레스Artiles와 동료 연구자들은 사회 정의 개념을 논의하면서 계층, 인종, 성별, 언어, 기타 표식이 참여와 자원에 대한 접근을 제약하는 사회적 맥락을 인정해야 한다고 주장했고, 형평성 개념을 사용하여 통합교육 및 관행이 어떻게 발전해 왔는지 비교 관점에서 조사했다(Artiles et al., 2011). 미국에서 교육 배치와 성취도의 인종적 격차에 관한 많은 문헌과 특수교육에서 소수 민족 젊은이들의 불균형이 지속됨에 따라 설명과 데이터 수집을 넘어 형평성과 권력 구조의 개념을 사용하고 공간적, 경제적 분리를 보장하는 인종, 계층, 빈곤의 교차점을 이해하려는 수많은 시도가 이루어지고 있다. 많은 미국 도시에서 그렇듯이 백인 인구가 압도적으로 많은 학교보다 분리된 도심 학교에 빈곤층 학생이 집중되어 있을 가능성이 6배가 더 높다면, 여러 가지 불합리한 요소들을 결합한 이론이 필요하다. 불균형한 대표성에 대한 가장 일관된 설명 중 하나는 장애가 있거나 어려움을 겪는 사람들에게 적절한 서비스를 제공하지 못하는 제도적 능력주의와 피부색, 문화 또는 민족적 기원을 이유로 사람들에게 적절한 서비스를 제공하지 못하는 제도적 인종차별의 개념을 결합하여 법적으로 허용되는 특수교육 차별을 인종에 의한 불법적인 분리를 유지하기 위한 것으로 설명하는 것이다(Beratan, 2008).

제조된 무능력에 대한 설명

통합성과 형평성에 대한 주장에도 불구하고 어느 나라도 이를 달성하지 못하였다. 불평등에 대한 연구 보고서, 정부 보고서, 학술 문헌은 산더미처럼 쌓여 있으며, 하류층의 발달, 사회 이동성의 부족, 그리고 현재 영국과 미국에서 가장 큰 문제로 대두되고 있는 배제, 중퇴, 비행, 정신건강 문제와 같은 사회 문제의 끝없는 확산에 대하여 한탄하고 있는 가운데, 무슨 일이 일어나고 있는지에 대한 일관된 설명이 부족하다는 점은 분명히 드러나고 있다. 급변하는 세계에서 사회경제적으로 낮은 계층에 속하는 많은 아동의 '무능력'을 조작하여 주류기관에서 배제함으로써 전통적인 계층적 지위를 유지하려는 시도가 진행되고 있는 것일 수 있다. 이를 위한 네 가지 방법이 있다.

- 소수의 아동에게만 타고난 잠재력이 있고, 대부분의 아동에게는 고정된 수준의 무능력이 있으며, 많은 아동에게 '특수'교육이 필요하다는 믿음을 영속화하는 것

- 많은 아동과 청소년은 '능력'과 '인적 자본'이 부족하기 때문에 지식 경제에서 제대로 된 성과를 낼 수 없다는 믿음을 영속화하는 것
- 다른 사람들의 기대 수준과 자격을 방해하는 것으로 간주되는 청소년을 별도의 기관, 대안교육, 청소년 범죄자 기관에 격리하는 것
- 이전에 배제된 사회적, 인종적 집단을 교육하는 것이 부분적으로 그리고 천천히 성공했다는 사실을 부정하는 것

고정된 능력/장애의 만트라(주문)는 약 25~30%의 아동과 청소년을 하위권에 포함시키는 현재 선진국 교육 시스템 부문의 확장을 설명하고, 그들을 불공평하게 대우하기 위해 제시되었다. 이러한 확장은 사회 불평등의 확대, 그리고 이러한 젊은이들이 능력이 부족하거나 무능력하거나 장애를 가지고 태어났다는 결정론적 가정과 관련이 있다. '지능'은 종형 곡선bell curve을 따라 편리하게 배치된 정신 테스트와 IQ 점수로 측정될 수 있다는 주장이 이러한 신화를 뒷받침하고 있다. 원래 이 곡선은 아래쪽 끝은 바보와 멍청이로, 다른 쪽 끝은 고등능력자로 분류했다. 20세기 초 유행했던 우생학 이론과 연관된 고정된 능력 신화와 유전된 '잠재력'에 대한 믿음을 강화하려는 지속적인 시도는 이제 생명공학과 인간 유전학의 발전을 통해 똑똑한 사람과 아둔한 사람, 학문적 사고와 실용적 사고, 문법학교, 현대 중등학생, 특수학교 또는 프로그램 학생의 개념을 뒷받침하기 위해 부활하고 있다.

특수교육의 역사를 살펴보면, 장애인과 방해인을 위한 조기 교육은 가능한 한 많은 젊은이들이 인적 자본을 개발하고 불평 없이 낮은 수준의 고용을 받아들여야 했던 발전하는 산업 사회의 경제적, 상업적 이해관계의 산물이었다는 것을 알 수 있다. 그때나 지금이나 가장 큰 관심사는 사회 질서를 유지하는 것과 잠재적으로 쓸모없는 시민이 사회에 짐이 되어서는 안 된다는 것이었다. 낮은 수준의 기술과 도덕적 행동을 심어 주기 위해 초등교육이 필요했으며, 이에 대한 이의를 제기하는 사람들은 특수교육으로 빠르게 걸러졌다. 100년이 넘는 기간 동안 정부는 국민들 사이에 다양한 수준의 무지를 보장하는 구조를 조직하고, 이러한 집단의 무능력에 대한 믿음을 조작하여 이를 정당화하는 상황이 발생했다.

프록터[Proctor](2008)는 권력 집단이 자신들의 이익을 유지하기 위해 무지를 어떻게 만들고, 유지하며, 조작하는지에 대한 의문을 제기했다. 그는 무지에 대한 연구를 장려하고 일부 집단에 대한 지식 거부는 대개 의도적인 정책이라고 지적했다. 예를 들어, 교육의 수준과 양, 복지 혜택과 개혁, 장애 수당과 청구, 역기능 가정에 대한 개입 등에 관한 논쟁과 정책을 지배하는 사람들은 종종 기존의 권력과 영향력 위계를 보장하고 불평등한 사회에서 고통받는 사람들이 계속 침묵하도록 하기 위해 고안된 징벌적 의제를 가지고 있다. 또한 하위 집단의 상황을 개선하기 위해 어느 정도 양보해야 한다는 가부장적 의제도 분명히 존재한다. 이와 같이 영국은 사회 이동성에 대한 관심이 있으며, 특히 사회 이동성 위원회[Social Mobility Commission]를 통해 일부 취약 계층이 교육 및 사회적 사다리로 올라갈 수 있도록 지원하는 노력을 하고 있다.[3)]

역설적이게도, 무능을 생산해야 할 필요성은 대부분의 젊은이들이 실제로 배우고 일할 수 있으며 심지어 글로벌 경제에서 '경쟁'할 수 있다는 두려움과도 관련이 있다. 신자유주의 정부와 사회, 경제, 교육 구조에 권력과 영향력을 가진 자들의 장기적인 프로젝트는 모든 시민의 능력을 중시하는 사회 민주주의적 시도를 폄하하는 것이었다. 레이먼드 윌리엄스[Raymond Williams]는 '장기 혁명[Long Revolution]'의 영국에서 18세기 초 산업혁명을 거치면서 기회와 교육, 목소리를 얻으려는 지속적으로 열등한 사회 구성원으로 여겨지던 사람들의 시도가 있었다고 설명했다(Williams, 1961). 그 반대편에는 부, 권력, 사회적, 궁극적으로 교육적 재화를 통해 위계적인 사회 구조를 유지하려는 사람들의 강력한 이해관계가 있었다. 열등과 무능을 구조화하는 주요 무기는 젊은이들의 교육적 잠재력에는 실제로 큰 차이가 있다는 엘리트들의 믿음이다. 학교, 대학, 정치인 및 일반대중에게 여전히 남아 있는 믿음은 아동은 매우 유능하거나, 평균적이거나, 덜 유능하거나, 장애가 있을 수 있는 잠재력을 가지고 태어났기 때문에 차별적이고 불평등하게 대우받아야 한다는 것이다. 인구의 많은 부분을 무능력자로 만들려는 시도는 새로운 것이 아니다. 아치[Archer]는 1988년 '무지의 전략적 유지'를 역사적, 문화적 측면에서 소개한 바 있다. 최근 슬레이터[Slater](2014)는 적대적인 언론의 지원을 받는 정부가 계층 구조의 최하층에 있는 사람들에 대해 취하는 징벌적 입장을 다룬 논문에서 '무지의 제조'에 대해 논의했는데, 상류층이 많이 다니는 비싼 학교에서도 특정 종류의 무지가 제조되고 있다고 주장할 수 있다. 여러 설명 도구 중 하나인 교육에서의 무능력 제조라는 개념은 사회 전체에서 불평등 구조를 영속화하려는 더 광범위한 정치적 의도를 뒷받침할 수 있다.

미주

1) '사망과 자살은 근로 평가와 관련이 있다. 더 많은 증거가 필요하다'(삭감에 반대하는 장애인들). dpac.uk.net/tag/samuel-miller 25/12/2012. 캐나다의 장애인 활동가 사무엘 밀러[Samuel Millet]는 정부가 장애인 수당 신청자의 '근로 적합성'을 평가하기 위해 지정한 프랑스 회사 ATOS에서 2012년까지 '근로 적합' 판정을 받은 후 자살한 영국 내 장애인 70여 명의 명단을 작성했다. 이 회사는 2014년에 계약이 해지되었다.
2) 1994년 영국 야당인 노동당의 교육 담당인 앤 테일러[Ann Taylor]는 『학습 사회의 문 열기[Opening Doors to a Learning Society]』(Taylor and Tomlinson, 1994)를 저술했다. 이 논문은 당시 노동당 지도자였던 존 스미스[John Smith]의 승인을 받았지만, 1994년 5월 스미스가 사망하고 토니 블레어[Tony Blair]가 당수로 선출되면서 채택되지 못했다.
3) 사회 이동성 및 아동 빈곤 위원회는 2010년 「아동빈곤법[Child Poverty Act]」에 의해 만들어지고 2012년 「복지개혁법」에 의해 개정된 자문기구이다. 위원회는 앨런 밀번[Alan Milburn] 전 노동보건부 장관이 위원장을 맡고 있으며, 사회 이동성 개선을 위한 정부의 진행 상황을 모니터링하는 것을 주요 임무로 한다.

참고문헌

Archer, M. S. (1979). *The Social Origins of Educational Systems*. London. Sage.

Archer, M. S. (1988). *Culture and Agency. Cambridge*. Cambridge University Press.

Artiles, A. J., Kozleski, E. B. and Waitoller, F. R. (2011). *Inclusive Education: examining equity on five continents*. Cambridge MA. Harvard University Press.

Beck, U. (2000). *What is Globalisation?* Cambridge. Polity Press.

Beratan, G. (2008). "The song remains the same: the transposition and the disproportionate representation of minority students in special education" *Race Ethnicity and Education* 11/4: 337-354.

Boronski, T. and Hassan, N. (2015). *Sociology of Education*. London. Sage.

Bourdieu, P. (1984). *Distinction*. Trans. Nice, R. London. Routledge.

Bourdieu, P. and Passeron, J. C. (1977). *Reproduction in Education, Society and Culture*. Sage. London.

Bowles, S. and Gintis, H. (1976). *Schooling in Capitalist America*. London. Routledge and Kegan Paul.

Connor, D. J., Ferri, B. A. and Annamma, S. A. (eds) (2016). *DisCrit: disability studies and critical race theory in education*. New York. Teachers College Press.

Dorling, D. (2015). *Injustice: why social inequality still persists* (2nd ed.). Bristol. Policy Press.

Durkheim, E. (1897). *Le Suicide: étude de sociologie*. Paris. Felix Alcan.

Forster, W. E. (1870). *Introducing the Education Act 1870*. London. House of Commons.

Green, A. (2013). *Education and State Formation* (2nd ed.). London. Palgrave-Macmillan.

Green, A., Preston, J. and Janmat, J. G. (2006). *Education, Equality and Social Cohesion*. London. Palgrave.

HM Treasury (2003). *Every Child Matters*. London. The Stationery Office.

Hornby, G. (2015). "Inclusive education: development of a new theory for the education of children with special educational needs" *British Journal of Special Education* 42/3: 234-256.

Katz, M. (1968). *The Irony of Early School Reform*. Cambridge MA. Harvard University Press.

McGoey, L. (2015). *No Such Thing as a Free Lunch*. London. Verso.

Proctor, R. (2008). "Agnotology: A missing term to describe the cultural production of ignorance (and its study)" in (eds). Proctor, R. and Schiebinger, L. *Agnotology: the making and unmaking of ignorance* (pp. 1-33). Stanford CA. Stanford University

Press.

Rex, J. (1978). "Four threats to academic freedom" *New Society* 18 May: 357.

Richardson, J. G. and Powell, J. W. (2011). *Comparing Special Education: origins to contemporary paradoxes*. Stanford CA. Stanford University Press.

Sadler, M. (1916). "Need we imitate the German system" *The Times* 14 January.

Sanderson, M. (1983). *Education, Economies, Change and Society in England 1700–1870*. London. Methuen.

Skrtic, T. (1991). *Behind Special Education*. Denver CO. Love Publishing.

Slater, D. (2013). "Introduction" *British Journal of Sociology* 64/1: 1–2.

Slater, T. (2014). "The myth of 'Broken Britain': welfare reform and the production of ignorance" *Antipope* 46/4: 948–969.

Stiglitz, J. E. (2002). *Globalisation and its Discontents*. London. Penguin Books.

Taylor, A. and Tomlinson, S. (1994). *Opening Doors to a Learning Society*. London. The Labour Party.

Tomlinson, S. (2012). "The irresistible rise of the SEN industry" *Oxford Review of Education* 38/3: 267–283.

Weber, M. (1947). *From Max Weber: Essays in Sociology*. Trans. Gerth, H. H. and Mills, C. Wright. Oxford. Oxford University Press.

Williams, R. (1961). *The Long Revolution*. Harmondsworth. Penguin.

02장

특수교육과 통합교육의 출현: 영국

> 사람의 지혜는 하나님 앞에서 아무것도 아니며, 오히려 지혜를 가진 우리 모두는 어리석은 자와 같다. 그러므로 우리 형제들인 어리석은 자들이 우리 앞에 서 있다.
>
> (Paracelsus, 1530/1967)

파라셀수스[Paracelsus]는 바보로 여겨지는 사람들, '정상적이지 않다.'고 여겨지는 사람들이 사실은 우월하다고 생각하는 사람들만큼이나 인간적이라고 주장하는 데 관심이 있었지만, 장애인과 오늘날 정상으로 여겨지는 '일탈자'에 대한 처우의 역사는 대부분 잔인하고 비하적이며 기껏해야 가부장적인 것이었다. 라이언[Ryan]과 토마스[Thomas](1981)는 지난 500년 동안 종교적, 의학적, 도덕적 신념이 복잡하게 뒤섞이면서 때로는 동정심을 나타내기도 했지만, 더 자주는 비난과 학대를 보이기도 하였다. 기독교는 대체로 장애와 결함을 악에 대한 형벌로 여겼으며, 특히 개신교의 마틴 루터[Martin Luther]는 부모의 잘못이 결함 있는 자녀를 낳는 원인이라고 생각하며 불쾌감을 드러냈다. 이슬람교는 선지자가 장애인을 친구로 받아들인 것으로 기록되는 등 보다 친절한 관점을 취했다(Pervez, 2014). 영국과 미국의 경우 장애와 특수교육의 역사에 관심을 가진 학자는 비교적 최근까지 거의 없었으며, 21세기에 들어와서야 역사가들이 장애에 관심이 없다는 불만이 제기되었다(Armstrong, 2007). 그러나 지난 30년 동안 현재 정책과 관행의 역사적 차원을 탐구하는 데 더 많은 관심이 집중되었으며, 현재 특수교육과 통합교육 학생을 위한 대부분의 교과서에는 역사적 설명이 간략하게 포함되어 있다.

1960년대까지의 '장애인' 치료의 진전을 서술한 데이비드 프리처드David Pritchard의 상세한 역사(Pritchard, 1963)는 메리 워녹Mary Warnock이 의장을 맡은 위원회에 크게 의존했었다(DES, 1978). 이 위원회의 보고서는 비록 '특수교육special needs'의 개념이 1960년대부터 버밍엄에서 시 특수교육 조사관이었던 탠슬리Tansley와 미국 최초의 특수교육 교수였던 걸리포드Gulliford에 의해 개척되었지만, 특수교육의 법적 범주를 없애고 특수교육 요구라는 개념으로 대체하고 확장하는 데 중요한 역할을 했다(Tansley & Gulliford, 1960). 미국의 역사가들은 우생학 정책과 관행이 계속되었지만 특수교육과 통합교육의 역사는 종종 해방과 정상화의 이야기로 전해져 왔음을 지적했다. 1981년 특수교육에 관한 오픈 유니버시티Open University 강좌(E241)가 개발되면서 중증장애인뿐만 아니라 대다수의 느린 학습자, 혼란스럽고 골칫거리인 집단, 즉 루이스Lewis(1987: 68)가 지적한 '교육 기계의 그릿grit'을 위한 특수교육의 기원과 확장에 대한 관심이 높아졌다. 이 과정과 함께 편집된 책(Swann, 1981)은 (불리한 조건으로 인한) 장애인handicapped, (사회적 조건으로 인한) 장애인disabled, 일탈자deviant로 간주된 사람들에 대한 병리학적 가정이 진보적인 인도주의적 대응보다는 경제적, 사회적 필요성에 더 영향을 받았을 수 있음을 지적하면서 전보적인 서사에 대하여 비판적이었다.

모린 오스윈Maureen Oswin의 저서인 『장기 입원 병원에 사는 아동Children Living in Long-stay Hospitals』(1978)은 1920년대부터 1980년대 후반까지 시설에 격리된 소위 심신 미약자에 대한 비인간적인 대우를 기록한 포츠Potts와 피도Fido의 책처럼 중증장애아동이 시설에서 겪는 잔인함과 박탈감을 폭로했다(Potts & Fido, 1991). 개선하겠다는 약속이 있었음에도 불구하고 2016년 윈터본 뷰Winterbourne View 사립 병원의 학습장애 환자 처우 방식에 대한 스캔들이 폭로되었다(Tregelles, 2016). 허트Hurt(1988)의 저서는 장애인과 문제아에 대한 대책은 주로 사회 질서의 위협에 대한 대응이라는 입장을 분명하게 취했으며, 국가 교육이 발전하기 전후에 빈곤층과 결함 아동에 대한 규정은 이들이 사회에 부담이 되는 것을 방지하기 위해 고안되었음을 보여 주었다.

예를 들어, 1870년 이전의 작업장학교[workhouse schools]는 아동이 가난하거나 범죄자가 되는 유전적 경향을 제거하기 위해 명시적으로 설계되었으며, 그 목표는 '소유계층에 대한 최소한의 비용으로 빈곤의 사회적 위협을 제거하는 것'이었다(Hurt, 1988: 14). 이 장에서는 인도주의적 관점보다는 지배적인 사회적, 경제적, 정치적, 전문적 이해관계에 비추어 150년 동안의 특수교육과 통합교육의 사회적 기원을 다루었다.

징벌적 자비

특수교육 역사에 대한 초기 연구 후, 나는 1982년에 "특수교육은 전문가와 실무자가 일하는 데 있어서 도덕적 틀을 제공하는 자애로운 인도주의 이데올로기에 스며들어 있다."라고 적었다(Tomlinson, 1982: 5). 앞서 언급한 것처럼 이 개념은 널리 반복되어 왔지만, 사회적 기원과 현재 정책에 대한 추가 연구를 통해 결코 자비로운 상황이 아님을 알 수 있다. 특수교육과 현재의 통합교육이 수년에 걸쳐 취해온 형태와 방식은 사회의 특정 기득권층이 만들어 낸 산물이다. 주목할 만한 특징으로는 재정 지원 비용을 가능한 한 낮게 유지하려는 정치적 이해관계, 사회 혼란을 야기하는 집단에 대한 통제, 무급으로라도 가능한 한 결함이 있는 사람들이 일할 수 있도록 보장하는 것, 그리고 정의와 관행에 영향을 미치는 의료, 심리, 행정, 교육 및 기타 인력 간의 권력 투쟁이 있었다. 불행을 줄이기 위한 개인적 또는 자선적 사업이라고 묘사된 가운데 이타주의나 사심 없는 인도주의의 산물인 경우는 거의 없었다.[1)] 19세기 후반 영국에서 결함이나 혼란을 다루는 주요 위원회들은 주로 귀족들이 의장을 맡았으며, 정치적, 경제적 이익만 고려했다. 20세기 정치인들은 주로 불이익을 초래하는, 교육적으로 어려운 그리고 혼란스러운 사람들을 분리하는 데 더 관심이 있었다.

21세기에 들어와 통합의 미사여구를 앞세운 주요 정치적 관심사는 영국 학교가 입시 공장으로 전락한 입시 경쟁에서 특수교육 및 저성취 계층을 전면적으로 배제하는 것으로 보인다. 사회 정의와 불평등에 대한 인식이 정책 입안자들에게 영향을 미친 것은 의심할 여지없는 사실이지만, 변화에 더 큰 영향을 미친 것은 자비를 받는 사람들의 사회적 항의와 목소리였다(Barnes et al., 2002). 영국과 미국에서는 징벌적 자비punitive benevolence(Richardson & Powell, 2011)라는 개념이 과거와 현재의 정책을 더 잘 설명하는 것으로 보이지만, 자비의 증거는 점점 줄어들고 있다. 20세기 '장애아동' 교사를 위한 교과서는 종종 자녀를 특수학교에 보내야 하는 부모의 법적 의무와 그들이 상대하는 고객의 계층적 특성을 간과한 채 친절한 가부장적 자비(Jackson, 1969; Taylor, 1946)를 보여 주었다. 징벌적 자선 제도는 젊은이들과 그 가족이 겪는 지리적, 경제적, 사회적인 구조적 불이익을 무시한 채 작동한다. 정치인들은 자신들이 모든 아동과 청소년들을 교육과 일자리로 이끌고 있다고 주장하지만, 이와 동시에 이들의 성취에 막대한 장벽을 세우고 있으므로 엄청난 위선이다.

문제아를 다루는 초기 정책은 단순히 식민지로 보내는 것이었다. 1597년 「빈민법Poor Law Act」에 따라 '런던시가 부담을 덜길 바라는 위험하고 결함이 있는 아동'은 새로 획득한 미국 식민지로 보낼 수 있었다. 19세기에는 호주가 위험한 사람들을 보내는 가장 선호하는 목적지였다. 1744년 제정된 「매드하우스법Madhouses Act」에 따라 정신적 결함자(미치광이)를 돌보았으며, 1845년에는 「정신병원법Asylums Act」에 따라 모든 카운티에 바보와 멍청이idiots and imbeciles를 위한 정신병원 건립이 의무화되어 영국 프리메이슨Freemasons의 그랜드 마스터Grand Master인 제틀랜드Zetland 백작이 랭커스터Lancaster에 왕립 알버트Albert 정신병원을 멋지게 개원하였다. 이 정신병원은 결함이 있는 가족 구성원을 둔 소수의 부유한 가정에 50~200기니의 비용을 청구하였다. 작업장학교Workhouse는 거지, 방랑자, 고아, 범죄 아동을 받아들여, 그들을 신앙심 깊고 독립적인 노동자로 훈련시키기 위해 노력했다. 일부 계몽된 직물 공장 주인들은 작업장학교가 제공한 거지 아동들과 함께 '바보 아동'들의 할당을 받아들이기도 했다. 세기가 진행되면서 대중을 위한 초등교육이 발전했는데, 이는 상업적 이익을 돕고 노동계층의 잠재적 요구와 불안을 통제하기 위해 최소한의 문맹 인구를 배출하는 것을 목표로 했다. 제국주의 무역과 함께 팽창하는 자본주의 경제에서 기존의 학교교육인 부인婦人 학교dame schools, 누더기 학교ragged schools, 자선 학교charity schools, 그리고 1830년대부터 주로 성공회와 비순응주의nonconformist 학교교육은 결함이 있는 아동의 교육에 거의 관심이 없었기 때문에 도움이 되지 못했다.

가능한 한 많은 젊은이를 대상으로 어떤 종류의 교육을 통해 수익을 창출하는 것이 경제적으로 합리적이라는 것을 깨달은 것은 사업가들이었다. 1760년부터 브레이드우드 가문Braidwood family은 토마스Thomas 브레이드우드가 농학생을 가르치는 데 재능이 있다는 점을 활용하여 (에든버러Edinburgh 아카데미의 첫 학생은 부유한 가정 출신이었다) 에든버러, 런던, 마게이트Margate에서 농인을 위한 정신병원을 사업체로 운영했으며, 호지슨Hodgson(1953)은 교사들에게 급여를 적게 지급하여 수익을 올렸다고 기록했다. 가족 중 청각장애인이 있는 다른 사업가들도 리버풀Liverpool, 맨체스터Manchester, 엑서터Exeter, 요크York, 뉴캐슬Newcastle에 농인을 위한 학교를 세우기 위해 기금을 모금했으며, 로스차일드Rothschild 가문은 1864년 런던에 유대인 농학교를 열었다. 헨리 대넷Henry Dannett 목사는 1791년 리버풀에 '게으름의 습관을 제거하여 맹인을 유용하게 만드는 것'을 목표로 하는 빈곤 맹인을 위한 학교를 열었지만 '노동을 할 수 없는 사람'은 모두 배제시켰고(Tomlinson, 1982: 36 참조), 1799년에 문을 연 런던의 빈곤 맹인을 위한 학교는 맹인에게 무역을 가르치는 것이 유일한 목적이었다. 맹과 농은 중산층과 상류층이 숨기려고 애쓰는 정신장애나 어느 정도의 신체장애와는 달리 모든 사회계층에 영향을 미치는 것으로 인정되었다. 1866년 우스터Worcester에 '부유한 부모의 맹인 자녀가 자신의 신분에 맞는 교육을 받을 수 있도록'(Thomas, 1957) 하기 위해 대학이 문을 열었다. '아둔하고 결함이 있는' 아동을 양산하는 것은 하류층이라는 가정은 상류층과 중산층이 아둔한 아동을 개인적으로 부양할 수 있는 능력에 의해 뒷받침되었다. 1908년 정신 결함에 관한 교과서(1950년대 8판까지 발행)를 집필한 트레드골드Tredgold는 상류층의 아둔함에 대한 유쾌한 그림을 그렸다.

> 전국적으로 수백 명의 심신미약자들feeble-minded persons이 있으며, 그들 중 다수는 태어날 때부터 좋은 가문 사람들이다. …… 그들은 집안일을 거의 하지 않고, 포커 작업, 우표

> 수집 및 아마추어 캐비닛 제작과 같은 간단한 취미를 가지며, 같은 부류의 평범한 사회적 오락에 참여한다.
>
> (Tredgold, 1908: 175)

트레드골드Tredgold는 하층민을 대상으로 바보와 멍청이는 안락사를 시키고 결함자는 불임화하는 것을 옹호했다(같은 책: 492).

국가 교육이 시작된 후 맹인, 농인, 기타 골칫거리 사회 집단을 생산적으로 만드는 경제적 이익은 더욱 강조되었다. 1885년 서인도 설탕 무역에 이해관계가 있던 에거튼Egerton 경이 위원장을 맡은 왕립위원회가 설립되었다. 위원회의 목표는 분명 경제적인 것이었다.

> 맹인blind, 농인deaf, 벙어리dumb, 교육받을 수 있는 얼간이imbecile 계층은 교육을 받지 못하면 스스로에게 짐이 될 뿐만 아니라 국가에도 무거운 짐이 된다. 그들을 교육시켜서 빈곤의 큰 물줄기로 부풀어 오를 수밖에 없는 작은 물줄기를 가능한 한 말라버리도록 하는 것이 국가의 이익에 부합한다.
>
> (1889년 에거튼 보고서Egerton Report, 서론)

위원회는 이러한 문제 집단을 다룰 때 영구적인 특징, 즉 모든 공급의 비용을 낮게 유지하면서 경제에 생산성을 제공해야 할 필요성을 설명했다. 맹인과 농인을 위한 별도의 학교가 권장되었지만, 멍청이와 정신박약(지적장애)인은 주로 의료계의 영향에 맡겨졌다. 신체장애인을 위한 제공 또한 경제적인 고려를 기반으로 이루어졌는데, 1851년 런던에서는 소녀들을 위한 불구 가정 및 산업 학교Crippled Home and Industrial School for Girls가 문을 열었고, 곧이어 불구 소년들을 위한 국립 산업 학교National Industrial school for Crippled Boys가 문을 열었다. 자발적인 교사를 고용하고 소녀들을 가사 노동에 투입하여 비용을 낮게 유지했다. 작업장 노동을 방해하는 결함 있는 사람들을 제거하고 어쩌면 이들이 생산적 일을 할 수 있도록 훈련시킴으로써 경제적 이익은 확실히 달성되었으며, 잠재적으로 사회에 혼란을 줄 수 있는 사람들을 일터로 보내거나 보호 및 감금함으로써 정치적 이익도 얻었다. 이러한 결함이 있는 아동과 성인이 하는 모든 노동은 무급이거나 매우 낮은 임금으로 이루어졌다.

19세기에 전문직으로 인정받기 위해 고군분투하던 의료계는 정신적, 신체적 결함을 치료한다고 주장하며 자신들의 명성을 높여 갔다. 1840년대부터 의료인들은 정부에 전문가로서의 지위를 부여할 것을 촉구했고, 1858년 「의료법Medical Act」에 따라 국가 의사 등록부가 설립되었다. 이 협상의 일환으로 결함 아동의 감금과 후속 교육을 의료인이 감독하는 것이 국가의 이익에 부합했다. 1945년부터 의사는 '신체 또는 정신장애'아동을 판별할 법적 의무가 있는 장애학생 양식Handicapped Pupil forms(HP)에 서명했으며, 1975년부터는 심리학자가 서명하는 요약 양식인 새로운 특수교육 양식Special Education forms(SE)이 새로 도입되었지만, 1981년까지 법적 권한을 가진 것은 의료진이었다. 의학 및 초기 심리학의 영향에 중요한 것은 결함의 유전 가능성에 대한 관심의 발전으로 우생학 운동과 모든 종류의 사회악을 일으키는 것으로 추정되는 심약하고 결함이 있는 사람들의 출산에 의한 사회 내 '인종적 퇴화'라는 가정이 절정에 달했다는 점이다. 사회적 다윈주의와 우생학, 새로운 우생학 사이의 연관성은 이 책의 4장에서 다루었다. 존 랭턴 다운John Langton Down은 1866년 '몽골증'(훗날 다운증후군)을 몽골 인종[2)]의 신체적 특징과 동일한 외모로 설명하면서 생물학적, 인종적으로 연결하여 분류하는 데 열정을 다했다. 지난 1세기 반 동안 다양한 결함과 장애 유형이 확장되고 재작업된 것은 우생학적, 의학적, 심리적 영향이 컸다. 이에 더해 몇몇 영향력 있는 압력 단체들의 등장도 큰 영향을 미쳤는데, 특히 난독증과 자폐성 장애의 이해를 증진시키는 단체들이 주요 예라고 할 수 있다.

결함 있는 아동을 교육하기

1870년부터 의무 공교육이 도입되면서 바보도 아니고 멍청하지도 않지만 단지

둔하고 정신이 약하고 골칫거리로 여겨지는 아동에 대한 관심이 집중되었다. '성과에 따라 급여를 받는' 교사가 있는 공립학교는 그런 아동을 없애야 할 '필요성'이 절실했으며, 다양한 이익 단체가 특수학교와 학급을 설립하기 시작했다. 1869년 자선을 조정하고 근검 절약과 자조를 장려하기 위해 설립된 자선단체협회Charity Organisation Society는 정신지체(지적장애)아동을 위한 분리학교 설립 캠페인을 벌였고, 이 단체의 후원자들은 자신들의 계층으로 연결된 상류층 남성들이었다. 여기에는 더비Derby 경, 리치필드Lichfield 경 등 17명의 다른 동료들이 포함되었다. 앞에서 언급한 에거튼Egerton 위원회의 의장인 에거튼 경은 리치필드 경의 영지와 인접한 이웃이었다. 1840년대에 아일랜드에서 기근 구호 활동을 도왔던 찰스 트레벨리안Charles Trevelyan 경은 바보와 멍청이에 관한 COS 소위원회 간사로서 굶어 죽는 것은 '훈육'이라고 생각했으며, 결함이 있는 아동은 특별한 통제가 필요하다는 견해를 가지고 있었다. 특수학교 설립에 영향을 미치기 위해 의료계와 교육계의 이해관계가 충돌하기 시작했다. 의료인들은 정신병원과 정신병원 교육을 장악하고 있었기 때문에 유리한 입장이었다.

최초의 특수학교는 가장 가난한 지역에서 문을 열었으며, 1890년대에 런던 학교위원회London school board는 '정신적, 신체적 결함으로 인해 일반적인 표준으로 가르칠 수 없는 아동'을 위한 학교나 학급을 열었다(Tomlinson, 1982: 43 참조). 필요한 표준은 1~6학년으로 표시되었으며 일부 학교는 표준 0학년 학급을 설립했다. 런던London, 버밍엄Birmingham, 브라이튼Brighton, 브리스톨Bristol 및 기타 도시의 빈곤 지역에 특수학교가 문을 열었으며, 주로 노동 빈곤층의 더럽고 어렵고 방해가 되는 아동들을 대상으로 했다. 정상적인 학교의 원활한 운영을 위해 이러한 아동들을 제거해야 한다는 데는 동의했지만, 누가 아동들을 선발해야 하는가를 두고서는 초기에 갈등이 있었다. 브래드퍼드Bradford의 의료 책임자였던 커Kerr 박사는 교사들이 아동들을 선발할 수 있게 된다면 아둔한 아동들을 모두 제거하려고 시도할 것이라고 생각했다. 1896년 빈민법 학교 위원회Poor Law School committee 보고서와 1898년 결함 및 간질 아동 위원회Committee on Defective and Epileptic children는 아동들이 기초 문해력 교육과 함께 직업 기술 교육을 받을 수 있도록 별도 교육을 위한 보조금을 제공하는 1899년

「(결함 및 간질 아동) 초등교육법」의 통과를 촉구했다. 별도의 교육 비용은 항상 문제가 되었으며, 재무부 장관은 너무 많은 지방 당국, '특히 아일랜드에서' 많은 결함 아동이 발견될 것을 우려했다. 그러나 결함 아동을 일반교육에서 배제한다는 것은 결함, 범죄, 실업 사이의 연관성을 가정할 때 생산적인 노동력 준비에 지장을 주지 않고 비용을 낮추며 사회에 문제가 될 수 있는 아동을 분리한다는 것을 의미했다.

특수학교교육은 일반 초등교육이 원활하게 이루어질 수 있도록 하는 안전판 역할을 했다. 20세기 초에는 우생학 운동의 영향으로 결함 아동은 사회에 위험하다는 정치적 불안감이 커졌으며, 결함이 도덕적 타락, 범죄, 빈곤, 실업, 매춘과 연결되면서 결함 아동을 더 많이 분리하려는 움직임이 일어났다. 1908년 심신 미약자 관리 및 통제 왕립 위원회Royal Commission on the Care and Control of the Feeble-Minded(RCCCFM, 1908)는 학교, '식민지' 및 기타 기관에서 이러한 아동에 대한 지속적인 통제가 필요하다고 확신했다. 래드너Radnor 백작이 위원장을 맡은 이 위원회(4장에서 자세히 살펴봄)는 "충분한 통제가 이루어지지 않는 정신적으로 결함이 있는 성인과 아동이 많으며, 이들의 방탕하고 무책임한 삶은 범죄와 불행을 낳고 …… 지역 사회에 낭비되는 지속적인 지출이 많다."는 견해를 확산시키는 데 큰 영향을 미쳤다(RCCCFM, 1908: 1권, 서론). 이 위원회의 보고서에 자세히 설명된 사회 문제는 한 세기 후인 2006년 보수당이 사회 정의 센터에서 작성한 '부서진 영국Broken Britain'에 대한 보고서에서 자세히 설명한 문제와 거의 동일하다.[3] 특수학교에서 아동에 대한 통제와 방향성을 강조하는 것은 저임금 노동력을 생산하기 위한 것이었으며, 지칠 줄 모르는 커Kerr 박사는 위원회에 "수년간의 학교교육은 낭비처럼 보인다. …… 10세나 12세에 효과적으로 분리할 수 있다면 나무를 깎고 물을 길어 올리는 훈련이 아동을 더 행복하고 유용하게 만들 수 있다."(RCCCFM, vol 1, Kerr, 증거)고 보고했다. 메리 덴디Mary Dendy는 심신미약자는 막아야 할 큰 악이었기 때문에 이들을 평생 분리해야 한다고 부추기면서 더 많은 증거를 제시하였다(같은 책, 1908: 8권). 그녀는 사생아를 낳은 젊은 여성들을 겨냥한 1913년 법에 도덕적 일간이라는 범주를 포함시키는 데 영향을 미쳤다.

그러나 의료계가 지배하는 통제위원회가 결함 아동의 평가와 관리를 맡아야 한다는 권고가 교육계의 이해관계에 의해 거부되면서 위원회에 대한 의료계의 영향력은 좌절되었다. 교육주의자들은 가능한 한 많은 아동을 통제하는 것이 자신들의 이익에 부합한다는 것을 깨달았고, 175개 당국은 1913년 「정신결함법Mental Def ciency Act」을 통해 일부 규정을 마련했으며, 1914년에는 이러한 규정을 의무화하는 추가 법안을 제정했다. 교육 당국은 어떤 아동이 결함이 있는지 확인하고 '교육을 받을 수 없는' 아동만 의료 당국에 넘겨야 할 의무가 있었는데, 이러한 상황은 1970년까지 개선되지 않았다. 1921년의 추가 법(54조)에 따라 지방 당국은 '인증 절차'를 통해 부모에게 자녀를 특수학교에 보내는 것을 강요할 수 있게 되었으며, 이로 인해 특수학교교육에 대한 낙인이 더욱 커졌다.

전문적, 부성적paternal 관심사

1920년대에는 결함 아동을 정상 아동과 구분 짓는 낙인이 최고조에 달했으며, 이 시기는 결함 아동에 대한 우생학적 공포가 가장 두드러진 시기이기도 했다. 이 시기는 교육 당국에서 일하는 의료진들이 새로운 영역의 역량을 공고히 하고, 학교 인구에서 더 많은 결함 아동을 발견하기 위해 열심이었던 10년이기도 하였다. 심리학자들은 또한 평가 절차에서 입지를 확보하려고 했다. 심리학자들의 정신검사는 결함 및 '비정상성' 측정과 밀접하게 연관되어 있었다. 장애아동을 다루는 기술과 역량을 갖춘 특수학교 교사라는 직업이 생겨났으며, 일반학교, 특히 이제 배제 연령이 14세까지로 연장된 초등학교들은 문제아동을 학급에서 배제시키기 위해 의뢰 절차를 활용하였다.

1924년 교육 및 통제 위원회Boards of Education and Control는 우드Wood 목사를 위원장으로 하는 위원회를 구성하여 국가의 정신적 결함 정도를 조사했다. 이 위원회는 1929년에 위원회 의료 조사관의 영향을 받은 심의 결과를 보고했다. 이들은 "많은 경우 아동의 정신이 허약한지 아니면 단순히 뒤떨어진 것인지, 발달지체가 정신적 결함 때문인지 아니면 나쁜 가정환경 때문인지 판단하는 것은 불가능하다." 고 보고했다(Wood Report, 1929: 파트 4: 59). 위원회는 또한 "일반 지능을 측정하기 위해 상당히 효율적인 심리 검사가 고안되었다. 거의 모든 문명 국가에서 이러한 검사는 정신 결함 진단의 주요 기준을 형성하며," 사실 "결함이 있는 가정에는 정신병자, 간질 환자, 빈민, 범죄자, 실업자, 습관적 빈민가 거주자, 매춘부, 술주정뱅이 및 기타 …… 사회 문제 계층의 대규모 집단을 포함한다."라고 확신하였다(Wood Report, 1929: 80). 사회 문제에는 법원에 출두한 비행 아동들이 포함되었다. 1933년 교육과 훈련을 제공하는 기숙 승인 학교Approved Schools가 설립되었으며, 1969년에는 지역 교육 당국과 사회복지 사업 간에 책임이 공유되는 지역 사회 주거 시설Community Homes로 전환되었다.

누가 (특수교육 요구를 가진) 결함을 가지고 있는지와 누가 단순히 뒤처진 사람(저성취자)인지에 대한 이슈는 오랜 문제라고 볼 수 있다. 이에 대해 우드Wood 위원회는 교육 가능한 결함 아동과 둔하고 뒤처진 아동을 하나의 교육 및 행정 집단으로 간주하고, 정신 검사를 통해 아동을 발견하고, 인증을 폐지하며, 특수학교를 일반학교의 유용한 변형으로 제시해야 한다고 권고했다. 인증 폐지에 반대하던 전국교원단체총연합회National Union of Teachers는 이를 달갑지 않게 여겼으며, 특수학교 교사들은 자신들이 대규모의 (정신)지체(지적장애)아동 집단에 편입될 것을 우려했다. 그러나 이는 특수학교교육에 한정된 '통합'의 초기 시도였다. 1944년 「교육법」이 제정되면서 '신체 또는 정신장애'로 고통 받는 학생과 특수교육적인 치료가 필요한 2세 이상의 학생에 대한 보호 의무가 지방 교육 당국에 부여됨에 따라 특수교육자들의 관심은 상당히 높아졌다. 장애 판별 모델은 의학적 검사로 이루어졌으며, 의료진에게는 법적 평가 의무가 주어졌고, 교육에 부적합한 학생은 지역 보건 당국에 넘겨졌다. 당시 학생의 약 8%가 장애학생으로 간주되었으며, 1945년의 장애학생 및 학교 보건 규정Handicapped Pupils and School Health regulations은 맹, 저시력, 농, 난청, 연약함, 당뇨병, 교육 부적응, 간질, 부적응, 신체장애, 언어결함 등 열한 가지 범주를 정의했고, 1953년에는 연약한 당뇨병이 합류했다. '교육 불가능자'는 1970년에 교육에 합류되었으며, ESN[교육가능급 정신지체(지적장애)] 범주는 중증과 경증 또는 중등도 이하로 나뉘었다.

최초의 권리 기반 장애인 법으로 평가 받는 그 해의 「만성 질환자 및 장애인 법」Chronically Sick and Disabled Persons Act은 난독증과 자폐성 장애를 법정 특수교육 대상은 아니지만 장애로 인정했고, 이를 위해 다양한 자발적 단체가 활발한 캠페인을 벌였다. 그 외 제안된 범주인 신경병증 아동, 보잘 것 없는 아동, 정신 불구 아동, 실어증 아동, 서투른 아동, 심한 무기력증 아동 등은 법적 범주가 되지 못했다. 교육적으로 정상 이하(ESN)라는 범주는 학업 성취도가 낮고 교실을 방해하는 학생들을 교실에서 퇴출시키는 데 선호되는 방법이 되었다.[4)] ESN 학교의 정규 아동 수는 1950년 15,173명에서 1976년 118,355명으로 150%[sic: 인용문 오류] 증가했으며, 일반학교의 교정remedial 수업이 확대되면서 '뒤처진 아동'이 돌봄을 받게 되었다. 언더우드 부적응아동위원회Underwood Committee on Maladjusted Children(Underwood Report, 1955)가 조사한 부적응 아동의 범주는 정신과 의사, 의무관, 심리학자가 참여하는 아동 지도 서비스를 권고했고, 부적응 아동의 수는 1961년 6,333명에서 1976년 20,338명으로 늘어났다. 비법정 자폐 범주에 속하는 아동의 수는 1961년 0명에서 1976년 951명으로 막대하게 증가하였다.

한편, 노동당 정부가 모든 지방 당국에 포괄적인 노선을 따라 학교교육을 재편할 것을 요청하는 회람 10/65를 발표한 이후 중등 수준의 종합교육은 계속 확대되었지만, 36개 주에서는 이를 시행하지 않았다. 1976년 노동당 정부는 모든 당국에 조직 개편을 강제하기 위한 법안을 마련했는데, 여기에는 특수학교의 특수교육에 중점을 두던 것을 일반학교의 특수교육 제공으로 변경하는 조항(10조)이 포함되었다. 당시 교육부 장관은 장애아동 교육에 대한 통합 제공 원칙은 새로운 것이 아니라고 언급했다. 이 법은 시행되지 않았고, 대부분의 개편 당국은 특수학교를 그대로 유지했다. 예를 들어, 버밍엄Birmingham 시는 1972년 마침내 112개의 중등 종합학교와 8개의 문법학교, 그리고 42개의 특수학교로 조직을 개편하였다.

대부분의 아동은 ESN 학교나 '부적응자'를 위한 학교에 다니고 있었고, 사회적으로 낮은 계층에 속해 있었으며, IQ 점수가 꼼꼼하게 기록되어 있었다. 예를 들어, 1946년 교사용 교과서를 보면 다음과 같은 내용을 알 수 있다.

> 지능지수가 86에 불과한 헨리Henry는 지능이 거의 없는 것에 가까운 수준이다. 그의 가족은 도시에서 가장 열악한 빈민가 중 한 곳의 출신으로, 그의 아버지는 마부로 일하고 있었다. 그의 집안 환경은 지저분하고 더럽고 거칠었으며, 그의 어머니는 사납고 호전적이어서 자주 히스테리 발작을 일으키곤 하였다.
>
> (Taylor, 1946: 3)

그리고 "캐서린Catherine은…… 말이 거의 없고 씻지도 않고 졸린 채로 학교에 자주 오는 누더기를 입은 유순한 아이인데…… 한 교사가 그녀의 집을 방문했을 때 믿을 수 없을 정도로 지저분한 것을 발견했다."(Jackson, 1969: 10). 시릴 버트Cyril Burt를 후원자로 하는 뒤떨어진 아동들의 교사 조합A Guild of Teachers(4장 참조)은 1940년대 후반에 만들어졌다. 이 단체의 목표는 '현재 비행 청소년 수를 늘리고 있는 많은 학교 실패자들에게 더 풍요롭고 행복한 삶'을 제공하는 것이었다(Segal, 1963: 7). 1976년 아동 건강 서비스에 관한 위원회의 보고서는 다음과 같이 언급했다.

> 비숙련 육체 노동자들 사이에서 태어난 학습이 느린 아동의 유병률은 다른 사회 집단에서 발견되는 것보다 몇 배나 높으며…… 사회적 약자, 가난, 과밀, 비숙련, 무지, 건강이 좋지 않거나 사회적으로 무능한 가정은 경미한 정신지체(지적장애)아동을 가질 특별한 위험이 있다는 것이 잘 입증되었다.
>
> (Court Report, 1976: 240)

워녹 보고서Warnock Report는 "우리는 교육적 어려움을 겪는 많은 어린이가 가족적 또는 더 넓은 사회적 어려움을 겪을 수 있다는 것을 잘 알고 있다. …… 적절한 교육 진전을 위해 필요한 자극의 질이나 더 넓은 안정감을 가족으로부터 얻지 못하기 때문이다."(DES, 1978: 4)는 초기 논평으로 결손 가정에 관한 주제를 계속 이어나갔다. 이 시점에서 하류층의 결함을 가진 젊은이들이 한 세기가 넘도록 문제가 되었던 것으로 보인다.

인종 이슈

미국에서는 인종, 특수교육, 저성취 문제가 더 결정적으로 대두된 반면, 영국에서는 일반적으로 1870~1920년을 대영제국의 전성기로 보는 역사가들이 많으며, 이 시기는 공립학교의 발전과 함께 '영국 인종'에 대한 위험으로 묘사된 결함자 배제가 이루어진 시기이기도 하다. 19세기 인종에 대한 사고가 식민지 흑인에 대한 고정관념을 만들어 냈으며, 하층 결함인을 대하는 것과 마찬가지로 "어떠한 대가를 치르더라도 통제해야 하는 야만적인 인물이자 선교사의 보살핌과 보호가 필요한 무력한 존재"(Rich, 1986: 12)로 묘사했기 때문에 해외 식민지 '인종'도 똑같이 위험했다. 인종의 기원에 대한 논쟁의 통합은 사회적 다윈주의Social Darwinism 이론과 백인 영국인이 백인이 아닌 인종에 대해 유전적 우월성을 주장하는 것으로 이어졌다. 결함자의 범주에 대한 논쟁이 벌어지는 동안 초기 사회생물학은 주요 인종을 백인, 몽골인, 흑인으로 나누었으며 백인에게는 우월한 특성을, 백인이 아닌 인종에게는 열등한 능력을 부여했다. 4장에서 언급했듯이 이러한 범주는 1990년대에도 일부 문헌에서 여전히 사용되고 있었으며(Rushton, 1990 참조), 오늘날에도 '인종'을 정의하려는 시도가 다시 활발히 이루어지고 있다.

그러나 '이민자' 아동들과 이들의 특수학교 과잉 배치 문제에 대한 이슈는 전후가 되어서야 비로소 시작되었으며, 이는 전후 식민지 및 구식민지 국가에서 영국으로 이주한 이민자들과 노동력 제공을 위해 초청된 이민자들로 인한 것이었다. 1966년 런던 도심 교육 당국inner London Education Authority은 ESN 주간 학교에 다니는 아동의 23.3%가 주로 '서인도계' 이민자 출신이라고 보고했으며, 1967년에는 이 비율이 28%로 증가했다. 학교에서는 오배치 가능성이 4배나 높다고 생각했으며, 자녀가 공정한 대우를 받지 못하고 있다는 흑인 학부모들의 불안감이 커지면서 1969년 북런던 서인도협회는 해링기 의회Haringey Council를 만나 이 문제를 언급하였고 당시 인종관계위원회Race Relations Board에 인종차별에 대한 불만을 제기했다. 1970년에 결성된 카리브해 교육협회Caribbean Education Association는 그 해 8월 콘퍼런스를 개최했으며, 그레나다[Grenada] 출신으로 ESN 학교의 교사였던 버나드 코드[Bernard Coard]는 과잉 대표의 문제점에 대해 연설했다. 그의 논문은 〈영국 학교 시스템에서 서인도 아이는 어떻게 ESN이 되는가[How the West Indian Child is made ESN in the British School System]〉(Coard, 1971, 2005 재인쇄)로 확장 출간되었고, 이는 흑인, 특히 카리브해 아동을 공정하게 교육하는 데 여전히 어려움을 겪고 있는 상황에서 중요한 자료가 되었다(Rollock et al., 2015 참조).

1970년대 잡지 『레이스 투데이[Race Today]』에 특수학교교육에 관한 일련의 기사를 게재한 돈디[Dhondy](1974)는 ESN 학교가 흑인 아동을 교육하는 학교 시스템의 실패의 격전지가 되었으며, 대신 흑인과 노동계층의 낮은 학교 성적에 대한 설명으로 유사 유전적, 문화적 박탈 요소를 제시했다. 돈디[Dhondy](훗날 TV 프로듀서이자 경영자가 됨)는 영리한 사람과 멍청한 사람, 교육 가능한 사람과 교육 불가능한 사람을 구분하는 과정에서 다른 역사적 요인이 작용했음을 지적했다. 1973년 하원 교육위원회 보고서와 1976년 서인도 공동체에 관한 보고서는 카리브해 아동을 ESN 학교와 일반학교의 교정 수업[remedial classes]에 위탁하는 관행을 심각하게 비판했다(이 무렵에는 전체 학생의 1.1%에 불과했지만 ESN 학교의 전체 학생 중 4.9%가 카리브해 출신이었다).

1973년 교육부는 모든 교육장에게 서한을 보내 평가 과정을 검토할 것을 제안했다. 문제를 인식한 학교는 부적응 학생을 정서행동장애[emotional and behavioural difficulties](EBD)라고 부르는 특수반과 지도 센터에 위탁하기 시작했고, 일부는 비행 및 무단결석 젊은이들을 위한 중간 치료 센터로 보내게 되었다. 결국 학교는 문제 학생들을 위해 학생 추천 단위[Pupil Referral Units]를 설치하여 학생 명부에 남아있게 함으로써 분리되어 있지만 통합되어 있도록 하였다. 영구적으로 해결해야 할 또 다른 문제는 제2외국어를 구사하는 아동들에게도 특수교육 요구가 있다는 것이었다. 이는 특히 아시아 아대륙에서 이민 온 아동뿐만 아니라 크리올어[Creole languages]를 사용하는 카리브해 아동들의 언어가 부적절한 영어로 폄하되면서 유사한 문제에 직면했다.

특수교육 요구의 발명

1970년대 특수교육에서 의심할 여지가 없는 주요 사건으로는 장애아동 및 청소년 교육에 대한 조사위원회의 보고서 발표가 있었다. 이 위원회는 훗날 총리가 된 마가렛 대처Margaret Thatcher의 옥스퍼드대학 친구가 위원장을 맡았다. 1970년부터 교육부 장관이 된 대처의 첫 번째 조치는 지방 당국이 종합학교로의 개편을 중단할 수 있도록 하는 회람 10/65를 취소하는 것이었지만, 임기 말에는 중등학교 학생의 60% 이상이 명목상 종합학교에 재학 중이었다. 1985년 워녹Warnock 남작 부인이 된 워녹 여사는 의사, 심리학자, 행정가, 특수학교 교장, 대학교수, 은퇴하고 기사 작위를 받은 NUT 비서관으로 구성된 위원회의 의장을 맡았다. 한 명의 부모가 대표로 참석했으며, 그녀는 미국 농아인 협회 회원이기도 했다. 1978년 보고서(DES, 1978)에 따르면 이 위원회에 장애인은 한 명도 포함되지 않았다. 1929년 우드 위원회Wood Committee와 비슷한 맥락에서 이 보고서는 특수교육을 일반교육의 유용한 변형으로 제시하고, 낙인을 없애는 동시에 특수교육의 확대와 범주의 재구성을 권고했다. 위원회는 두 건의 연구 조사를 바탕으로 아동 5명 중 1명은 학교생활 중 어느 시점에 어떤 형태로든 특수교육적인 치료가 필요하다고 판단했으며, 이는 곧 '워녹 20%'라는 표준이 되었다. 아동 중 2%가 특수한 분리 교육이 필요하다는 가정하에, 18%는 일반학교에 남을 것으로 예상했다. 장애의 법적 범주는 폐지되었지만 아동들에게 설명적인 라벨을 부착해야 했다. '학습장애아동'에 대한 설명에는 이전의 ESN-M[교육가능급 정신지체(지적장애)-중등도]과 교정remedial 아동이 포함되었다. 장애아동을 위한 단위 및 센터에 배치되었던 아동은 이제 특수교육을 받게 되었으며, 지원을 받는 일반학교 학급에서의 통합부터 특수학교 및 학급에서의 전일제 교육에 이르기까지 열 가지 유형의 학교 제공이 지지되어 특수교육과 통합교육 모두를 허용하는 '제공의 연속성'이 옹호되었다. 특수학교 폐지에 대한 제안은 없었지만 워녹은 1980년 "일반학교는 특수교육이 필요한 아이들을 더 많이 수용할 준비가 되어 있어야 하며, 특이한 어려움을 겪는 아이들이나 실제로 특별한 재능을 가진 아이들의 존재가 포괄적인 이상[ideal]의 자연스러운 일부가 되어야 한다."고 썼다(Warnock, 1980: 27).

그러나 경제적 이해관계로 인해 이미 제도권 밖으로 평가된 아동들을 광범위하게 통합하는 일은 없었다. 1981년 법 제정 이전의 1980년 백서에서는 특수교육적 요구보다는 현재의 경제적 상황을 더 많이 언급했다. 정부 규정은 전국적으로 학생의 약 20%가 특수교육이 필요할 수 있지만 주로 일반학교에서 제공될 것이라는 가정을 확인했다. 1981년「(특수교육)법」(HMSO, 1981)은 지역 교육 당국이 중증 또는 복합적인 요구를 가진 소수의 아동을 평가하고 특수교육적 치료를 제공할 의무가 있음을 확인했으며, 이러한 아동들은 특수학교나 일반학교에 배정될 수 있지만 일반학교에서는 다양한 학습 어려움과 경미한 장애가 있는 것으로 간주되는 최대 20%의 아동을 처리할 책임이 있다고 명시했다. 이 법은 특히 제2외국어로 영어를 사용하는 아동들을 모두 특수교육이 필요한 것으로 간주해서는 안 된다고 명시했다.

모순된 정치적 견해는 경제적으로 효율적이며, 특별한 요구를 가진 아이들이 다른 아이들의 교육을 방해하지 않는다면 주류 초등학교와 종합학교로의 아동들의 통합을 지원하는 것을 표면적으로 지지했다. 이전에 주류에서 배제되었던 집단을 통합하는 평등주의 정책은 자원을 둘러싼 경쟁과 교육 수준 저하에 대한 우려로 인해 점점 더 제약을 받았으며(Cox & Boyson, 1977 참조), 여전히 수준 향상에 기여하지 못하는 사람들을 제거해야 했다. 1979년에 들어선 보수당 정부는 종합교육이 더 이상 국가 정책이 아니라고 발표했다. 그러나 전통주의자들은 학교 수준이 낮아졌다고 주장하는 반면, 마크 칼라일[Mark Carlisle] 신임 교육부 장관은 종합교육 덕분에 실제로 더 많은 학생이 시험을 치를 수 있었으며 더 많은 학생이 고등교육에 진학했기 때문에 수준이 떨어질 수 없었다고 주장했다. 그는 곧 대처[Thatcher] 여사에 의해 해고되었는데, 대처 여사는 '유능한' 학생을 분리하는 선별적 학교교육을 지지한다고 기록했다.

1970년대부터 1980년대까지 영국, 미국, 캐나다, 스웨덴의 장애인 활동가들은 신체적, 감각적, 기타 장애를 가진 사람들에 대한 개별적, 의학적, 사적인 비극 가정을 거부하였으며, 경제적, 사회적, 문화적 요인이 장애를 악화시킨다고 주장했다. 장애에 대한 사회적 해석은 개인의 장애가 무엇이든, 사회가 그들의 요구를 수용하지 못함으로써 장애가 더 심해진다고 주장했다. 빅 핀켈스타인Vic Finkelstein은 영국 최초로 오픈 유니버시티Open University에 장애학disability studies 강좌를 개설했고, 분리주의에 반대하는 신체장애인 연합Union of the Physically Impaired against Segregation의 창립자였으며, 다른 활동가로는 많은 사람들이 동의하듯이 장애를 영속화시키는 것은 사회 정책, 태도, 자원 부족이라고 주장하며 장애의 사회적 모델을 위해 노력한 린 반즈Colin Barnes와 마이크 올리버Mike Oliver, 소수 장애 여성의 경험을 최초로 연구한 시각장애인 학자인 아예샤 버논Ayesha Vernon 등이 있다(Barnes et al., 2002). 중등 근대학교를 졸업하고 목수 출신으로 교육학 교수가 된 최초의 인물인 렌 바튼Len Barton은 활동가 및 학자들과 협력하여 장소와 출판물을 제공했으며, 특히『장애와 사회Disability and Society』저널을 창간했다(Tomlinson, 2010). 1970년대에는 공공장소에서 휠체어를 탄 사람을 보는 것이 유모차를 밀고 있는 남성을 보는 것만큼이나 드물었던 것은 분명한 사실이다. 40년 후 이들 두 가지 상황은 부분적으로 개선되었다.

모듬식 통합integration과 포용식 통합inclusion의 창조

1980년대 영국에서는 모듬식 통합integration이라는 용어가 점차 포용식 통합inclusion이라는 용어로 바뀌면서 이 시기를 특징짓는 용어가 등장했다. 주류학교 학급, 단위 학교, 특수학교에서 특별한 교육적 도움이 필요한 것으로 간주되는 아동의 수가 확대되었고, 파괴적이고 무단 결석하는 젊은이들을 다루는 시설을 포함하여 다양한 수준의 분리가 이루어졌다. 다양한 종류의 어려운 행동에 대한 다양한 신규 명칭이 인기를 얻고 있다. 1980년 미국 정신장애 진단 및 통계 매뉴얼American Diagnostic and Statistical Manual of Mental Disorders은 주의력 결함 과잉 행동 장애Attention Def: cit Hyperactivity Disorder(ADHD)를 장애 목록에 포함시켰으며, 난독증에 대한 지원을 요구하는 영향력 있는 압력 단체, 특히 인구의 약 10%가 난독증이라고 주장하였던 영국난독증

협회British Dyslexia Association의 목소리가 더욱 커졌다.[5] 이 단체는 난독증 학위, 교사 대상 강좌, 선별 검사 등을 제공하는 난독증 연구소Dyslexia Institute를 운영하고 난독증 관련 저널의 증가를 지원하는 등 그 자체로 하나의 산업으로 확장되었다. 1968년 세계 신경학 재단World Foundation of Neurology에서 난독증이 신경 질환으로 등재된 후 불행한 결과 중 하나로서 정자 은행에서 난독증 남성의 정자를 공식적으로 거부하기 시작했다. 그럼에도 불구하고 성공적이고 잘 알려진 많은 남성들이 자신이 난독증이 있다고 주장하고 있다. 이것은 여성도 난독증 난자를 가질 수 있는지에 대한 흥미로운 질문을 제기한다. 1980년대 정부는 일부 부모가 난독증 자녀를 지방 당국의 비용으로 사립학교에 다니게 하기 위해 법정 소송을 제기하는 것을 우려했지만(Harvey, 1987), 지방 당국은 자선 단체와 자원봉사 단체가 운영하는 사립 특수학교에서 더 심각한 장애를 가진 아동을 위한 비용을 지불해야 했다. 교육 수준이 높은 핀란드는 난독증이라는 딱지를 붙이지 않고도 읽기 문제가 있는 아동을 지원할 수 있었다. 자폐성 장애와 자폐 스펙트럼 장애[6]는 교육 환경에서 파괴적이거나 어려운 행동을 설명하기 위해 점점 더 널리 사용되는 '진단'이 되었으며, 1994년 정신장애 진단 및 통계 매뉴얼Diagnostic and Statistical Manual of Mental Disorders에 포함되었다. 난독증과 마찬가지로 현재 자폐성 장애 산업이 발전하고 있으며 전국적인 협회, 자폐성 장애 연구 센터Autistic Research Centres, 자폐성 장애 자기 옹호 네트워크, 원인, 행동, 치료를 설명하는 대규모 문헌, 심지어 첨단 기술 실리콘 밸리의 고임금 직원 중 상당수가 자폐성 장애일 가능성이 높다는 주장까지 등장했다(Silberman, 2015).

전 세계적으로 다른 국가들도 학교 시스템 내에서 차별화하기 위해 특수교육 요구라는 개념을 도입하고 있었다. 주된 목적은 주로 학문적 엘리트를 배출하기 위해 고안된 시스템에 참여할 수 없거나 원하지 않는다고 정의된 대규모 아동 및 청소년 그룹을 분리하고, 산업화 이후 사회에서 학업적 성공이나 경제적 이익을 기대하기 어려운 이들에게 일반적으로 더 열등한 교육을 제공하는 것이었다. 이는 특수교육의 필요성을 핑계로 정당화되었다. 영국에서는 1981년 「특수교육법Special Education Act」(섹션 2)(HMSO, 1981)에 따라 특수교육 요구를 가진 모든 아동을 일반학교에서 교육한다는 원칙을 세웠지만, 당국은 처음에는 특수학교를 폐쇄하는 것을 꺼려했다. 1984년, 여전히 단일화된 런던 도심 교육 당국Inner London Education Authority은 워녹 위원회 평가관으로 일하던 존 피쉬John Fish를 런던의 특수교육 조항을 검토하도록 임명했다. 당시 교육 당국은 113개의 특수학교가 있다고 밝혔는데, 이 중 57개는 중등도 학습장애와 정서행동장애를 위한 학교였으며, 130여 개는 특정 학습장애(주로 난독증)와 파괴적 행동 및 무단결석을 막기 위한 특별 프로그램의 결과로 설립된 학교였다. 피쉬 보고서(ILEA, 1985)는 일부 특수학교는 필요할 수 있지만 대부분의 분리는 일시적인 것으로 간주해야 하며, 당국이 보육원에서부터 고등교육, 주류학교와 대학에 이르기까지 대부분의 아동과 청소년을 통합integration하기 위한 계획을 수립해야 한다고 제안했다.

당시 교육부 장관이었던 키스 조셉Keith Joseph은 전체 젊은이 가운데 40%가 일반학교에서는 공통 시험조차 치를 수 없는 낮은 학업 성취를 가진 학생이라는 사실을 우려하였으며, 이에 단기 저성취 학생 프로그램Lower Attaining Pupil Programme(LAPP)을 마련했다. 특수교육에는 여전히 소수 민족 학생이 과도하게 많았지만, 1985년 소수 민족 아동 교육에 대한 조사위원회(DES, 1985)의 스완 보고서Swann report는 특수교육과 1970년대 문제에 대해 구체적으로 언급하지 않았지만 소수 민족의 낮은 성취도에 대해 상세히 논의하고 'IQ 문제'에 대한 증거를 의뢰하기도 했다. 이 보고서는 런던과 다른 도시에서의 1980년대 초기 도시 폭동을 언급하며, 이를 열악한 교육, 실업, 치안 문제 및 인종차별로 비난했지만, 1980년대 추가적인 불안정 요소 이후에도 흑인 젊은이들을 위한 교육, 훈련 및 고용이 개선된 증거는 크지 않았으며, 흑인 젊은이들은 특수교육 및 낮은 성취자로서 여전히 과대 대표되었다.

1988년 「교육개혁법Education Reform Act」은 국가 교육과정과 학교의 재정 및 관리에 대한 자율성을 부여하는 다양한 방법을 도입했으며, "특수교육 요구(SEN)를 가진 학생 대다수가 경도, 중등도 또는 일시적인 종류의 어려움을 가지고 있다."는 전제 하에 특수교육 요구 과제 그룹Task Group이 소집되었다(NCC, 1989: 1). 이 그룹은 모든 학생이 광범위하고 균형 잡힌 교육과정을 제공받아야 한다는 원칙을 받아들인 다음, 일부 학생은 더 높은 수준의 교육을 요구하는 직업에 대비하지 못하고 있다는 가정하에 국가 교육과정으로부터 이들을 배제하거나 다른 학생들보다 낮은 수준을 가르치는 방법을 제시하였다. 1970년대 경기 침체 이후 청소년 고용 증가는 1986년 국가직업자격위원회National Council for Vocational Qualifications가 설립되고 낮은 수준의 학습자들을 위해 국가직업자격(NVQ)이 개발되었으며, 그들의 학습장애를 직장에서 능숙하게 극복할 수 있도록 했다.

1980년대부터 특수교육의 기원은 자본주의 경제에서 노동계층의 일부를 하급 노동자로 준비시키고 그들의 행동을 통제하는 수단으로 본격화되었지만, 자립할 수 없는 일부 아동이 있다는 사실은 인정되었다. 이후 20년 동안 역대 정부는 일자리 확보를 위한 산업 전략을 개발하기보다는 '인적 자본'을 개발하지 못했거나 취업하지 못한 학교, 교사, 가정, 개인을 비난하는 데 능숙해졌다. 주류교육에서 '표준'을 달성할 수 없는 사람들을 상대해야 한다는 경제적 의무는 시장 지향적 이데올로기가 널리 퍼지면서 더욱 중요해졌다. 경제적으로 기여할 가능성이 적고 오히려 자원을 요구할 가능성이 더 큰 비수익성 집단으로는 경제가 성장할 수 없다고 여겨졌다. 통합은 특수교육 서비스를 동시에 확대하고, 학습 어려움과 장애라는 꼬리표를 달고 있으며 노동력이 필요하거나 필요하지 않을 수도 있는 더 많은 젊은이들을 일반교육에 통합하는 데 있어 모순적이지만 유용한 도구였다. 이 장의 부록에는 수년에 걸쳐 채택된 대부분의 범주에 대한 법적 또는 단순한 설명의 역사가 기록되어 있다.

혼돈과 왜곡

1990년대 열광적인 입법 활동의 목표는 교육에 시장 이데올로기를 공고히 하여 교육과정과 자금에 대한 중앙 통제를 확립하고 지방 당국과 교사의 권한을 약화시키는 것이었다. 영국의 교육 시스템은 수년에 걸쳐 고도로 중앙집권화된 시스템으로 변화했다. 이 시스템에서 학교는 서로 경쟁해야 했고, 실패한 학교는 악마화되었으며, 학부모는 더 많은 학교 선택권을 행사해야 했는데, 이 정책은 확실히 역효과를 낳았다. 1992년 공무원들에 의해 혼돈과 왜곡Chaos and Perversity으로 규정된 '선택과 다양성Choice and Diversity' 백서(DfE, 1992)는 학교가 지역 통제를 벗어나 중앙에서 자금을 지원받을 수 있도록 허용했지만, 특수교육 자금과 배정은 지방 당국이 계속 책임졌다. 선택 정책의 즉각적인 결과는 일부 학교가 시험 결과의 공개 순위표를 향상시키고, 잠재적으로 문제가 있거나 학업 성취도가 낮은 학생을 제거할 수 있는 바람직한 학생을 유치하려고 점점 더 많은 노력을 기울인 한편, 이런 아동을 받아들이는 학교는 실패한 학교로 악마화되었다는 것이다. 이제 더 많은 아동이 일반학교에 '포함'되어 합격하고, 더 많은 부모들이 값비싼 자원을 이용하는 특수교육 진술서를 압박함에 따라, 무엇이 특별한 요구가 되는지, 1992년에 특수교육에 지출된 22억 파운드가 비용 대비 가치가 있는지를 명확히 할 필요가 있었다.

1993년 「교육법Education Act」에서는 학교와 지방 당국을 위한 실천 강령Code of Practice이 도입되었는데, 여기에는 특수교육 아동을 식별하는 다섯 가지 단계와 학교가 특수교육 등록부를 보관해야 한다는 내용이 포함되어 있다. 여기에는 모든 학교가 특수교육 지원 코디네이터special educational needs co-ordinator(SENCO)를 임명해야 한다는 요구 사항이 포함되어 있어 학교 내 특수교육 부서의 전문성을 강화할 수 있었다. 학습 지원 및 교육 보조Learning Support and Teaching Assistants로 불렸던 이들은 기하급수적으로 증가했다. 2011년에는 주류학교 인력의 43%가 지원 직원이었다. 또한, 이 법에 따라 방해가 되고 소외된 학생을 위한 학생 추천 단위Pupil Referral Units의 설치가 공식화되었다. 공식적인 법령, 강령 및 지침은 특수교육, 장애 또는 파괴적인 것으로 간주되는 개인과 그룹이 실제로 누구인지에 대해 계속해서 모호한 입장을 가졌으며, 1996년 정부 보고서는 "지역 교육 당국은 자신의 특정 상황에 맞게 특수교육에 대한 자체적인 정의를 내릴 수 있고 그렇게 해야 한다."고 주장했다(Coopers & Lyebrand, 1996). 한편, 장애인을 보호하기 위한 더 많은 입법을 촉구하는 장애인 활동가들과 가능하면 장애인을 고용해야 한다는 정부의 관심은 1995년 모든 수준의 고용과 교육에 특히 적용된 「장애인차별금지법」으로 절정에 달했다. 장애인 운동가들이 싸워 온 모든 것이 이것을 위한 것은 아니었지만, 「장애인차별금지법Disability Discrimination Act」은 '여전히 사회가 장애인을 어떻게 대해야 하는지에 대한 기준을 제시'했다(Brindle, 2015).

노동 정책

야당인 노동당Labour Party은 1989년 노동당 교육팀7)에 자문을 제공하는 실무 그룹을 구성하고 1991년 자문 문서를 발표했다(Armstrong, 1991). 이 문서에는 특수교육 정책에 대해 지방 당국, 학교 및 학부모와 협력하는 독립 교육 표준 위원회Independent Education Standards Commission가 계획되어 있었다. 그러나 1997년에 선출된 신노동당 정부는 선택과 경쟁에 대한 보수당의 신념을 받아들였으며, 교육은 소비자 수요에 의해 주도되고 순위표, 학교 선택권, 실패한 학교로 인해 시장 상품으로 발전했다. 하향식 정책을 통해 '표준을 높인다'는 미사여구와 '수월성'에 대한 비전이 지속적으로 제시되었으며, 학벌주의를 종식시키겠다는 의지는 약화되었다. '모든 아동을 위한 수월성Excellence for all children'이라는 미사여구에도 불구하고(DfEE, 1997), '수월한' 학생과 그렇지 않은 학생을 구분하고 학업과 직업을 구분하는 정책이 개발되었다. 인적 자원에 대한 투자, 경제에 대한 교육의 종속, 양질의 제품을 제공하지 못한 학교와 교사를 대상으로 희생양 삼기 등이 1990년대 이후 신노동당 교육 정책을 뒷받침했다. 1997년 12월, 블레어Blair 총리는 누구도 기회와 잠재력을 개발할 기회로부터 배제되지 않는 영국을 만들겠다고 선언하며 사회적 배제 부서Social Exclusion Unit를 출범시켰다. 실제로 학교가 학생을 선발하는 '선택 정책'은 아동이 종합학교에 입학하기 위해 면접을 보고 지역 학교에 입학하는 것조차 거부당하는 지경에 이르렀다. 한 저널리스트의 표현을 빌리자면, "우리는 아이들에게 '얘야. 우리는 네가 여기 있는 것을 원하지 않아, 네가 멍청해서가 아니야. 그런데 너는 긴장하고 있어. 글로벌 경제가 불안한 상황이라 긴장한다고 해결되는 건 아니야. 그게 무슨 소용이 있어.'라고 말하고 있었다."(Hardy, 1997).

1999년에 이르러 신노동당New Labour policy 정책은 배제와 통합이라는 익숙한 혼합주의가 되어가고 있음을 보여 주었다. "우리는 부모가 원하고 적절한 지원이 제공될 수 있는 곳에 더 많은 통합이 필요하다는 것을 인식하고 있다. 우리는 특수학교가 통합교육 시스템에서 계속 중요한 역할을 해야 한다는 데 동의한다."(Blunkett, 1999: 서문) 그리고 통합을 촉진하고 특수학교를 발전시키기 위해 표준 기금을 통해 800만 파운드를 제공했다. 그러나 이 모든 것에 드는 비용이 걱정스러웠고 또 다른 실천 강령Code of Practice이 필요했다. 5장에서는 교육 수준을 높이고 능력 있는 사람과 그렇지 않은 사람을 구분하는 것에 대한 지속적인 강조가 사회에서 무지 수준을 유지하기 위한 전략의 일부가 되었는가에 대한 다양한 방법을 다룬다.

미주

1) 장애에 대한 개인적인 경험이나 다른 사람을 돕고자 하는 인간적, 직업적 욕구가 무엇이든, 지속적인 역사적, 사회학적 접근은 개인적인 비극을 액면 그대로 받아들이거나 '선한 일'을 하기보다는 사회 구조, 사회적, 경제적, 정치적 과정을 검토해야 한다.
2) 다운증후군은 21번째 염색체에 유전 물질이 추가로 복사되어(유전 물질이 암호화되어 있는 염색체가 46개가 아닌 47개가 됨) 발생한다. 유전학자 스티브 존스Steve Jones는 출생아의 약 1~2%가 결함을 유발하는 확실한 유전자 돌연변이를 가지고 있으며, 약 0.6%가 염색체 이상을 가지고 있다고 보고했다. 가장 잘 알려진 다운증후군은 출생아 800명 중 1명꼴로 나타나지만, 현재는 이 염색체 이상이 있는 임신의 약 95%가 중절된다.
3) RCCCFM(1908)은 빈곤층이 실업, 범죄, 부채, 교육 낙후, 불륜, 알코올 중독과 같은 사회악에 취약한 것으로 파악했다. 사회 정의 센터 보고서(Centre for Social Justice Paper, 2006)는 빈곤의 경로를 가족 해체, 경제적 의존, 무직, 교육 실패, 중독, 개인 부채로 파악했다.
4) 1969년 교육과학부 회보에 따르면 "교육적으로 정상 이하인 학생은 정신지체(지적장애) 여부와 관계없이 교육적으로 뒤처진 아동, 즉 성취도가 같은 연령대의 평균 아동에 비해 현저히 낮은 아동과 여러 가지 이유로 교육적으로 지체된 평균 이상의 아동을 모두 포함한다."(DES, 1969)라고 기록되어 있다. 따라서 IQ가 높거나 낮은 교육적으로 뒤처진 아동이 평균 이상의 능력을 가지고 있으면서도 ESN 학교에 분리될 수 있다(Tomlinson, 1981: 50 참조).

5) 난독증은 1896년 11월 영국의학저널British Medical Journal에 선천성 언어 실명의 사례로 언급되었다. 1887년 독일 의사 루돌프 베를린Rudolf Berlin은 이를 난독증이라고 불렀고, 오스왈드 버컴Oswald Berkham은 1881년에 이 용어를 사용한 것으로 보인다. 난독증에 대한 다양한 정의가 있는데, 일반적으로 난독증은 다른 인지 능력이 잘 발달되어 있더라도 문해력 및 언어 능력의 발달에 영향을 미치는 특정 학습장애로 설명되며, 난독증과 뇌 기능 장애를 연관 짓는 많은 문헌이 있다. 이 질환은 국제적인 것으로 추정된다. 난독증의 인기는 난독증이 낮은 IQ나 기타 낙인찍는 조건 때문이 아니라는 가정에 기인한다.
6) 자폐성 장애는 1908년 아동기 정신분열증의 한 형태로 처음 설명되었고, 이후 1943년 레오 카너Leo Kanner 박사에 의해 자세히 설명되었으며, 1944년 한스 아스퍼거Hans Asperger 박사가 교육적 성취를 방해할 수 있는 제한된 공감 능력, 의사소통 및 사회적 기술 부족의 증상을 설명했다. 런던의 정신과 의사였던 로나 윙Lorna Wing 박사는 딸이 아스퍼거 증후군을 앓고 있었기 때문에 아스퍼거 증후군에 대한 개념을 널리 알렸고, 1962년 국립 자폐성 장애 협회 설립을 도왔다. 자폐성 장애, 자폐 스펙트럼 장애, 아스퍼거 증후군은 ADHD 및 기타 정신건강 상태와 관련이 있으며, 개념적으로 특수교육이 필요한 질환으로 점점 더 널리 알려지고 있다.
7) 나는 이 자문 그룹의 일원이었는데, 신노동당 집권 이후 중앙집권적 정책, 시장과 학교 간 경쟁, 선별적 정책에 대한 열정을 예상하지 못했고 1994년 이후 이 그룹은 정책에 아무런 영향력을 행사하지 못했다.

참고문헌

Armstrong, F. (2007). "Disability, education and social change in England since 1960" *History of Education* 36/4: 551-558.

Armstrong, H. (1991). *Every Child a Special Child*. London. The Labour Party.

Barnes, C., Oliver, M. and Barton, L. (2002). *Disability Studies Today*. Cambridge. Polity Press.

Blunkett, D. (1999). *"Foreword" in Meeting Special Educational Needs: a programme for action*. London. Department for Education and Employment.

Brindle, D. (2015). "The Bill that burst the dam: Disability Discrimination Act in the spotlight." *The Guardian* 30 September.

Centre for Social Justice (2006). *Breakdown Britain*. London. Centre for Social Justice.

Coard, B. (1971). *How the West Indian Child is made ESN in the British School System*. London. New Beacon Books.

Coopers & Lybrand (1996). *Report on Special Education*. London. Department for Education and Employment.

Court Report (1976). *Fit for the Future: Report of the Committee on Child Health Services*. London. HMSO.

Cox, C. B. and Boyson, R. (1977). *Black Paper 1977*. London. Temple-Smith.

DES (1969). *The Health of the School Child 1966-68 Report of Chief Medical Officer*. London. HMSO.

DES (1978). *Special Educational Needs: report of the committee of enquiry into the education of handicapped children and young people (The Warnock report)*. London. HMSO.

DES (1985). *Education for All: the report of the committee of enquiry into the education of ethnic minority children*. London. HMSO.

DfE (1992). *Choice and Diversity: a new framework for schools*. London. HMSO.

DfEE (1997). *Excellence for all Children: meeting special educational needs*. London. HMSO.

Dhondy, F. (1974). "The Black explosion in schools" *Race Today* 2: 43-48.

Egerton Report (1889). *Report of the Royal Commission on the Blind, Deaf, Dumb and others of the United Kingdom*. London. HMSO.

Hardy, J. (1997). "Selective schools? Just try to find one that isn't" *The Guardian* 29 November.

Harvey, R. (1987). "Making a statement: the Hampshire Judicial Review" *Education* 6 February: 40.

HMSO (1981). *Special Education Act*. London. The Stationery Office.

Hodgson, K. W. (1953). *The Deaf and their Problems*. London. Watts.

Hurt, J. S. (1988). *Outside the Mainstream: a history of special education*. London.

Batsford.

ILEA (1985). *Educational Opportunities for All (The Fish report)*. London. Inner London Education Authority.

Jackson, S. (1969). *Special Education in England and Wales*. Oxford. Oxford University Press.

Lewis, J. (1987). "So much grit in the educational machine" in (ed.). Bessant, B. *Mother State and her Little Ones: children and youth in Australia 1860s-1930s*. Melbourne. PIT Press.

National Curriculum Council(NCC) (1989). *Curriculum for Special Educational Needs*. York. NCC.

Oswin, M. (1978). *Children Living in Long-stay Hospitals*. London. Heinemann Medical.

Paracelsus, T. (Baron von Hohenheim) (1530). De generactione stultorum. Trans. Cranefield, P. and Fern, W. (1967). "The begetting of fools" *Bulletin of the History of Medicine* 41.

Pervez, S. (2014). "The treatment of handicapped people in Islam" *Why Islam* 13 December.

Potts, M. and Fido, R. (1991). *A Fit Person to be Removed*. Plymouth. Northcote Publishing.

Pritchard, D. G. (1963). *Education of the Handicapped, 1760-1960*. London. Routledge and Kegan Paul.

RCCCFM (1908). *Report of the Royal Commission on the Care and Control of the Feeble-Minded* (8 vols). London. HMSO.

Rich, P. (1986). *Race and Empire in British Politics*. Cambridge. Cambridge University Press.

Richardson, J. G. and Powell, J. W. (2011). *Comparing Special Education*. Stanford CA. Stanford University Press.

Rollock, N., Gillborn, D., Vincent, C., Balls, S. J. (2015). *The Colour of Class: the educational strategies of the Black middle classes*. London. Routledge.

Rushton, J. P. (1990). "Race differences, r/K and a reply to Flynn" *The Psychologist* 5: 195-198.

Ryan, J. and Thomas, F. (1981). "Mental handicap: the historical background" in (ed.). Swann, W. *The Practice of Special Education*. Buckingham. Open University Press/ Blackwell.

Segal, S. S. (1963). *Teaching Backward Pupils*. London. Evans Brothers.

Silberman, S. (2015). *The Legacy of Autism and how to Think Smarter about People who think Differently*. London. Allen and Unwin.

Swann, W. (ed) (1981). *The Practice of Special Education*. Buckingham. Open University Press/Blackwell.

Tansley, A. E. and Gulliford, R. (1960). *The Education of Slow-learning Children*. London. Routledge and Kegan Paul.

Taylor, E. A. (1946). *Experiments with a Backward Class*. London. Methuen.

Thomas, M. G. (1957). *The Royal National Institute for the Blind. 1886-1956*. London. Brighton Herald.

Tomlinson, S. (1981). *Educational Subnormality: a study in decision making*. London. Routledge and Kegan Paul.

Tomlinson, S. (1982). *A Sociology of Special Education*. London. Routledge and Kegan Paul.

Tomlinson, S. (2010). "A tribute to Len Barton" *British Journal of Sociology of Education* 31/5: 537-546.

Tredgold, R. F. (1908). *Mental Deficiency*. London. Balliere, Tindall and Cox.

Tregelles, J. (2016). "Trapped in out dated institutions: this learning disabled scandal must stop now" *The Daily Telegraph* 6 February.

Underwood Report (1955). *Report of the Committee on Maladjusted Children*. London. HMSO.

Warnock, M. (1980). "A flexible framework" *Times Educational Supplement* 26 September.

White Paper (1980). *Special Educational Needs*. London. Department for Education and Science.

Wood Report (1929). *Report of the Mental Deficiency Committee*. London. Board of Education and Board of Control.

표 2-1 특수교육 및 장애의 법정 및 비법정 범주 1886-2015

법적 범주[1]					'요구'의 분류		
1886	1899	1913	1945	1970	과거~1981	1990~2000	2015~
바보	바보	바보	심각하게 정상 이하(SSN)	교육적으로 정상 이하 (중증 ESN-S)	학습장애아동 (중증)	중도 학습장애	중도 학습장애
					중도 장애[Handicapped]	중도 학습장애	중도 복합 학습장애
						복합 장애[handicapped]	다중 감각 손상
저능아	멍청이(교육 가능한 멍청이, 정신 미약자)	멍청이 도덕적 멍청이 (도덕적 결함)					
	맹	맹	맹 부분 시력	맹 부분 시력	시각 손상	시각 손상	시각 손상
	농	농	농 부분 농	농 부분 농	청각 손상	청각 손상	청각 손상
	간질	간질	간질	간질			
	결함	정신 결함 (허약 정신)	교육적으로 정상 이하 (ESN)	교육적으로 정상 이하 (중등도 ESN-M)	학습장애아동 (경도 또는 중등도)	경도 또는 중등도 학습장애	중등도 학습장애

법적 범주[1]					'요구'의 분류		
1886	1899	1913	1945	1970	과거~1981	1990~2000	2015~
			부적응	부적응	정서행동장애 (EBD)	행동, 정서 및 사회적 어려움 BESD	사회적 정서 및 정신건강
		신체결함	신체장애[Handicapped]	신체장애[Handicapped]	신체장애[Handicapped] 신체장애[disabled]	신체장애[disable]	신체장애[disabled]
			언어 결함	언어 결함	언어 결함	말, 언어장애	말, 언어, 의사소통 장애
			예민	예민 (중단됨)		주의력 결함 장애	주의력 결함 과잉 행동 장애 (ADHD)
				난독성 자폐성 장애[2]	특정 학습장애	특정 학습장애	특정 학습장애 (난독증)
					자폐성	자폐성	자폐 스펙트럼 장애

(1) 1981년 「(특수)교육법[Education Act]」을 통해 모든 법정 범주가 폐지되었다. 아동과 청소년에게는 '특수교육'이 있었다. 설명적 범주는 계속 사용되었다.

(2) 1970년 「만성 질환자 및 장애인 법[Chronically Sick and Disabled Persons Act]」에 따라 법정 범주로 인정되었다.

03장

특수교육과 통합교육의 출현: 미국

> 특수교육은 공교육의 어두운 면으로, 20세기 산업 민주주의 국가에서 모든 시민이 민주주의의 정치적, 경제적, 문화적 참여를 완전히 할 수 있도록 교육하지 못한 실패를 감추기 위해 등장한 제도적 관행이다. (Skrtic, 1991b: 서문)

교육 시스템은 역사, 가치, 관행 측면에서 국가마다 차이가 있지만, 영국과 미국이 특수교육과 저성취 계층을 통합하기 위해 시스템을 정교하게 발전시켜 온 방식에는 많은 유사점이 있다. 두 교육 시스템의 가장 큰 차이점으로 영국은 교육 시스템이 중앙집권적으로 운영되고 있지만, 미국은 연방 정부가 의제를 설정하고 그 안에서 50개 주states가 운영된다는 점이다. 교육 통제권은 주, 학군, 교육청에 위임되어 있다. 가장 큰 유사점은 두 나라 모두 교육 분야에서 신자유주의 정책을 수용했으며, 개인과 학교 간의 경쟁 정신이 강하고, 모든 학생의 기준을 높이도록 중앙에서 끊임없이 권유하며, 더 높은 기준을 달성 못할 경우 학생, 가정, 학교, 교사의 결함 가능성을 강조한다는 점이다.

19세기부터 미국은 넓은 지역에 거주하는 이질적인 집단으로부터 국가를 만들기 위한 수단으로 교육을 더 광범위하게 사용했기 때문에 장애인, 방해자, 저능력자, 특수교육 요구자를 위한 교육으로 등장한 역사, 정책, 관행은 영국보다 미국에서 더 철저하게 문서화되어 있다(Saranson & Doris, 1979; Chambers & Hartman,

1983; Richardson, 1999; Osgood, 2009; Danforth, 2009; Powell, 2011). 입법자와 교육자들의 목표는 이질적인 이민자 집단과 사회계층으로 구성된 공동 학교를 설립하는 동시에 수용 가능한 사회적, 문화적 행동에 대한 백인 중산층 규범을 유지하는 것이었다(Tulkin, 1972). 19세기 후반부터 각 주에서 의무 출석법을 제정하기 시작하면서 이러한 법의 시행은 '공립학교에 새로운 부담을 안겨 주었다. 무단 결석자와 교정 불가능한 학생뿐만 아니라 신체적, 정신적 결함으로 고통 받는 학생, 정신력이 낮은 학생도 학교에 들어왔다.'(Wallin, 1924: 소개). 영향력 있는 특수교육 전문직은 영국보다 일찍 등장했으며, 새로운 정책과 관행에 대한 수많은 문헌은 특수교육 그 자체를 하위 시스템으로서 지지하는 사람들과 통합을 지지하는 사람들 사이의 대립으로 계속 특징지어진다. 오스굿Osgood은 "특수교육 이해관계자들은 이 문제에 대해 더욱더 목소리를 높이고 있으며, 이들의 견해는 그 어느 때보다 훨씬 더 넓고 세심하게 청중에게 전달되고 있다."고 언급했다(Osgood, 2009: 126). 이전 장에서와 마찬가지로 이 장에서는 150년 동안의 미국 특수교육과 통합교육의 기원과 출현을 사회적, 경제적, 정치적, 행정적 이해관계에 비추어 간략하게 다룬다.

영국과는 대조적으로, 미국에서는 문제를 일으키는 아동이 공립 교육 시스템에 미치는 영향을 우려하였으며 이념적 자선보다는 처벌적인 접근이 더 강하게 나타났다. 또한 직업훈련과 저임금 일자리, 소년원과 교도소 등 젊은이들의 미래의 진로에 대한 우려는 더욱더 노골적이었다(Richardson et al., 2017). '영국'의 특수교육과 미국의 특수교육을 비교한 몇 안 되는 논평 가운데 하나에서 커프Kirp(1983)는 영국의 특수교육은 정부의 간섭을 최소화한 채 주로 의료 및 심리 전문가에게 맡겨진 반면, 미국에서는 통제와 입법적 책임에 대한 관료적 관심이 더 많았으며 특수교육이 더 넓은 정치적, 법적인 틀 안에 놓여 있다는 관점을 취했다. 특수교육, 장애, 통합의 역사는 인종화된 교육의 역사와 관련이 있다. 미국에서는 모든 수준의 교육 신념, 정책, 관행이 특히 아프리카계 미국인, 라틴계 미국인, 아메리카 원주민 학생들을 조기에 배제하고 공교육 시스템에 부정적으로 통합시키는 것과 관련이 있다. 커프는 1970년대 특수교육에 관한 주요 영국 보고서(DES, 1978)에 당시 교육적으로 정상 이하이거나 부적응인 것으로 확인된 불균형적인 수의 비백인 아동에 대한 우려를 표명할 수 있는 위원회나 변호사는 없었음을 지적했다(Kirp, 1983: 90).

공공 및 개인 문제

19세기 들어 미국은 엄청난 사회적, 경제적 변화를 겪었다. 노예 제도, 착취, 계약 노동은 초기 인구 증가의 원동력이었지만, 유럽, 멕시코, 카리브해 국가, 동아시아 및 기타 지역에서 수백만 명이 이민을 오면서 인구가 크게 증가했다. 농촌에서 도시로의 이동은 도시화에 기여했으며, 영국에서와 마찬가지로 대도시는 빠르게 빈민가 지역과 남성, 여성, 아동을 착취하는 공장 환경을 발전시켰다. 아동 노동, 청소년 방황, 빈곤이 흔했고 경제 발전을 위해 교육을 활용해야 한다는 필요성이 대두되었으며, 일부 자선 단체의 관심으로 아동 노동과 의무 교육에 관한 공공법이 제정되었다. 매사추세츠주는 1837년 최초의 교육위원회를 설립하고 1852년 「의무교육법」을 통과시켰다. 매사추세츠는 사회 개혁가인 새뮤얼 그리들리 하우 Samuel Gridley Howe의 고향이기도 한데, 그는 주정부가 맹인, 농인, '정신지체(지적장애) 아동'을 위한 최초의 학교를 지원하도록 설득했으며, 프랑스에서 온 에드워드 세갱 Edward Seguin은 정신지체(지적장애)아를 가르치는 방법을 가져왔다. 공립 초 · 중등교육이 발전하고 관료화되고 획일화되면서, 지적, 신체적, 행동적으로 문제가 있는 아동에게도 관심이 필요해졌다. 보스턴시는 1838년 초에 주로 비영어권 이민자를 위한 특수학교를 설립했다. 이 학교에는 주류학교의 교사들이 문제아로 간주하는 아동들이 빠르게 유입되었다.

1900년에 이르러 다른 동부 해안 주에서도 지적으로 뒤떨어지고, 난폭하고, 불성실하고, 무단결석하고, 저성취에 있는 아동을 위한 학교와 학급이 설립되었고 (Tropea, 1987), 영국에서와 마찬가지로 다른 아동의 진학을 방해하는 아동은 배제의 대상에 포함되었다. 결함이 있는 자녀를 둔 상류층 부모는 사적으로 부양하는 반면, 빈민층과 이민자의 자녀는 확대된 공립학교 시스템에서 공적 책임에 맡겨졌다. 1915년까지 1,970만 명 이상의 아동이 등록했고, 학급 규모는 증가했으며, 레이저슨[Lazerson]은 비용을 절감하면서 정교하고 위계적인 운영 방식을 통해 (정신)지체(지적장애), 반항적, 일탈적 아동을 위한 학급이 빠르게 만들어졌다고 지적했다(Lazerson, 1983: 23). 언어 결함, 청각 및 시각 문제, 학교에서 요구하는 행동에 적응하지 못하는 지저분한 아동과 같이 학교 이사회가 발견한 많은 '결함'은 빈곤과 빈민가 생활의 문제였으며 아동과 가족에게 쌓인 모욕은 무수히 많았다. 월린[Wallin]은 다음과 같이 적었다.

> 정규 학년에서 정신이 허약하고 저능한 아이들은 동화될 수 없는 인간 찌꺼기, 바닥의 짐, 부유물, 또는 유기물의 축적물로, 이는 학급 전체의 진보를 심각하게 지연시키며, 교사와 다른 학생들에게는 큰 짜증거리가 된다고 할 수 있다.
>
> (Wallin, 1924: 94)

사라슨[Sarason]과 도리스[Doris]는 결함이 있는 아동의 존재가 더 유능한 아동의 교육을 방해한다는 납세자들에게 제시된 경제적 주장에 주목했다(Sarason & Doris, 1979: 263). 영국과 달리 미국에서는 위원회와 위원회의 의장을 맡을 귀족이 없었으며, 정책은 주 입법자와 행정가, 의료 및 심리적 이해관계자, 학교장, 기타 기관의 책임자, 종교 단체, 자선 개혁 단체의 영향을 더 직접적으로 받았다. 영국과 마찬가지로 미국 시스템에서도 경제적 논쟁은 항상 존재했으며, 특수교육을 받은 사람들을 고용함으로써 얻을 수 있는 수익률은 일부 교육에 투자할 만한 가치가 있다는 초기 주장도 있었다.

강제적 무시

미국에서 발전하고 있는 특수교육 시스템은 사회를 '오염'시킬 수 있는 잠재적

일탈자를 사회적으로 통제하는 메커니즘으로서 그 발전에 영향을 미칠 수 있는 충분한 힘과 권한을 가진 개인들의 몫이었다. 뉴저지에 있는 빈랜드[Vineland] 심신장애학교의 헨리 고다드[Henry Goddard]는 새로 개발된 지능 검사를 정신 결함자를 구분하는 데 최초로 사용했으며, 칼리칵[Kallikak] 가족에 관한 저서(Goddard, 1912)에서 정신 결함은 유전적 특징이므로 대중을 이러한 사회적 위협으로부터 보호해야 한다고 주장하기도 했다. 특수교육이 필요한 아동을 구분하기 위한 최초의 비네[Binet] 척도를 수정한 루이스 터먼[Lewis Terman]도 정신박약(지적장애)이 다음과 같은 것이라고 확신했다(조기 검사 및 우생학적 영향에 대한 자세한 내용은 4장 참조).

> 국가의 사회 경제적, 도덕적 복지에 대한 심각한 사회적 위협……. 이것은 주립 교도소 및 학교 개혁에 대한 약속의 4분의 1을 차지하고 있으며, 빈곤, 알코올 중독, 매춘, 성병 사례의 대부분에 대한 책임을 갖고 있다.
>
> (Terman, 1917: 161)

고다드[Goddard]는 낮은 정신 수준을 육체 노동과 연관시켜 '정신 수준'에 대한 과학의 사례를 제시하였으며 "이렇게 넓은 정신 능력 범위를 가진 상태에서 어떻게 사회적 평등이 있을 수 있겠는가?"라고 물었다(Goddard, 1920: 99). 이는 오늘날까지 공감을 불러일으키는 주장이다. 그는 또한 노동자, 특히 (저임금) 탄광 노동자들이 현명하게 소비하고 저축하지 않으면 스스로를 탓할 수밖에 없다고 덧붙였다. 우생학 연구 협회[Eugenic Research Society]의 정신적 형질 유전 위원회 위원장인 로버트 예르케스[Robert Yerkes] 역시 능력이 떨어지는 사람들을 적절한 저임금 직종에 배치하는 데 심리 검사가 큰 도움이 된다고 생각했는데, 이 또한 오늘날에도 여전히 공감을 얻고 있는 견해이다. 파월[Powell]이 지적한 것처럼, 특수교육자들은 자신들의 직업을 정교화할 때 테스트 통계와 심리 측정학적으로 도출된 비정상 및 지능에 대한 정의를 활용했다(Powell, 2011: 5). 정상과 비정상에 대한 믿음은 문제아를 주류학교에서 배제시키고, 이에 따라 무지를 조장하는 데 도움이 되었지만, 결함이 유전으로 간주되는 일부에게는 더욱 끔찍한 운명이 되었다. 미시간주는 1898년

거세 법안을 의회에 제출했으며, 법안이 통과되지는 않았지만 '간질, 무능, 자위행위, 정신력 약화 등의 이유로 24명의 남자 아동들이 거세당했다.'(Floud, 1898).

시카고 공립학교에 관한 보고서에 따르면 1930년대에 이르러 특수학급으로 분리된 특수교육은 관련자에게 낙인을 찍는 장소가 되었으며, 레이저슨[Lazerson]은 '특수학급은 정규 학급에서 문제아를 버리는 곳' '불구자는 우리 학교에 속하지 않는다.'는 다른 도시 관리들의 발언을 문서화했다(Lazerson, 1983: 39-40). 그러나 이는 1960년대에 이르러 특수교육 시스템이 그 어느 때보다 커지면서 더 많은 비판을 받게 되었다. 교육연구자[Educational Researcher] 저널에 실린 던[Dunn]의 유명한 논문(Dunn, 1968)은 교육 가능한 정신지체(지적장애)로 분류된 아동, 특히 소수 민족의 수에 의문을 제기했으며, 1973년 제인 머서[Jane Mercer]의 영향력 있는 저서(Mercer, 1973)에서도 이러한 교육 가능급 정신지체(지적장애, EMR) 범주의 발전을 비판했다. 처음부터 문제아로 분류된 아동을 별도의 학급과 학교로 분리하여 일반 공립학교에서 교육하려는 시도는 이제 인권 및 민권 단체, 학계, 학부모 단체, 특히 흑인 학부모들로부터 의문시 되고 있다. 그러나 사라슨[Sarason]과 도리스[Doris]가 지적했던 것처럼, 정부 입장에서는 '학교 시스템에 근본적인 변화를 주지 않으면서도 보조적인 시스템, 즉 결함이 있거나 무능한 아동을 위해 고안된 특수교육 프로그램을 구축하는 것이 합리적으로 보였으며'(1979: 334), 이는 주로 정신지체(지적장애)[1)]로 간주되는 수많은 아동을 '아무도 원하지 않는 아동을 위한 학교교육'(같은 책: 376)과 일반교육 과정의 가능성에서 제거하기 위한 것이라는 점을 분명하게 밝혔다. 주류교육에 남아 있는 경우, 연방 정부는 일찍이 주 교육 시스템에 별도의 직업 교육 시스템을 제공하기보다는 직업 교육을 포함하도록 장려하였으며, 이로 인해 하위 성취 학생들과 소수 민족 아동들이 직업 교육 프로그램에 참여하는 것은 일반적인 관행이 되었다(Weiss, 1990).

강제적 인종 무지ignorance

미국의 공교육 역사가들은 대체로 공교육이 처음부터 '흑인 아동에 대한 강제적 무지 시스템'(Weinberg, 1977: 11)과 '마음을 어둡게'(Crummell, 1898: 11) 하려는 의도적인 시도를 바탕으로 구축되었다는 데 동의한다. 무지는 미국에서 노예화의 주요 도구로 사용되었으며, 대부분의 노예가 잡혀 온 서아프리카에는 이미 다양한 형태의 정규교육이 존재했음에도 불구하고 이러한 현상이 지속되었다. 19세기 초, 여러 주에서는 흑인들이 교육 목적으로 모이는 것을 금지하는 법을 제정했으며, 북부 주에 설립된 흑인 아동 학교들은 백인 단체에 의해 자주 공격받고 불에 탔다. 1846년 보스턴 신문『리버레이터Liberator』는 사설을 통해 '흑인 아동의 신체적, 정신적, 도덕적 구조는 백인 아동과는 다른 교육적 대우를 필요로 한다.'고 주장했다(Liberator, 1846). 제2차 세계대전 이후에도 교육, 고용, 기타 기관에서 인종차별과 분리는 지속되었지만, 이 무렵 NAACP[2)]와 그 변호사들은 평등 대우에 대한 전국적인 요구를 주도했으며, 대표적인 사례로는 백인이 전부인 대학에 입학했지만 강의실 밖에 앉아 있어야만 했던 흑인 학생 맥로린McLaurin(1950)이 있었다. 1954년 5월 미국 대법원은 브라운 대 토피카 교육위원회Brown versus the Board of Education of Topeka 사건에서 만장일치로 "공교육 분야에서 '분리하지만 평등하다'는 원칙은 자리를 잡을 수 없다. 분리된 교육 시설은 본질적으로 평등하지 않다."는 결정을 내렸다(Brown, 1954: 1). 그럼에도 불구하고 비분리 교육은 느리게 진행되었으며 흑인 가족과 아동에 대한 백인들의 폭력이 광범위하게 발생했다. 1964년「민권법Civil Rights Act」이 통과된 후 행정 당국의 법 집행이 소극적으로 이루어지면서 분리 교육은 더디게 진행되었으며, 분리된 학교를 없애기 위해 아동을 도시 곳곳으로 버스 통학시키기로 한 결정은 분리 교육에 대한 주요 반대 논거가 되었다. 블랜쳇Blanchett(2010)이 지적했듯이, 학교의 분류 관행은 어쨌든 흑인과 백인 아동의 통합을 막기 위해 의도적으로 고안되었으며, 특수교육 관행은 그들이 같은 교실에 있지 않도록 하기 위한 방법이 되었다. 또한 페리Ferri와 코너Connor는 브라운 판결이 수년에 걸쳐 어떻게 무력화되었는지를 설명하면서 인종 분리가 지속되도록 하는 방법으로 특수교육이 활용되었음을 설명했다(Ferri & Connor, 2004).

1969~1972년 미국 시민권위원회에 따르면 흑인 아동과 마찬가지로 멕시코계 미국인 아동도 낮은 학업 성취도와 열악한 영어 교육으로 인해 높은 수준의 차별을 받는 것으로 나타났다(Weinberg, 1977). 1970년 다이아나 대 주 교육위원회[Diana v the State Board of Education] 법원 판결에 따르면, 스페인어를 사용하는 멕시코계 미국인 아동에게 영어로 '지능' 테스트를 실시할 경우, 정신지체(지적장애)아를 위한 학급에 배정할 수 없다고 결정했다. 장기간의 교육 거부와 공동 교육기관의 마지못한 수용으로 인해 흑인과 소수 민족 아동으로 하여금 학교에서 동등한 대우를 받을 수 있게 이끌었을 것이라고 가정하는 것이 합리적일 수 있지만, 1966년 연방 정부의 의뢰로 작성된 보고서(Coleman et al., 1966)는 학교에서의 실패는 낮은 사회 경제적 지위에 내재된 가정과 아동의 결함 때문이라는 정설이 된 사회적 결정론이 미국과 영국 모두에서 계속 반향을 일으키고 있다는 사실을 강화했다. 이로 인해 불균형한 수의 하위 계층과 소수 인종이 특수 학급과 성취도가 낮은 그룹으로 강등되는 것이 허용된다는 가정이 계속 이어졌지만, 지속적인 반대가 없지는 않았다. 1972년 캘리포니아 법원은 래리 P 대 라일스[Larry P v Riles] 사건에서 중산층의 문화적 가정에 근거한 테스트에 따라 아프리카계 미국인 아동을 EMR로 분류할 수 없다고 판결했으며, 밀스 대 교육위원회[Mills v the Board of Education] 사건에서는 행동정서장애와 정신지체(지적장애)를 이유로 '적절한 교육'을 받을 권리가 있는 학생을 배제하는 것은 불법이라고 결정했다.

장애를 위한 통합[Integration]

1975년 상원이 장애인 차별을 금지하는 1973년 법(「장애인차별금지법」)에 앞서 「모든 장애아동을 위한 교육법[Education for All Handicapped Children Act]」(PL 94-142)을 승인하면서 법적으로 중요한 이정표에 도달한 것으로 보였다. 당시 약 800만 명의 젊은이들이 '적절한 교육'을 받지 못하는 장애나 손상을 가진 것으로 추정되었다. 1978년 발효된 이 법은 장애를 이유로 배제되는 아동이 없도록 하고, 문화적으로 공정한 시험 자료를 통한 차별 없는 평가, 모든 아동에게 개별화교육프로그램(IEP)을 통해 적절하게 설계된 교육 프로그램, 최소한의 제한 환경에서 제공되는 교육, 모든 교육은 적법한 법 절차에 따라야 한다는 원칙을 바탕으로 가능한 한 많은 학생들을 일반교육에 통합시키는 것을 목표로 삼았다. 이 당시 장애 범주에는 학습장애(줄여서 LD) 발달 범주에 속하는 학생이 32%, 교육가능급 정신지체(지적장애) 범주 22%, 언어장애 범주 22%, 정서장애 30%, 난청과 농 8%, 맹 2%, 지체장애 1%, 기타 건강장애 3%가 포함되었다.

영국에서 주로 문제아를 위한 대안교육이라는 개념이 빌진하기 훨씬 전부터 미국에서는 문제아나 부적응 학생을 위한 대안교육, 종교와 민족 학교, 직업학교, 공연 예술학교, 지역사회학교, 기술훈련학교 등 수많은 대안교육이 존재했다(Ysseldyke & Algozzine, 1982). 이셀디케[Ysseldyke]와 알고진[Algozzine]은 이후 주정부 기관과 학교가 문제 학생에 대처하는 방식을 문서화했다. 여기에는 학생들이 서비스를 제공받지 못하고 있다는 사실을 부인하며, 일반학교에서 방해가 되는 학생을 배제하고, 능력별로 그룹화하며, 아둔하고 지체된 학생을 위한 특수교육 수업을 늘리는 것이 포함되었다(Ysseldyke & Algozzine, 1982: 36-44). 이들은 또한 수년간 심리학자들의 전문적인 이익을 염두에 두고 발전된 '테스트(검사) 산업'에 대한 연구를 수행했다. 당시까지 미국심리학협회[American Psychological Association]와 미국교육연구협회[American Educational Research Association]의 공동 위원회가 개발한 테스트(검사) 가운데 규준이 부적절하게 구성된 24개의 테스트(검사)를 확인했다. 여기에는 유명한 스탠퍼드-비네 지능 척도(Stanford-Binet Intelligence Scale), 신뢰도 데이터가 불충분한 13개의 시험, 신뢰성이 의심되는 약 50개의 시험, 타당성이 의심되는 15개의 시험이 포함되었다(같은 책: 139-145). 이러한 것에도 불구하고 아동에 대한 검사는 사실상 일부 아동을 무능력한 수준으로 분류하고 이들에게 '적절한' 교육을 제공하기 위한 주요 수단으로 남아 있었다. 1990년에 이르러 「모든 장애아동을 위한 교육법」은 「장애인교육법(IDEA)」으로 개정되었다. 자폐성 장애와 뇌 손상이 장애 범주에 추가되었으며, 더 많은 서비스가 의무화되었다. 1993년 오베르티 대 클레멘턴 교육위원회[Oberti v the Board of Education Clementon]에서는 정신지체(지적장애)가 있는 문제 학생도 일반학급에 배치될 수 있다는 흥미로운 판결이 내려졌는데, 이는 아동이 그러한 자리를 '얻어야 할' 필요가 없으며, 그것이 특권이 아닌 권리라는 점에서 사회 정의의 승리로 간주될 수 있었다.

하위 종족

브라운[Brown] 판결, 민권법, 그리고 「장애인교육법(IDEA)」에 따라 장애인과 특수교육을 받는 모든 사람의 권리를 인정해야 한다는 압력이 증가했다. 그러나 인종에서 장애로 옮겨가면서 소수의 이익을 약화시키려는 시도가 있었다는 것은 곧 분명해졌다. 낮은 능력에 대한 담론은 인종 그룹에 큰 영향을 미쳤고, 소수 집단 학생들이 장애나 '특수'로 과도하게 식별되는 것은 인종차별이 장애 차별로 쉽게 전환될 수 있음을 의미했다. 베라톤[Beraton](2008: 349)이 지적했듯이, 장애인에 대한 차별은 인종차별보다 훨씬 덜 면밀히 조사되었으며, 1990년대 이후 많은 학자와 실무자들이 지적했듯이 장애인 법안의 수용은 불법적인 인종차별을 용인할 수 있게 하였다. 아티레스[Artiles](2011)는 다양한 장애를 가진 사람들이 인종 집단이 요구했던 민권법으로 인해 어떤 혜택을 받았으며 그 법안이 IDEA를 통해 장애인에게 더 큰 이익을 가져다준다고 설명했다. 인종과 장애의 역사적 연관성은 권리를 위한 투쟁의 역사를 공유했음에도 불구하고 한 집단(장애인)의 승리가 다른 인종 집단에게 불평등의 잠재적 원인이 되는 역설을 낳았다. 그의 견해는 통합교육을 향한 초기 움직임에서 소수집단의 과잉 대표 문제에 관심이 없었다는 것으로서, 2009년 41개 주에서는 특수교육에 대한 불균형적인 인종 식별에 변화가 없다고 보고했으며 31개 주에서는 장애 범주에 대한 식별에 변화가 없다고 보고했다 (Artiles, 2011: 439).

수년 동안 아프리카계 미국인 아동과 기타 소수집단은 주로 교육적으로 정신지체(지적장애) 또는 정서장애로 분류되었지만, 학습장애 범주는 점차 소수집단 학생들에게 가장 자주 적용되는 분류가 되었다. 그러나 아이러니하게도 슬레터[Sleeter]가 지적한 것처럼 학습장애가 인정된 첫 해에 LD 프로그램을 채운 것은 백인 중산층 아동이었다(Sleeter, 1986, 1987). 1963년 미국 학교의 성취도를 높이기 위한 방법을 보고한 우수성을 위한 행동 과제 팀[Task force]은 필수 문해력 기준을 달성하지 못하는 아동을 학습장애로 규정했다. 1969년에는 학습장애가 기하 급수적으로 증가하여 공식적인 장애 조건을 달성하였기 때문에 학습장애의 원인에 대한 연구 기금을 제공하는 법안이 제정되었다. 학습장애라는 명칭이 등장한 첫해에 백만 명이 넘는 아동이 학습장애로 판별되었다. 슬레터는 19세기 초 의학 연구에서 뇌 손상과 느린 학습 사이의 연관성을 제시했을 때로 거슬러 올라가 이 범주의 구성을 조사했다. 이후 심리학 및 신경학 연구에서 최소한의 뇌 기능 장애라는 개념이 제시되었지만, 이 아동은 '정상'(백인) 가정에서 태어난 것으로 간주되었다(Strauss & Lehtinen, 1963). 슬레터는 가난한 학생들과 소수집단 학생들의 실패가 낮은 IQ, 사회적, 문화적 부적응, 도심 지역 생활, 빈곤 등으로 간주된 반면, "자신의 실패한 자녀들이 가난하거나 소수집단 학생들과는 다르다고 생각한 백인 중산층 부모와 교육자들이 이 범주를 만들고 사용할 것을 요구했다."고 지적했다(Sleeter, 1987: 50).

상황은 수년 동안 개선되지 않았다. 로젠[Losen]과 오필드[Orfield]는 2002년 처음 출판된 이 책의 세 번째 판에서 다음과 같이 썼다.

> (특수교육에서) 흑인 과소 대표성이 주[state]마다 상당하다는 증거가 있다. 이 연구는 흑인과 히스패닉, 흑인 남학생과 여학생 간의 장애 식별에 있어 사회적 배경이나 측정된 능력으로 설명할 수 없는 큰 차이를 보여 준다.
>
> (Losen & Orfield, 2010: xvii)

1990년대부터 발달한 장애학[Disability Studies] 운동은 인종, 계층, 장애, 성별의 교차점과 유색인종 학생들을 특수교육 프로그램, 낮은 성취도, 학교에서 감옥으로 이끄는 교육 불평등의 지속성을 보다 명확하게 설명하고자 시도했다. 장애학을 비판 인종 이론Critical Race Theory 분야와 연결함으로써, (실천가이기도 한) 저자들은 인종과 능력에 대한 역사적 신념이 정책과 관행 모두에서 여전히 존재하는 유산을 설명하기 위한 영역을 발전시켰으며, 그 결과 소수 학생의 장애 경험과 학습 어려움이 백인 학생의 그것과 매우 다른 결과로 나타났다(Gillborn, 2012; Connor et al., 2016). 그러나 일부 학자들은 특수교육의 다양한 범주에서 소수집단이 과도하게 대표되지 않는다는 것을 입증하려는 시도를 계속했지만(Morgan et al., 2015), 이러한 견해는 입증하기가 어려웠다.

주도Initiatives: 이니셔티브와 저항

1975년 EHA(전장애아교육법)를 통한 법제화 이후, 학교교육의 조직과 교육과정 개혁에 대한 대통령의 지원에 고무된 수많은 교육자와 학자들은 모든 학생에게 실질적으로 권리와 자원을 확대하고 이들을 일반학급에 포함시킴으로써 사회적, 인종적 문제를 해결할 수 있는 일반교육주도Regular Education Initiative(REI)를 제안했다. 1991년 스크리틱Skrtic이 기록한 바에 따르면 특수교육 서비스가 필요한 것으로 분류된 아동은 450만 명이 넘었으며, 이 중 3분의 2는 학습장애, 정서장애 또는 정신지체(지적장애)로 분류되었으며, 이는 하류층 및 소수집단 신분과 밀접한 관련이 있는 것으로 나타났다. 그는 하버드 교육 리뷰Harvard Educational Review에 실린 영향력 있는 기사(Skrtic, 1991a)에서 분리 수업의 종식과 대다수 학생의 주류수업에 대한 더 많은 지원을 지지하는 REI 지지자들과 이러한 제안에 반대하는 사람들 사이의 충돌에 대해 설명했다. 그는 산업화 이후 시대에는 교육적 형평성이 교육적 우수성을 위한 전제 조건이며, 우수한 학교교육에서 분리, 능력 그룹화 및 추적은 설 자리가 없음을 제시하였다. 개혁을 비판하는 사람들 중 제임스 카우프만James Kauffman은 REI와 일반교실에 학생들을 포함시키려는 뒤이은 주도initiatives에 대해 가장 강력하고 일관되게 비판하는 사람 중 한 명으로 떠올랐다(Kauffman, 1989; Kauffmann & Hallaghan, 1995). 카우프만은 특수교육자들은 REI가 효과가 있을 것이라고 믿지 않으며, 특수교육자 직업 전체가 (그들의 관행을 계속 유지하는 데 기득권을 가지고 있던) 변화에 반대한다고 주장했다. 이 시점부터 주류화, 모듬식 통합[integration], 포용식 통합[inclusion]에 대한 논쟁은 정치, 행정, 조직, 교육 수준에서 계속되어 왔으며, 앞서 언급했듯이 종종 격렬해지기도 했다. 예를 들어, 발라드[Ballard]는 1990년대 뉴질랜드에서 통합교육을 지지한 자신이 광신자, 편견, 이데올로기적이라는 낙인이 찍히고, 통합을 지지하는 다른 사람들은 특수학교교육을 악마화하는 정치적으로 올바른 괴롭힘꾼으로 낙인찍히는 방식을 기록했다(Ballard, 2004). 엘렌 브랜틀링거[Ellen Brantlinger]는 통합을 지지하는 사람들이 이데올로기적이라는 주장을 받아들여 전통적인 특수교육 지지자들이 '다른 사람의 이데올로기는 빠르게 보지만 시선을 안으로 돌려 자신의 관행에서 그것을 인식하지 못하는' 방식을 보여 주었다(Brantlinger, 1997: 448). 그녀는 특수교육에 '전문가'들은 비판되어서는 안 된다고 믿는 전문성과 전문가 지식의 이데올로기에 관료적 신념이 주입되어 있다고 지적했다(6장 참조).

2002년 초 부시[Bush] 대통령이 서명한 법인 「아동낙오방지법[No Child Left Behind Act] (NCLB)」에 의해 특수교육대상자가 확대되었다. 이 법은 낮은 성과에 대한 교사의 책임을 강화하고 학교교육의 시장화 의제를 추진하기 위해 모든 아동에 대한 표준화된 테스트를 원했던 정책 입안자와 민간 기업의 영향력으로부터 압력을 받은 결과였다. 모든 주에서는 읽기와 수학에서 표준화된 시험을 실시해야 했으며, 나중에는 과학에서도 표준화된 시험을 실시해야 했다. 학교는 시험 점수에서 '적절한 연간 진전'(AYP)을 달성하거나 그렇지 못할 경우 사립 차터 스쿨[charter schools]로 인수되어야 했다. 교육부 장관은 특히 다음과 같이 주장했다.

> 미국에는 교육적인 비상사태가 발생했다. 전국적으로 흑인은 백인보다 읽기 및 수학 시험에서 낮은 점수를 받고 있다. …… 우리는 아프리카계 미국인 부모들이 이 역사적인 새 교육법이 어떻게 자신과 자녀들에게 구체적으로 도움이 될 수 있는지 이해하도록 해야 한다.
>
> (Hursh, 2005: 610에서 인용)

시험의 확대에 대한 주장은 영국에서 제기된 주장과 비슷하였는데, 시험을 더 많이 치르고 시험을 통과하지 못하는 아동이 많아지면 학교를 비난하는 것이 가난한 아동과 소수집단 아동 사이의 성취도 격차를 줄일 수 있다는 주장이었다. 그 결과 교육 효율성이 높아져 국가 경제 경쟁력이 높아질 것이라고 주장했다. 래드슨–빌링스Ladson–Billings(2005)는 빈곤층 및 소수집단 학생과 보다 유리한 조건의 학생들 사이에 항상 존재하는 것으로 간주되는 '성취도 격차'에 대해 언급하면서, 이러한 취약 계층에게 제공되는 교육의 질이 낮다는 점에서 이 격차를 '교육 부채'로 이름을 바꿔야 한다고 제안했다. 이들 집단에 대한 폄하와 결핍 가정을 끝내고 실제로 양질의 교육을 제공하면 성취도 격차를 줄이는 데 큰 도움이 될 수 있다. 고부담 시험의 결과는 교육 시장화의 요소를 개방했지만, 소수집단이든 아니든 유리한 학생과 불리한 학생 간의 교육 성취도 차이를 줄이지 못했고, 실제로 뒤처지는 아이가 없다고 주장하기 위해 주에서 부정행위 전략을 조장했다(Hursh, 2005). 발리Valli와 부에세Buese(2007)의 연구에 따르면, 성적이 저조한 학교의 학생들이 시험 점수를 올리기 위해 교정remedial 프로그램과 중재 프로그램 사이에 하루 종일 섞여 수업을 받았을 때 교사와 학생의 관계는 개선되지 않았다.

추가적인 주도initiatives에는 2001년 영어 3단계 지원의 반향으로 학생들이 보다 집중적인 교수 중재에 대한 반응에 따라 두 단계 사이를 이동하여 3단계(특수교육)로 끝나는 중재반응Response to Intervention(RTI)이 포함되었으며, 아티레스Artiles가 지적했듯이 일부 학교는 '학생들을 RTI에 의뢰'하게 되었다(Artiles, 2011: 438). 2009년 오바마Obama 대통령이 시작한 정책은 '최고를 향한 경주Race to the Top' 프로그램으로, 학생들이 시험에서 좋은 성적을 거두지 못하면 주정부가 교사의 성과를 추가로 판단하여 재정적 인센티브를 제공하였으며, 학생들이 학업 과목에서 성취해야 할 공통 핵심 표준이 정해지면서 학교에서 낙제생으로 분류되는 청소년이 늘어났다. 2016년 오바마 대통령의 국무장관이었던 아르네 던컨Arne Duncan은 교사들을 비난했던 것을 후회하면서 교사들에게 더 많은 급여를 지급했으면 좋았을 것이라고 말하는 한편, '최고를 향한 경주'에 40억 달러가 지출되었지만, 이 돈을 받은 주에서는 그렇지 않은 주보다 기준이 더 향상되지 않았음을 인정하기도 했다(Duncan, 2016).

기준 상향에 대한 압박이 계속되자 많은 부모, 특히 목소리를 높이는 중산층 부모들은 학습에 다양한 어려움을 가진 자녀가 요구되는 기준을 달성하지 못할까 봐 점점 더 불안해하면서 더 많은 특수교육 자원과 서비스를 요구했으며, 그 결과 '특수교육 산업'이 확장되었다. 기존 장애 범주와 새로운 장애 범주를 통해 청구 범위가 확대되었다. ADHD, 난독증, 자폐성 장애, 자폐 스펙트럼 장애가 가장 흔했다. 2012년 약 68만 명의 학생에게 서비스를 제공한 로스앤젤레스 통합교육구 Los Angeles Unified District 교육청의 사례를 보면, 약 8만 명(12%)의 학생이 특별한 교육적 요구가 필요한 것으로 평가되었으며, 비행, 위험, 노숙자 또는 10대 임신으로 분류된 학생들도 포함되었다. 2012년 통합교육구는 특수교육 서비스에 약 130만 달러를 지출했으며, 이 중 상당 부분은 학부모가 배치 및 서비스를 요구하고 방어하기 위해 제기한 소송에 사용되었다. 관리자들은 한 지역의 자폐성 장애가 '우리를 거의 파산시킬 뻔했다.'며 약간 재미있게 언급했다(Tomlinson, 2013: 81). 캘리포니아는 전환 서비스 및 재활학과와 함께 '신체적, 정신적 장애'를 가진 모든 사람들이 직업훈련과 취업을 찾을 수 있도록 열심히 노력했지만, 영국에서와 마찬가지로 중산층 부모는 자녀를 직업 과정에 배치하는 것을 꺼려했다. 교육청은 '시험과 평가에 대한 압박과 학교와 교사에 대한 징벌적 전략'(같은 책: 81)을 우려했고, 특수교육 서비스에 대한 수요는 기준을 높이고 더 많은 아동에게 더 높은 수준의 자격을 부여하도록 학교에 압력을 가하는 정책의 불가피한 결과였다.

국가 간 비교

영국과 미국 모두 공립학교 시스템이 산업 혁명기에 고용주의 요구를 충족하고 사회 질서를 강화하기 위해 발전하면서 학교교육은 획일적인 기준에 부합하지 않으면 불합격 처리되는 대량 생산 원칙에 따라 공장과 같이 조직화되었다. 현재 두 나라에서 표준을 높이는 데 초점을 맞추고 있는 것은 시스템을 더 효율적이고 책임감 있게 만드는 것을 전제로 한다. 20세기에 공교육은 많은 사람들에게 효과가 있었지만 동시에 많은 사람들이 고통받았다. 스크리틱[Skrtic]은 학교 실패는 병리적인 것으로 간주되는 반면, 변하지 않는 학교 시스템은 합리적인 것으로 받아들여지는 이 대규모의 관료적 하위 시스템의 '어두운 면'으로 지적했다(Skrtic, 1991b). 미국의 정규(주류)교육에서는 병적으로 확장된 시험과 책무성이 정상으로 받아들여지고 있지만, 이는 영국에서와 마찬가지로, 모든 젊은이가 민주주의 사회라는 개념에서 정치적, 경제적, 사회적 참여를 준비하지 못하게 하는 것이 명백하다. 연방, 주, 지방 정부와 정책 입안자들은 공교육의 실패를 개인과 학교의 실패로 분석하고 있으며, 이는 통합이라고 주장하는 관행이 '통합 서비스 제공 모델'이 되는 별도의 특수교육 행정과 조직 시스템의 영속성을 강화한다(Menzies & Falvey, 2008: 92). 특수교육 관행은 장애가 있고, 어렵고, 귀찮은 사람들을 계속 차별적으로 대하고 있으며, 전체 시스템의 목표는 민주 시민을 배출하는 것이 아니라 시험 점수를 높이는 데 있다.

정책의 이상은 높은 시험 점수를 글로벌 수준의 경제 경쟁력과 연결하는 경제 모델을 고수하는 것이다. 국제적인 비교를 보면 미국이나 영국에서는 이 모델이 잘 작동하지 않는 것으로 보인다. 이 책의 8장 말미에는 소득 불평등이 심한 국가일수록 전반적으로 기초 교육 성취도가 낮은 학생들이 많다는 것을 보여 주고자 몇 가지 그래프가 재현되어 있다. 이 그래프는 17개 선진국 16~24세 학생들의 수학, 문해력, 문제해결 능력을 전반적으로 보여 주는 OECD 조사(OECD, 2015)에서 가져온 것이다. 미국은 현재 선진국 중 소득 불평등 수준이 가장 높은 국가이며, 수학에서는 영국이 최하위, 미국이 두 번째로 하위권을 기록했다. 소득 불평등이 가장 적고 평등하고 통합학교 시스템을 갖춘 국가인 일본과 핀란드가 상위권에 올랐다. 문해력 수준에서는 미국과 영국이 최하위에서 두 번째와 세 번째를 차지했고, 문제해결력에서는 두 나라 모두 최하위권에 머물렀다. 이는 두 나라가 실제로 실패를 지속시키는 하위 시스템과 관행을 개발하는 대신 전체 교육 시스템을 검토하는 것이 더 효과적일 수 있음을 시사한다. 다음 장에서는 전체 교육 시스템의 역량을 검토하기보다는 많은 수의 아동과 청소년을 능력, '지능'(IQ 점수로 측정) 및 역량이 낮은 것으로 제시하려는 지속적인 시도의 역사와 현재의 믿음을 설명한다.

미주

1) 사라슨[Sarason]과 도리스[Doris]는 미국과 같이 '지능'에 높은 가치를 두는 사회에서는 지능이 낮은 것으로 간주되는 사람들은 그 지능이 무엇이든 간에 평가 절하된다고 지적했다. 아동이 '정신지체(지적장애)'로 진단을 받자마자 그 아동의 사회적, 교육적, 생산적 가치는 정서장애 또는 '학습장애'라는 라벨이 붙은 아동보다 훨씬 더 낮은 것으로 간주되었다(Sarason & Doris 1979: 277; Sleeter, 1986).
2) 전미유색인종지위향상협회[National Association for the Advancement of Coloured People](NAACP)는 모든 소수 민족 집단의 사회적, 정치적, 경제적, 법적 권리를 위한 활동을 목적으로 1909년에 설립된 아프리카계 미국인 민권 단체이다. 볼티모어에 본부를 두고 있으며, 지역 조직과 연례 콘퍼런스를 운영하고 있다.

참고문헌

Artiles, A. J. (2011). "Towards an interdisciplinary understanding of equity and difference: the case of the racialisation of ability" *Educational Researcher* 40/9: 431-445 (The Wallace Foundation Distinguished Lecture).

Ballard, K. (2004). "Ideology and the origin of inclusion: a case study" in (ed.). Ware, L. *Ideology and the Politics of (in) Exclusion*. New York. Peter Lang.

Beraton, G. (2008). "The song remains the same: the disproportionate representation of minority students in special education" *Race Ethnicity and Education* 11/4: 337-354.

Blanchett, W. J. (2010). "Telling it like it is: the role of race, class and culture in the perpetuation of learning disability as a privileged category for the white middle class" *Disability Studies Quarterly* 32/2: 1-11.

Brantlinger, E. (1997). "Using ideology: Cases on non-recognition of the politics of research and practice in special education" *Review of Educational Research* 67/4: 425-459.

Brown vs. the Board of Education of Topeka (1954). Washington DC.

Chambers, J. G. and Hartman, W. T. (1983). *Special Education Policies: their history, implantation and finances*. Philadelphia PA. Temple University Press.

Coleman, J. S., Cambell, E., Hobson, C. J., McPartland, J., Mood, A. M., Weinfeld, F. D. and York, R. L. (1966). *Equality of Educational Opportunity*. Washington DC. US Department of Health, Education and Welfare.

Connor, D. J., Ferri, B. A. and Annamma, S. A. (2016). *DisCrit: disability studies and critical race theory in education*. New York. Teachers College Press.

Crummell, A. (1898). "The attitude of the American mind toward the negro intellect" *The American Negro Academy Occasional Papers*. No 3. Washington DC.

Danforth, S. (2009). *The Incomplete Child: an intellectual history of learning disabilities*. New Jersey. Lang.

DES (1978). *Special Educational Needs*. London. HMSO

Duncan, A. (2016). "A great teacher should make $150,000, absolutely" *Times Educational Supplement* 15 April: 32–34.

Dunn, L. (1968). "Special education for the mentally retarded: is much of it justifiable?" *Educational Researcher* 7: 5–22.

Ferri, B. and Connor, D. J. (2004). "Special education and the subverting of Brown" *Journal of Gender, Race and Justice* 81/1: 57–74.

Floud, E. (1898). "Notes on the castration of idiot children" *American Journal of Psychology* 10: 299.

Gillborn, D. (2012). "Intersectionality and the primacy of racism: race, class, gender and disability in education" *Paper to Conference on Critical Race Studies in Education*. New York. Teachers College, Columbia University. May.

Goddard, H. H. (1912). *The Kallikak Family: a study in the heredity of feeble-mindedness*. New York. Macmillan.

Goddard, H. H. (1920). *Human Efficiency and Levels of Intelligence*. Princeton NJ. Princeton University Press.

Hursh, D. (2005). "The growth of high stakes testing in the USA: accountability, markets, and the decline in educational equality" *British Educational Research Journal* 31/5: 605-622.

Kauffman, J. M. (1989). "The regular education initiative as Reagan-Bush educational policy: a trickle-down theory of education for the hard-to-teach" *Journal of Special*

Education 23/3: 256–278.

Kauffman, J. M. and Hallaghan, D. P. (1995) (eds). *The Illusion of Full Inclusion: a comprehensive critique of a current special education bandwagon*. Austin TX. Pro-Ed.

Kirp, D. (1983). "Professionalization as policy choice: British special education in comparative perspective" in (eds). Chambers, J. G. and Hartman, W. T. *Special Education Policies: their history, implementation and finance*. Philadelphia PA. Temple University Press.

Ladson-Billings, G. (2005). "From the under-achievment gap to the educational debt" *Speech to AERA conference*. San Francisco CA. April.

Lazerson, M. (1983). "The origins of special education" in (eds). Chambers J. G. and Hartman, W. T. *Special Education Policies*. Philadelphia PA. Temple University Press.

Liberator (1846). *Editorial*. Boston. 12 August.

Losen, D. J. and Orfield, G. (2010). *Racial Inequality in Special Education* (3rd ed.). Cambridge MA. Harvard Education Press.

Menzies, H. and Falvey, M. A. (2008). "Inclusion of students with disabilities in general education" in (eds). Jimenez, T. C. and Graf, V. L. *Education for All: critical issues in the education of children and youth with disabilities*. San Francisco CA. Jossey-Bass.

Mercer, J. R. (1973). *Labelling the mentally retarded: clinical and social perspectives on mental retardation*. Berkeley CA. University of California Press.

Morgan, P. L., Farkas, G., Hillemeier, M. M., Mattison, R., Maczug, S., Li, H. and Cook, M. (2015). "Minorities are disproportionately underrepresented in special education: longitudinal evidence across five disability conditions" *Educational Researcher Online* June 2015.

OECD (2013). Skills Outlook. Source: Survey of Adult Skills (PIACC) Reprinted in Stotesbury N. and Dorling, D. (2015). Understanding income inequality and its implications; why better statistics are needed. *Statistics Views* 21 October. www.statisticsviews.com/details/features 8493411/.64 USA

Osgood, R. L. (2009). *The History of Special Education: a struggle for equality in*

American public schools. Westport CT. Praeger.

Powell, J. W. (2011). *Barriers to Inclusion: special education in the United States and Germany*. Boulder CO. Paradigm Publishers.

Richardson, J. G. (1999). *Common, Delinquent and Special: the institutional shape of special education*. New York. Falmer Press.

Richardson, J. G., Wu, J. and Judge, D. (2017). *The Global Convergence of Vocational and Special Education*. London. Routledge.

Sarason, S. B. and Doris, J. (1979). *Educational Handicap, Public Policy and Social History*. New York. The Free Press.

Skrtic, T. M. (1991a). "The special education paradox: equity as a way to excellence" *Harvard Educational Review* 61/2: 148-206.

Skrtic, T. M. (1991b). *Behind Special Education: a critical analysis of professional culture and school organisation*. Denver CO. Love Publishing.

Sleeter, C. E. (1986). "Learning disabilities: the social construction of a special education category" *Exceptional Children* 53: 46-54.

Sleeter, C. (1987). "Why is there learning disabilities? A critical analysis of the birth of the category in its social context" in (ed.). Popkewitz, T. *The Formation of School Subjects: the struggle for creating an American institution*. New York. Falmer.

Strauss, A. A. and Lehtinen, L. E. (1963). *Psychology and the Education of the Braininjured Child*. New York. Grune and Stratton.

Terman, L. M. (1917). "Feeble-minded children in public schools in California" *School and Society* 5: 165.

Tomlinson, S. (2013). *Ignorant Yobs? Low attainers in a global knowledge economy*. London. Routledge.

Tropea, J. L. (1987). "Bureaucratic order and special children in urban schools" *History of Education Quarterly* 27. Spring: 20-32.

Tulkin, S. R. (1972). "An analysis of the concept of cultural deprivation" *Developmental Psychology* 6/2: 326-339.

Valli, I. and Buese, D. (2007). "The changing role of teachers in an era of high stakes accountability" *American Education Research Journal* 44: 519-558.

Wallin, J. E. W. (1924). *The Education of Handicapped Children*. Boston. Houghton Mifflin.

Weinberg, M. (1977). *A Chance to Learn: the history of race and education in the United States*. Cambridge. Cambridge University Press.

Weiss, L. (1990). *Working Class Without Work*. New York. Routledge.

Ysseldyke, J. E. and Algozzine, B. (1982). *Critical Issues in Special and Remedial Education*. Boston. Houghton-Mifflin.

04장

IQ, 능력, 그리고 우생학

당신들은 모두 형제이지만, 우리는 이야기에서 신이 통치하기에 적합한 사람들을 만들 때 그들의 세대에 금을 섞어 만들었기 때문에 그들이 가장 귀중하며, 이에 반해 조력자들은 은, 농부와 장인들은 철과 놋쇠라고 말할 것이다. 여러분은 모두 친족이지만 대부분 자신의 종족에 따라 번식할 것이다. (Plato, C 500 BEC)

유전자, 지능, 교육: 복잡하게 얽힌 문제들. 지난 100년 동안 여러 번 일어났던 것처럼 계층, 인종, 성별을 추가하면 언제든 끓어오를 준비가 된 부글부글 끓는 혼합물을 갖게 된다. (Rose, 2014: 27)

플라톤Plato의 견해는 언급되지 않은 노예와 여성을 제외하고 모든 사람이 자신의 위치를 행복하게 아는 조화로운 사회에 대한 완벽한 정당화처럼 들린다. 하지만 소크라테스Socrates조차도 이 금속 신화를 '고귀한 거짓말'로 불렀다. 이는 불평등한 사회에 대한 정치적 정당화였으며, 금속만큼이나 사람이 서로 다르다는 생각이 수 세기에 걸쳐 계층, 인종, 성별, 장애를 구분하며, 제국의 정복과 전체 인구의 정복에 대한 이데올로기적인 정당성을 제공한다는 것은 안타까운 일이다. 오늘날에도 학교와 교실에서는 아이들은 태어날 때부터 매우 유능하거나, 유능하지 않거나, 무능하거나, 장애가 있을 수 있는 가능성을 가지고 태어난다는 신화가 여전히 울려 퍼지고 있다. 아동이 '잠재력'을 발휘할 수 있도록 교육해야 한다는 모든 정당의 현재의 만트라

(주문) 이면에는 일종의 고정된 능력, 결함 또는 장애에 대한 신화가 자리 잡고 있다. 교육 사회학의 주요 과제는 교육과 삶의 기회 불평등, 특히 사회계층, 인종, 성별, 장애에 따른 불평등이 결함이 있는 집단이 아니라 정책과 정책 입안자에 의해 어떻게 만들어지고 재창조되는지를 입증하는 것이었다. 불평등은 다양한 집단의 서로 다른 능력과 잠재력에 대한 이데올로기적인 신념에 의해 뒷받침된다.

19세기 중반부터 결함이 있는 것으로 분류된 사람들을 치료해야 한다는 정당화는 전 세계 교육 시스템에 큰 영향을 미쳤다. 저성취자, 학습부진아, 특별하거나 '정상적이지 않은' 사람으로 여겨지는 사람들을 치료하기 위한 합리화는 우생학을 통해 제공되었다. 유전적 차이에 대한 견해는 측정 가능한 지능에 대한 심리 측정 이론과 결합하여 이러한 집단을 폄하하는 데 기여했다. 한 세기에 걸친 신념을 뒤집고 정신적 가치에 따라 아동과 성인의 순위를 매기고 생물학적 결정론을 사용하여 사람들을 불평등하게 대우하는 것이 왜 그렇게 중요해졌는지를 묻는 것은 어려운 일이다.

인간 유전체 프로젝트의 완성과 유전체학, 행동 유전학, 신경과학의 발전으로 인해 여전히 IQ 테스트로 측정한 '지능'을 사용하는 일부 연구자들은 '지능 유전자'를 찾으려고 하며, '지능'을 뒷받침하는 유전자 그룹이 있지만 아직까지는 이러한 것을 찾지 못했다고 주장하는 '유전성 실종' 입장(Joseph, 2015)을 취하고 있다. 또한, 영국 경제 및 사회 연구 위원회[Economic and Social Research Council](ESRC)는 생명공학 및 생물과학 연구위원회와 사회과학을 연계한 생물사회 연구를 가능하게 하는 프레임워크를 개발했다. ESRC 프로그램의 한 전략 고문은 빈곤 및 나쁜 양육과 같은 부정적인 삶의 경험이 지속적인 후성유전학적[epigenetic] 변화와 환경적 경험과 뇌 발달 사이의 지속적인 연관성으로 이어질 수 있음을 입증할 수 있는 능력에 대하여 열정적으로 썼다(Hobcraft, 2016). 유전체 및 신경과학 연구는 이해를 증진시킨다고 주장할 수 있지만, 우생학의 역사와 일부 사회 및 인종 집단의 열등한 유전적 유산에 대한 가정은 이 모든 것이 이러한 집단에 대한 불평등한 대우를 정당화할 수 있다는 우려를 불러일으킨다.

초기 산업화 국가들, 특히 미국과 영국이 도시 빈민가, 이민자, 잠재적으로나 경제적으로 '쓸모없는' 인구에 대한 불평등한 대우를 합리화할 필요가 있었던 것은 우연이 아니었으며, 이들 국가는 사회와 인종 집단 간의 유전적인 차이에 대한 개념을 처음 개발하여 대중화시킨 국가들이다. 실제로 노동계층을 위한 세속적인 대중 교육의 발전이 가능해지자마자 상류층이 하류층과 소수집단의 교육 가능성을 폄하하는 방법을 찾은 것은 우연이 아니었다. 앤 모닝^Ann Morning^이 『민족 및 인종 연구^Ethnic and Racial Studies^』 저널에 쓴 것처럼 "우리가 그 모든 것을 넘어섰다고 생각했다."(Morning, 2014: 1676)면, '능력'의 차이가 주로 유전적 유산에 기인한다는 믿음은 학교교육에서 젊은이들의 선택과 분리를 지원하는 정책에 다시 영향을 미치는 것으로 보인다. 일부 행동 유전학자들은 "교사로부터 배우는 능력은 경험보다 유전자의 영향을 더 많이 받는다"고 주장했다(Asbury & Plomin, 2014: 7). "21세기는 인지능력이 결정적인 분수령이 되는 세상에서 열릴 것"(Herrnstein & Murray, 1994: 25)이라는 헤른스타인^Herrnstein^과 머레이^Murray^의 주장은 자국민의 성취를 향상시키고 '더 나은 두뇌'를 찾기 위해 노력하는 많은 정부들이 받아들이는 신념인 것 같다. 그 근거는 국가 경제 경쟁력을 강화하기 위한 것으로 보이지만, 정치인과 그 측근, 금융가, 은행가, 글로벌 비즈니스 리더 등의 높은 인지능력이 21세기 현재까지 눈에 띄게 입증되지 않았다고 주장할 수도 있다. 지난 100년 동안 능력, 지능, 정신적 측정, 우생학적 영향에 관한 수많은 글이 쏟아져 나왔지만, 이 장에서는 과학의 역사와 발전, 사이비 과학, 과거와 현재의 발전이 갖는 정치적, 교육적 함의를 검토하였다.

우생학과 정신 측정

인류의 유전적 유산을 개선하기 위해 선택적 번식을 위한 '과학적' 기반을 제공하는 임무를 맡았던 사람은 찰스 다윈^Charles Darwin^의 사촌인 프랜시스 골턴^Francis Galton^으로, 그는 비교육적인 생각을 가진 하류층이 과잉 번식하여 (영국) 인종에 위험한 결함을 가진 사람들을 낳는 것을 우려했다. 그는 『유전적 천재^Hereditary Genius^』(1869)

와 『인간 능력에 대한 탐구Inquiries into Human Faculty』(1883)에서 선택적 번식을 옹호하였으며, 그리스어 유제네스eugenes에서 유래한 '유전적으로 고귀한 자질을 부여받은 사람'이라는 뜻의 우생학이라는 용어를 인류 최상의 선천적 자질을 보존하는 과학으로 사용했다. 그는 당시 다른 의학적, 정치적 이해관계자들과 마찬가지로 천재성과 재능은 선천적으로 타고나는 것이며 주로 특권층에 국한되는 것과 마찬가지로 저능력, 정신적 결함, 비행, 범죄, 매춘, 불륜, 심지어 실업도 하류층의 유전적 경향의 산물이라고 주장했다. 우생학 이론은 정치적인 좌파와 우파[1]에 의해 받아들여졌으며, 1907년 우생학 교육 협회Eugenics Education Society(이후 우생학 협회Eugenics Society)가 설립되었다. 이 학회는 앵글로색슨 인종의 적합성을 증진시키는데 관심을 가지는 영향력 있는 압력 단체가 되었으며, 대중 교육으로 인해 결함이 있고 정신이 허약하며 비행을 저지르고 정상 이하인 아동이 많이 생겨나는 것을 우려했다. 오늘날에도 비슷한 주장이 제기되고 있는데, 한 경제학자는 "영국의 경우 일부 집단이 너무 엘리트화되어 있어 평균이 되기까지 25세대가 걸릴 것"이라며 특히 엘리트가 다른 엘리트와 결혼하면 높은 지위를 부여하는 유전적 형질을 물려받을 수 있고 "유전학이 실제로 사람들의 성취에 영향을 미칠 수 있다는 것은 암울한 발견"이라고 지적했다(Clark, 2016: 95). 25세대에 대한 데이터가 없기 때문에 초기 우생학자들이 특권층과 빈민층 사이의 유전적 유산에 대해 가정했던 것과 마찬가지로 클라크Clark가 이를 발견하지 못했다고 가정하는 것이 안전하다.

골턴Galton은 상관관계의 도입에 공헌했으며, 그의 제자 가운데 한 명이자 나중에 전기 작가가 된 칼 피어슨Karl Pearson은 상관관계의 창시자이다. 수학자로서 피어슨은 수많은 통계 기법, 다중 상관관계, 이원 상관관계, 카이제곱 검정, 적합도 검정, 심리학이라는 발전하는 과학에서 채택된 기법 이후 특히 스피어먼Spearman이 일반 지능 측정법을 개발하는 데 사용한 요인 분석과 같은 다른 기법들을 개발했다(Spearman, 1904). 우생학, 심리학, 정신 측정 기술, 하위 사회계층에 대한 지속적인 비하와 그 위험성 사이의 연관성을 이해하려면 이러한 영향력 있는 남성(여성은 거의 없음)의 견해를 연구해야 한다.[2] 그들의 신념을 당시의 역사적 표현으로 보아야 하지만, 20세기를 거쳐 21세기까지 이러한 견해의 결과와 지속성을 변명하기는 쉽지 않다. 피어슨은 일반적으로 '인종'이라고 불리는 것에 영향을 미치는 '타락자'에 대하여 강한 견해를 가지고 있었다. 그는 "교육, 일반 법률 또는 위생의 축적된 노력으로 어떤 퇴행자나 허약한 종족도 건강하고 건전한 종족으로 전환될 수 없고"(Pearson, 1892: 32), 다른 사회 다윈주의자들과 마찬가지로 삶이란 "육체적으로나 정신적으로 더 건강한 종족의 생존을 위한 종족 간의 투쟁"(같은 책)이라고 믿었다.

피어슨Pearson은 통계적 확률에 관심이 많았다. 그는 1890년대에 빈민(기본적 빈곤 '야외' 구호를 받는 사람들)의 지리적 분포에 대한 데이터를 수집했으며, 실제로 전국 빈민 분포가 어떠한 자연적인 분포를 따른다는 것을 암시하는 그래프(Dorling, 2015: 117에서 다시 그린 [그림 4-1])를 그려서 이 분포를 종 모양의 곡선으로 보여주고자 했다.

그는 일부 지역에서는 유전적으로 열등한 사람들이 모여서 번식하기 때문에 빈곤층이 더 많다고 추론했다. 돌링Dorling(2015: 116)은 빈곤 지역에 대한 다른 설명과는 별개로 이 그래프의 데이터는 거의 확실하게 조작되었다고 지적했다. 이 종 모양의 곡선을 정규분포라고 처음 언급한 것은 피어슨Pearson이었으며,[3] 이는 인간 능력의 확산에 대한 '정상적인' 종 모양의 곡선이라는 이제는 한 세기가 지난 가정을 이해하는 데 매우 중요하다. 피어슨은 우생학 학회의 창립자 중 한 명으로, 우생학은 1920년대에 이르러 "거의 종교가 되었으며, 어떤 사람은 다른 사람보다 더 유능하고 그 차이는 어떤 형태의 유전적 통찰력에 의해 크게 영향을 받는다는 신앙의 조항이 되었다."(Dorling, 2015: 121)고 언급했다. 정신 측정의 선구자들은 주로 런던과 옥스퍼드에서 활동했지만 독일 대학을 방문하기도 했던 같은 생각을 가진 특권층 남성들로, 우생학적인 신념을 정신 측정 테스트의 개발과 결합시켰다. 인지 능력의 수준을 평가하는 것으로 알려진 지능 검사는 학교교육에서 개인 및 집단의 성과와 상관관계를 파악하고, 궁극적으로는 개인의 미래뿐만 아니라 전체 사회의 미래를 예측하는 '과학적 측정'으로서 계속 활용되어 왔다. 예를 들어, 일부 경제학자들의 경우 노동 경제학 연구에 따르면 전체 인구의 IQ가 1점 상승하면 임금이 1% 정도 증가한다고 주장하였으며(Zax & Rees, 2002), 심지어 인간

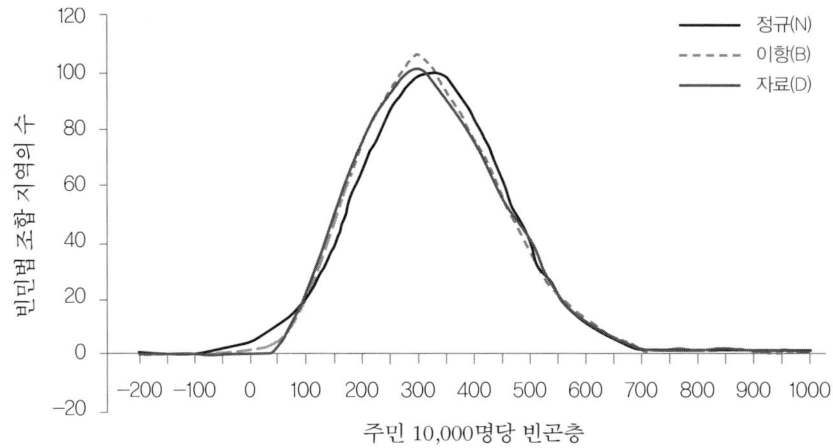

[그림 4-1] 1891년 잉글랜드와 웨일즈, 빈곤층의 지리적 분포도

배아에 대한 유전적 간섭 가능성을 연구하는 사람들은 "유전적 개입으로 인한 개인의 소득 증가는 산전 관리 및 유사한 환경 개입과 동일한 방식으로 평가될 수 있다."고 주장하였다(Shulman & Bostrom, 2014: 86).

정신 측정의 사용과 남용

1905년 프랑스 공공교육부 장관은 알프레드 비네Alfred Binet에게 특수학교에 배치되어야 할 저능아를 찾는 데 도움이 되는 테스트를 만들어 달라고 요청했다. 그는 의무적으로 이 작업을 수행했지만 '개인의 지능은 고정된 양'이라는 것을 결코 믿지 않았으며, "우리는 이 잔인한 비관론에 맞서 대응해야 한다."(Binet, 1913: 40)고 했다. 영국에서는 이러한 의구심이 없었으며, 1905년 골턴Galton이 의장을 맡았던 영국 협회의 인류학 섹션 위원회는 영국 인구의 심리적 측정을 수집하기 위해 소위원회를 구성했다. 옥스퍼드의 윌리엄 맥두걸William McDougall 교수는 시릴 버트Cyril Burt를 포함하여 자신의 여러 학생을 모집하여 테스트를 구성하는 데 도움을 주었다. 1907년 교육위원회[4]는 '유전적으로 부적합한'(Heron, 1906) 사람들의 높은 번식률로 인해 국가의 지능 수준이 쇠퇴하고 있다는 지배적인 견해에 따라 아동에 대한 관찰과 테스트를 승인했으며, 테스트 결과는 초등학교 학생과 사립 예비학교 학생 간의 성적 차이는 선천적이라는 의견을 정식으로 나타냈다(Hearnshaw, 1979: 26). 1911년 윌리엄 스턴William Stern은 테스트에 의해 측정된 지능의 정규분포를 종곡선 그래프로 그릴 수 있다는 가정하에 지능의 수준을 칭하기 위해 평균인 100과 15점의 표준편차를 활용하여 일반 지능의 지표인 IQ라는 용어를 만들었다. 그 후 수천 명의 심리학자, 교육학자, 일반대중은 IQ가 70~75 미만인 매우 아둔한 사람(처음에는 바보와 멍청이로 분류됨), 75~90 사이의 아둔한 사람, 90~110 사이의 정상인, 110~125 사이의 똑똑한 사람, 150까지의 매우 똑똑한 사람을 보여주는 그래프를 알게 되었으며(이 그래프는 사회계층과 동일시됨), 사람들은 또한 그래프의 점이 보여주는 고정 지능의 개념에 익숙해졌다(Herrnstein & Murray, 1994: 120-121 참조). 2016년 저명한 진화론자인 리처드 도킨스Richard Dawkins는 트윗을 통해 "대학에 살다 보면 인구의 평균 IQ가 100이고 그중 50%가 하위 절반에 속한다는 사실을 잊기 쉽다."고 주장하며 IQ 척도의 고정된 점수에 대한 믿음의 지속성을 설명한 바 있다(Dawkins, 2016). 실제로 유전적 상속과 환경적 조건의 상대적인 기여도, 즉 자연-양육 논쟁의 지속성은 경제적으로 불평등한 사회에서 영구적으로 고착되는 것처럼 보인다. 리암 허드슨Liam Hudson이 지적했듯이, 대부분의 논쟁은 IQ 테스트라는 하나의 기술적 장치에 집중되어 있으며, IQ 테스트의 사용은 'IQ가 낮다는 것은 계층이 낮다는 것과 같은 의미로 여겨진다.'는 신비주의적인 의식의 성격을 띠고 있다(Hudson, 1972: 14-15). IQ 테스트는 교육심리학 관련 직업의 주요 근거로 이에 대한 자세한 논의는 6장에서 확인할 수 있다.

이전 장에서 언급했듯이, 가난한 사람들이 선천적으로 열등한 자질을 타고났다는 가정에 대한 집착은 역사가들에 의해 잘 문서화되어 있다. 허트Hurt(1988)는 결함의 유전적 특징이나 허용되는 사회적, 경제적 행동을 이탈하는 것에 대한 믿음이 제1차 세계대전 당시 절정에 이르렀다고 썼다. 2장에 소개된 한 보고서는 둔하고 결함이 있는 인구를 발견하고 처리해야 한다는 통치 집단의 불안감을 잘 보여 준다. 1904년에 설립되어 1908년에 보고된 '심신미약자 관리 및 통제 위원회Commission on the Care and Control of the Feeble-Minded'(RCCCFM, 1908: 8권)가 바로 그것이다. 귀족이 위원장을 맡은 이 위원회에는 여성 위원 한 명이 포함되었으며, 모두 정신적 결함과 그에 수반되는 질병이 부모와 가까운 조상의 결함으로 인해 발생한다는 유전론적 관점을 강하게 견지하고 있었다. 가난한 사람들에 대한 21세기 현대 관점의 메아리는 서론에 담겨 있으며, 다음과 같이 주장했다.

> 우리가 수집한 수많은 사실은 충분한 통제가 이루어지지 않고 방탕하며 무책임한 삶으로 범죄와 불행을 양산하는 결함 있는 사람이 많으며 …… 이로 인해 공동체에 많은 비용이 낭비되고 있다는 결론을 내릴 수밖에 없게 한다.
>
> (같은 책, 1908: 1권 1장)

위원회는 영국 전역에서 기존 특수학교, 빈민법 기관, 소년원, 정신병원, 교도소, 알코올 중독자 수용소, 기타 장소에서 결함자의 수를 세기 위해 부지런히 노력했다. 위원 가운데 한 명인 포츠Potts 박사(스태퍼드셔Staffordshire의 포터리즈Potteries 지역으로 파견)는 실제로 지역 신문에 아는 장애인을 추천해 달라는 공고를 냈으며, 그 결과 수많은 사람들의 이름이 나왔다! 이 책의 서문에 인용된 포츠는 다른 위원들과 마찬가지로 여성들이 퇴화된 아이를 낳는 것이 가장 큰 문제라고 생각했고, 차tea, 술, 게으른 남성의 존재도 거론하였다(RCCCFM, 1908: 8권). 널리 알려진 견해와 일치하는 그의 권고 중 하나는 이 문제에 대한 해결책이 시설 또는 '식민지'에서의 분리, 여성 불임화, 그리고 마지막으로 '치사실'(즉, 사람을 죽이는 것)에 이르는 것이었다.

위원회 위원들의 미국 방문은 또한 일부 주에서는 이미 남성 '바보'의 불임화와 심지어 거세까지 허용하는 법을 통과시켰지만, 여성을 국가 복지에 대한 주요 위험으로 간주하게 했으며, 분리, 결혼 금지, 성가신 이민자 자녀의 학교 배제가 일탈 행동 문제를 해결할 수 있을 것이라고 지적했다(RCCCFM, 1908: 2권). 미국에서는 결손 가정에 대한 연구의 암울한 결론(Dugdale, 1877; Goddard, 1912)으로 인해 결손 가정의 '번식'의 위험성에 대한 개념이 강화되었으며, 영국에서는 비행 소녀들이 '동물적 영혼'의 노예가 되어 사생아를 낳는 것을 두려워하여 '다른 생명을 낳는 것'을 막기 위해 그들을 분리하게 되었다(Hurt, 1988: 128). 젊은 여성들은 성행위로 인한 도덕적 위험과 경제적 우려로서 계속 제시되었다. 1930년대 영국 북부의 결함을 가진 사람들을 위한 '식민지'는 '남성들이 자신들 스스로를 만족시킬 위험이 있었기 때문에 남성의 도덕적 타락의 원천'이었던 심신이 미약한 여성들을 수감시켰다(Langley, 1988: 36). 범죄를 저지른 남성이 공동체에서 추방되었다는 기록은 없다.

생물학적 결정론을 믿는 사람들의 학대와 결함 인구의 위험성은 20세기 초에 흔하게 존재했다. 1912년 영국의 내무장관 윈스턴 처칠[Winston Churchill]은 노동 수용소에서의 분리, 불임화, 심지어 안락사가 결함아를 나누는 적절한 방법이라고 믿었지만, 1932년 불임수술에 관한 부서별 위원회의 보고서는 빈민과 빈민의 '선택적 짝짓기'가 결함을 초래할 수 있다고 인정하면서도 사회적, 경제적 조건이 문제와 관련이 있을 수 있다는 견해를 갖고 이러한 관행에는 반대했다. 바커[Barker](1983)가 지적한 것처럼 우생학은 사회 계층과 우생학적인 가치 사이의 관계에 대한 명확한 가정을 가지고 작동했다. 우생학 옹호론자들은 하위 노동계층의 선천적인 열등성을 확신했다. 1920년대의 영향력 있는 여성으로는 피임법을 옹호한 것으로 잘 알려진 마리 스톱스[Marie Stopes]가 있다. 잘 알려지지 않은 사실은 그녀 역시 노동계층의 재생산을 축소하는 것을 열렬히 믿었고, 빈곤 지역에 가족 계획 클리닉을 설립했으며, 골턴 소사이어티[Galton Society]에 많은 돈을 기부했다는 것이다.

호주 빅토리아주에서는 우생학 단체가 1930년대에 부적격자의 불임화를 위한 로비를 계속했고(Lewis, 1987), 스웨덴과 미국에서는 대개 여성의 동의 없이 불임화를 시행했으며, 1970년대 이후에도 계속했다. 1920년대부터 1940년대까지 나치의 관행으로 인해 결함이 있고 '아리안[Aryan] 인종'에 위험하다고 여겨지는 사람을 감금, 살해 또는 불임시키는 관행에 대한 일반적인 반감이 생겨났지만, 로우[Lowe](1980)는 나치 정권에 대한 집중이 다른 국가의 관행에 대한 관심을 멀어지게 했다고 언급했다. 홀로코스트 교육 및 아카이브 연구팀[Holocaust Education and Archive Research team]은 나치 정권이 본격적인 유대인 학살에 앞서 장애인을 살해하기 위한 가스 실험과 함께 '인종적 열등자'로서 장애인, 신티[Sinti]족, 로마족(집시), 흑인, 유대인에 대한 조직적 살해와 집시를 박해한 것을 기록하였다. 유전과 범죄 사이의 연관성을 찾으려 했던 독일 정신과 의사인 로버트 리터[Robert Ritter]는 두 명의 여성 인류학자와 함께 유럽 전역에서 수많은 집시들을 제거한 큰 책임을 가지고 있다. 한 여성인 에바 저스틴[Eva Justin]은 가족과 떨어져 자란 집시 아동을 연구했다. 연구가 끝날 무렵 그녀는 아동을 아우슈비츠[Auschwitz]로 추방해 죽게 했다. 리터와 이 두 여성은 1947년 이후 서독의 프랑크푸르트[Frankfurt] 보건국에 고용되었지만(HEART, 2010), 전후 나치 전범의 고용은 드문 일이 아니었다. 선천적 결함과 기형을 유발하는 탈리도마이드[thalidomide] 약물을 판매한 회사는 나치 출신인 헤르만 비르트[Hermann Wirth]가 운영했다.[5]

시릴 버트[Cyril Burt]의 영원한 영향력

제이 굴드[Jay Gould]가 우생학적 신념과 정신적 측정을 결합하여 '위대한 사람들'이라고 불렸던 사람들의 업적과 영향력은 잘 기록되고 비판을 받아 왔으며(특히 Chitty, 2007; Gillborn, 2008, 2016; Gould, 1981; Hearnshaw, 1979; Kamin, 1974; Montague, 1999; Rose et al., 1984 등 참조), 이들에 의해 만들어진 열등한, 그리고 우월한 인간 간의 차이에 대한 '진실'을 계속 믿는 사람들은 종종 격렬한 대답과 변호를 내놓고 있다. 시릴 버트[Cyril Burt]는 1920년부터 영국에서 특히 중요한 인물로, 중등 교육에 대한 3중 트랙 시스템[treble track system]과 모든 아동이 11세에 치르는 연례 시험을 통해 학교교육을 결정하고, 노동계층 중 '가장 유능한' 아동은 장학금을 통해 문법학교로 진학할 것을 옹호했다(Burt, 1920; 그리고 2장 참조). 1945년 이후 공식화된 삼원 교육 체제에서 사용된 11+ 시험의 그림자는 '11+에 불합격했다.'는 이유로 문법학교에 진학할 수 없다는 말을 들었던 수십만 명의 사람들을 성인이 되어서도 괴롭혔다. 11+의 버전은 2016년에도 문법학교를 운영하는 영국의 36개 지방 당국에서 여전히 사용되고 있으며, 현 보수당 정부에서는 이러한 학교교육의 연장을 긍정적으로 검토하고 있다.

1913년 버트Burt는 '정신적 결함'이 있는 아동을 검사 후 초등학교에서 제외하는 「정신결함법Mental Deficiency Act」을 통해 입법에 영향을 미쳤으며, 1937년 영향력 있는 저서 『뒤떨어진 아이The Backward Child』을 집필하면서 런던 초등학교에서 발견될 수 있는 정신적, 도덕적 '정상 이하'를 구분하는 데 관심을 가졌고, 이들의 거의 대부분은 하층 노동자 계층 가정에서 태어났다. 그는 1904년 왕립위원회에 심신미약의 폐해에 대한 증거를 제출한 메리 덴디Mary Dendy라는 여성의 영향을 받아 1913년 법에 '도덕적 저능아'라는 범주를 제안했다. 이들은 주로 사생아를 둔 젊은 여성들이었다. 버트는 나약하고 도덕적이지 못한 멍청이들이 격리된 상태에서 서로에게 편지를 쓸 수 있으므로 읽고 쓰는 법을 가르쳐서는 안 된다는 그녀의 의견에 동의했다! 비행 아동에 대한 버트Burt의 관심은 정신적, 도덕적 비정상성에 대한 그의 관심과 겹쳤으며, 그의 저서 『비행젊은이The Young Delinquent』(1925)는 최초의 런던 아동 지도 클리닉Child Guidance clinic의 개소로 이어졌다. 그는 빈곤과 환경적 장애를 인식하고 있었지만 여전히 '빈민가 아동의 (얼굴) 프로필을 흑인 또는 거의 시미안simian의 윤곽'으로 언급할 수 있었다(Burt, 1937: 186). 나중에 그는 '부적응' 아동에 관한 특별 조사 위원회 의장을 맡아 언더우드 위원회Underwood Committee(1955)에 보고하였는데, 여기에서 부적응, 파괴적, 정서적, 행동적 장애 및 규정된 사회적 행동을 따르지 않는 젊은이들에 대한 기타 명칭에 관한 후속 설명이 생겨났다. 리처드슨Richardson 등(2017)이 관찰한 바와 같이 비행과 비정상성은 초기에 공식적으로 결합되었다.

버트Burt는 에이번Avon 스트랫포드Stratford 근처의 스니터필드Snitterfield 마을에서 자랐으며, 지역 의사였던 그의 아버지는 어렸을 때 근처에 살던 고령의 골턴Galton을 소개해 주었는데, 이는 유전이 지능에 미치는 영향에 대한 그의 평생의 믿음에 영향을 미쳤다. 옥스퍼드에서 버트는 고전, 철학, 심리학의 새로운 '과학'을 공부했으며, 독일 대학을 방문하기도 하였다. 뷔르츠부르크Wurzburg에서 그의 집주인은 확실히 그를 잘 먹였으며 심지어 그의 바지를 다림질하였다(Hearnshaw, 1979: 13)! 버트의 경력에는 리버풀Liverpool 대학에서의 강의, 런던 카운티 의회의 공식 심리학자로 20년간의 근무, 런던 유니버시티 칼리지에서의 권위 있는 심리학 석좌 교수, 오랜 은퇴 기간 동안 쌍둥이 연구를 통해 유전과 지능 사이의 연관성을 지속적으로 주장했던 것이 포함되었다. 영국 심리학 저널British Journal of Psychology의 통계 섹션 편집자로서 그는 17년 동안 63편의 논문을 자신의 이름으로, 또는 가명으로, 또는 실존하거나 존재하지 않는 두 명의 동료와 함께 발표했다(Hearnshaw, 1979: 190 참조). 지능의 유전에 대한 그의 견해는 평생 동안 흔들리지 않았다. 그는 따로 자란 일란성 쌍둥이에 대한 연구를 통해 자신의 견해를 뒷받침했고, 결국 53쌍의 쌍둥이를 연구했다고 주장했으며, 이후 출판물에서 그 수가 증가했지만, 모든 일란성 쌍둥이의 IQ 점수가 높은 상관관계를 보인다는 점에서 유전성이 높다고 주장했다. 그의 데이터는 카민Kamin(1974)에 의해 처음으로 사기라는 의심을 받았으며, 버트의 신용을 떨어뜨리려는 '좌파 환경주의자'라는 비난에도 불구하고, 그의 공식적이고 신중한 전기 작가인 헌쇼Hearnshaw는 쌍둥이에 대한 그의 전후post war 데이터는 날조된 것이며 "은퇴 기간 동안 버트의 거의 모든 작업은 주로 환경주의자에 대한 골턴적Galtonian 입장을 옹호하기 위한 방어적인 종류였다."(Hearnshaw, 1979: 241)라는 결론을 내렸다. 1976년 『선데이 타임즈The Sunday Times』의 의학 특파원은 버트가 중등교육 설립에 미친 영향을 고려할 때 이것이 정치적 및 공익을 위한 문제라고 주장하면서 버트의 데이터 대부분이 위조되었다는 혐의를 반복했다(Gillie, 1976). 많은 심리학자들이 버트를 옹호하기 위해 나섰는데, 그중에 웨스턴 온타리오대학 교수인 J. 필립 러쉬턴Phillipe Rushton도 그의 상관관계를 지지하는 주장을 펼쳤다. 러쉬턴은 '몽골인, 백인, 흑인'의 IQ 점수뿐만 아니라 생식기의 크기와 성교 빈도를 비교하는 연구를 많이 수행하여 일란성 쌍둥이의 어머니가 성교 빈도가 더 높다고 주장한 인종 내재적 차이를 강력하게 지지했다(Rushton, 1990).[6)]

아이젠크Eysenck를 진지하게 받아들이고 있나요?

대학 시절 버트Burt의 제자이자 훗날 동료가 되었던 한스 아이젠크Hans Eysenck는 버트가 때때로 그를 비열하고 교묘하게 대했음에도 불구하고 비판자들에 맞서는 버트의 열렬한 지지자였다. 그 역시 "높은 IQ와 학교 교육에서의 성공 사이에 밀접한 관계가 있다는 것은 의심할 여지가 없다. IQ가 높은 학생은 높은 점수를 받고 학교에 오래 머무르는 경향이 있으며, IQ가 낮은 학생은 학업을 제대로 수행하지 못하고 조기에 중퇴하는 경향이 있다."고 주장하며 정신 검사로 측정한 지능에 유전이 큰 영향을 미친다고 평생 믿었다(Eysenck v Kamin, 1981: 29). 그는 다양한 직업에 종사하는 사람들의 평균 IQ를 평가할 수 있다고 믿었는데, 회계사와 변호사는 128, 농부와 광부는 91까지 낮았지만 이러한 일치성이 무너지는 경우가 있으며 '수입이 지능과 관련이 없는 사람들인 배우, 테니스 선수, 매춘부, TV 유명인, 왕족, 지골로gigolos: 제비족, 골퍼들'이 이러한 행운아들 중 하나였다(같은 책: 36)! 또한 남성의 경우 IQ가 높거나 낮은 사람이 더 많으며 이는 환경적 요인과 관련이 있다고 언급된다. 여성은 아이를 낳고 전통적인 여성의 임무를 수행해야 하기 때문에 과학이나 예술을 추구하는 데 방해를 받지만 '정신적으로 결함이 있는 여성들은 조금이라도 매력적이라면 결혼을 통해 제도권에서 벗어날 수 있었을 것이다.'(같은 책: 42).

아이젠크의 인종과 지능에 관한 견해는 영국에서 특히 중요했는데, 그가 글을 쓰던 시기는 과거 식민지 국가들로부터의 이민이 절정에 달했던 시기로, 필요한 노동자를 데려올 뿐만 아니라 '다른 인종', 특히 노예 조상 출신의 생물학적 열등성과 문화적 결함에 대한 제국주의적 관점을 재확인하는 시기였기 때문이다. 그는 전통주의자들이 제작한 블랙 페이퍼Black Papers 시리즈에 종합교육과 이로 인한 교육 수준의 감소를 비판하는 논문을 썼다(Cox & Boyson, 1977에서 Eysenck 인용). 그 후 1971년, 나치 독일에서 온 난민이었던 사람으로서는 놀랍게도 '흑인'이 IQ 테스트에서 항상 백인보다 15점 낮은 점수를 받는다고 주장하는, 지금은 익숙한 종형곡선bell curve을 재현한 책을 출간했다. 그는 또한 영국 백인 하류층의 낮은 점수에 대해 한탄하며 "이러한 차이의 상당 부분은 유전적 요인에 기인한다."고 결론 내리며, 환경적 차이로는 중국인, 일본인, 기타 아시아계 아동을 일컫는 '동양인'의 더 높은 점수를 설명하지 못한다고 결론지었다. 그러나 그는 흑인에 대한 사회적, 경제적 압박으로 인해 지능을 포함한 "일부 유전적 조건에 따라 유전자 풀이 다를 가능성이 높다."고 제안하기도 하였다(Eysenck, 1971: 20). 그는 보상 교육이 실패하고 1970년대 흑인 권력이 부상함에 따라 "해결책은 흑인과 백인을 막론하고 프롤레타리아proletariat의 일반적인 폐지라는 관점에서만 가능하다."는 놀라운 발언으로 결론을 내렸지만, 심리학자가 아닌 정치인이 이 작업을 수행해야 한다고 생각했다(같은 책: 151)!

미국에서 계속되는 인종차별적인 시각

굴드Gould는 "IQ에 대한 유전적인 해석은 주로 고다드Goddard, 터먼Terman, 예르케스Yerkes라는 세 명의 심리학자의 포교proselytization를 통해 미국에서 생겨났다."고 제안했다(Gould, 1997: 29). 1981년 그의 책 초판에서 굴드는 몇 년마다 생물학적 결정론과 인종적 가정이 부활하지만, "위인들은 금세 잊혀지고……. 1981년의 뜨거운 주제는 곤드레만드레 취한legless 역사가 되었다."(같은 책: 23)고 언급했다. 그는 생물학적 결정론, 특히 아프리카계 미국인의 열등성을 증명하려는 의지가 지속된다는 점에서는 옳았지만, '과학적 진리'를 만들어 내는 것으로 간주되는 남성들의 영향력이 사라진다는 점에서는 틀렸다고 말했다. 2007년 노벨상을 수상한 유전학자 제임스 왓슨James Watson은 한 강연에서 "모든 테스트는 아프리카인의 지능이 우리와 같지 않다는 것을 보여 주며 …… 흑인 직원을 상대해야 하는 사람들은 이것이 사실이라는 것을 알게 된다."고 주장했다(Hunt-Grubbe, 2007). 이후 왓슨은 교수직에서 강제 '은퇴'했으며, "오늘날의 이민자들은 평균적으로 백인 원주민만큼 똑똑하지 않다."는 견해를 가진 또 다른 학자의 '은퇴'(Richwine, 2009)로 인해 저명한 학술지인 『네이처Nature』에서는 과학자들이 인종과 IQ를 연구해야 하는지에 대하여 오랜 논쟁이 이어졌다(Nature, 2009). 또한 찰스 머레이Charles Murray는 왓슨이 아프리카 흑인의 낮은 IQ 점수에 대해 사실에 근거한 정확한 발언을 했을 뿐이라고 열렬히 옹호하기도 했다. 2000년경부터 인간 유전학의 새로운 발견과 폭넓은 유전체genomic(게놈) 지식에 비추어 인종과 계층의 생물학적 토대를 찾는 연구가 계속되어야 한다고 주장하는 완전히 새로운 '학문'이 발전했다(Shiao et al., 2012; Wade, 2014).

우생학적 사고와 IQ 테스트의 선구자들에 대한 이야기는 많은 문헌을 생산해냈으며, 특히 카민[Kamin](1974)에 의해 잘 문서화되었다. 그는 스탠퍼드의 루이스 터먼[Lewis Terman], 타락한 칼리칵[Kallikak] 가문에 대한 자신의 저서에서 악하거나 어리석은 것처럼 보이도록 사진을 조작한 헨리 고다드[Henry Goddard], 하버드의 로버트 예르케스[Robert Yerkes]가 정신 테스트의 주요 개척자였다고 언급했다(Gould, 1981: 202 참조). 이들은 모두 시대의 산물로서 엘리트주의적이고 인종차별적인 사회정치적 견해를 갖고 있던 사람들이었다. 1916년 비네의 테스트를 표준화하여 오늘날 널리 사용되는 스탠퍼드 비네 테스트를 만든 터먼은 다음과 같이 말하였다.

> 가까운 미래에 지능 테스트는 수만 명의 고급 결함자를 사회의 감시와 보호 아래 두게 될 것이다. 이를 통해 심신미약자의 재생산이 줄어들고 엄청난 양의 범죄, 빈곤, 산업 비효율이 제거될 것이라고 생각했다.
>
> (Terman, 1916: 6)

그는 또한 "스페인계 인도인, 멕시코인, 흑인 사이에서 낮은 수준의 IQ 결함은 흔하며 …… 아둔한 것은 인종적 요인으로 보이며 …… 정신적 특성의 인종적 차이에 대한 모든 문제를 새롭게 다루어야 할 것"이라고 생각했다(같은 책: 91-92). 또한, 그는 "추상적 사고에는 능숙하지 못하지만 효율적인 노동자가 될 수 있는 경우가 많기 때문에 이 집단의 아이들은 특수학급에 분리되어야 한다."고 주장했다. 터먼은 훗날 아이젠크와 마찬가지로 모든 피부색의 빈민층이 문제이며, 정신적 퇴행자의 재생산을 방지하여 "증가하는 퇴행의 산물을 줄일 필요가 있다."는 점에서 고르게 활약을 펼쳤다(Terman, 1916: 92). 박사 학위 논문이 7명의 똑똑한 소년과 7명의 멍청한 소년에 대한 연구였던 터먼은 1900년대 초에 1,500명의 영재로 추정되는 아동을 대상으로 연구를 시작했고, 이 연구에서 중퇴하지 않은 아동들의 삶을 추적했다(Terman & Oden, 1947). 운이 좋았던 이 사람들은 성공적인 삶과 직업을 가졌다. 나중에 밝혀진 바에 따르면 이 표본은 처음에 교사들이 영재로 선정한 백인 중산층 아동이었다! 이 가짜 연구는 계속해서 인용되고 있다(Herrnstein & Murray, 1994: 57, Cummings, 2013 참조).

미국이 제1차 세계대전에 참전했을 당시 미국 심리학회 회장이었던 로버트 에르케스Robert Yerkes는 모든 병사에게 정신 평가 테스트를 실시하여 병사의 등급을 결정할 것을 제안했다. 군대 테스트에는 문맹자를 위한 알파 테스트와 베타 테스트가 포함되었으며, 영어를 못하는 병사들에게는 '무언극'으로 테스트 지침을 제공해야 했다. 백인 징집병의 정신 연령은 13세로 밝혀졌고 흑인 병사들의 점수는 훨씬 낮았다. 전후 에르케스Yerkes와 그의 동료들은 정부 기관에 과학적 조언을 제공하는 것을 목적으로 하는 골턴 소사이어티Galton Society를 결성했으며(Kamin, 1974: 35) 에르케스 밑에서 인간 이주의 과학적 문제Scientific Problems of Human Migration에 관한 위원회가 결성되었다. 이 위원회는 1923년에 영향력 있는 저서 『미국지능연구A Study of American Intelligence』를 출간한 칼 브리검Carl Brigham의 연구를 지원했다. 이 책은 이민자 집단에 대한 군대 데이터를 재분석하여 다양한 이민자 지능의 양을 계산했다. 이 시점에서 폴란드인, 이탈리아인, 러시아인은 흑인 평균보다 낮은 점수를 받았지만 나중에 그는 미국인 지능 수준의 하락이 '흑인을 우리 인종에 통합'한 탓이라고 비난했다(Brigham, 1923: 210). 추가 연구는 국가별, 혈액형별 이민자의 지적 열등성을 외관상으로 입증했다(Hirsch, 1930). 허쉬Hirsch 박사는 또한 쌍둥이에 대한 연구를 수행하여 "유전이 환경보다 5배 더 강력하다."는 결론을 내렸다(같은 책: 148).

앞서 언급했듯이, 제2차 세계대전 이후 이러한 믿음의 끔찍한 결과가 드러났으며 유엔이 유네스코를 통해 생물학자와 사회과학자들에게 인종 개념과 표현형 및 문화적 특성에 기반한 집단 구분을 연구하도록 의뢰하면서 집단 간의 정신적 열등감에 대한 암시는 다소 사라졌다(Rex, 1986 참조). 1960년대 이후에는 인종, 계층, 지능에 관한 격렬한 논쟁이 다시 시작되었다. 아이젠크의 전 연구원이었던 아서 젠슨Arthur Jensen은 하버드 교육 리뷰Harvard Education Review에 123페이지에 달하는 기고를 통해 빈곤을 완화하고 소수 아동과 다수 아동 간의 성취 격차를 줄이기 위해 고안된 보상 교육 프로그램이 타고난 요인을 극복하지 못해 실패했다고 처음에는 불평했던 주역이었지만, 학교가 '인지적 다양성이 아닌 아동의 다른 강점을 활용하는 방법'을 찾아야 한다고 호소했다(Jensen, 1969: 202; Jensen, 1973). 젠슨은 시릴 버트의 열렬한 팬이었으며, 그와 서신을 주고받으며 그에게 책을 헌정하기도 했다. 그는 아이젠크와 함께 사기 혐의로 기소된 버트를 강력하게 변호했다. 젠슨은 매우 중증의 정신지체(지적장애)는 유전자 결함으로 인해 발생하며, 높은 등급의 결함을 가진 사람들은 정상적인 IQ 분포 곡선의 하단에 위치한다고 주장했다. 그는 상류층은 가끔 병적인 결함이 있는 경우를 제외하고는 IQ 점수가 낮은 자녀를 거의 두지 않으며, 정상 변이의 하단에 위치한 자녀를 둔 부모는 하류층이라고 말했다. 카민[Kamin]은 "상류층 아이는 유전자보다는 천식이나 당뇨병으로 인해 멍청해질 확률이 더 높다."고 말하였다(Kamin, 1974: 185).

젠슨[Jensen]의 연구는 격렬한 논쟁을 불러일으켰으며[7] 1994년 『종형 곡선[The Bell Curve]』(Herrnstein & Murray, 1994)이 출간된 후 더 많은 논쟁이 이어졌다. 845페이지에 달하는 이 책은 '개인과 집단 간의 지적 능력의 차이와 이러한 차이가 미국의 미래에 어떤 의미가 있는지에 관한 것'이었다(같은 책: xxi). 이 책은 인구와 집단의 정신적 측정에 대해 한 세기 동안 수행된 거의 모든 연구를 꼼꼼하게 기록했으며, IQ 테스트가 논란의 여지가 있는 과학의 산물이 되었다는 점을 지적하면서도 "우생학은 말할 것도 없고 차별적인 법을 홍보하기 위해 그 결과를 사용하려는 사람은 아무도 없었다."(같은 책: 7)고 부인했다. 이 책의 주요 결론이 흑인, 사회경제적 약자, 여성에 대해 매우 부정적이라는 점은 유감스러운 일이었다. '하층민 공동체를 형성하는 마른 불쏘시개는 한 공간에 집중된 낮은 지능의 미혼 여성 출산이 많다는 것'(같은 책: 520)으로 신흥 백인 하층민이 생겨나고 있다고 적었으며, 흑인 미혼모, 복지수당, 흑인 범죄 통계를 낮은 지능과 연결시킨 저자들의 주장은 면책 조항으로 포장되었지만 많은 미국인에게 사랑받을 것 같지는 않았다. 하지만 낮은 성취도에 대한 책임을 저소득층과 흑인 그룹에 전가시키려는 사람들은 이러한 아이디어가 매력적이라고 생각했다. 종형 곡선의 결론은 개입을 통해 유전적, 환경적 불리함을 극복할 수 있다고 가정하는 공공 정책이 '지나치게 낙관적'이며 '지능을 포함한 능력의 불평등이 현실'이기 때문에 '인지적 분할은 계속될 것'이라는 것이었다. 미국은 이미 소득 분배 측면에서 가장 불평등한 사회 중 하나이기 때문에 '미국인들이 다시 한번 불평등과 함께 살아가야 할 때'(같은 책: 551-552)라는 제안은 2016년에는 다소 공허하게 들린다. 이 책에는 열렬한 지지자들이 있었다. 린다 고트프레드슨Linda Gottfredson 교수는 『월스트리트 저널Wall Street Journal』에 흑인의 IQ가 항상 백인보다 15점 낮다는 개념을 지지하는 글을 기고했으며, 종형 곡선의 결론은 IQ와 지능에 대한 주류의 견해와 일치하였다. 52명의 다른 교수들이 그녀의 논문을 지지하는 서명을 했으며, 그중에는 플로민Plomin 교수도 포함되어 있었다 (p. 118 참조). 젠슨은 자신의 견해를 절대로 수정하지 않았다. 1999년에 77세의 나이로 한 인터뷰에서 그는 학습에서 유전적 요인의 우세와 보상 교육의 실패에 대한 자신의 신념을 다시 한번 강조했으며, 2005년에는 J. 필립 러쉬턴Phillipe Rushton과 공동 연구를 진행했다(Rushton & Jensen, 2005).

새로운 우생학?

굴드Gould와 스티븐 로즈Stephen Rose가 예측했듯이, 생물학적 결정론이 다시 부활하고 유전학 분야에서 중요하다고 여겨지는 더 많은 (주로) 남성이 등장하고 있다. 세기가 바뀌고 인간 유전체 프로젝트에서 23,000개의 인간 유전자 지도 제작이 완료된 이후, 인간 유전학의 새로운 발견과 폭넓은 유전체 지식에 비추어 집단 차이, 특히 '인종'에 따른 생물학적 토대에 대한 연구가 계속되어야 한다고 주장하는 새로운 '학문'이 발전했다(Shiao et al., 2012; Wade, 2014). 유전체 연구를 활용한 현대의 연구는 유전적 구성이 아동의 교육적 또는 사회적 운명을 크게 결정한다고 주장하지는 않지만, 아동의 타고난 능력에 대한 믿음이 다시 강화되고 있으며, 학교교육에서 젊은이들의 선택과 분리를 뒷받침하고 있다. 20세기 초 우생학 이론의 인기와 그에 따른 천부적 기질 논쟁은 이제 인간 유전학의 발전을 통해 영재와 둔재, 학문적 사고와 실용적 사고를, 그리고 영국에서는 문법학교, 현대 중등학교, 특수학생에 대한 개념을 뒷받침하기 위해 부활하고 있는 것으로 보인다.

영국과 미국 모두 이미 인종과 계층이 잘 분리된 교육 시스템을 갖추고 있기 때문에, 교육적 성취에 대한 우생학적 설명이 다시 부활하는 이유에 대해 질문해야 한다. 이러한 질문은 단순히 '학문적'인 것이 아니다. 영국에서 영향력 있는 정치 엘리트들의 사고는 당시 런던 시장과 총리를 지망했던 한 의원에 의해 입증되었다. 2013년 11월에 열린 제3회 마가렛 대처Margaret Thatcher 추모 강연에서 보리스 존슨Boris Johnson은 "인간은 이미 타고난 능력에서 매우 큰 차이를 보이고 있다."며 "인류의 16%는 IQ가 85 미만인 반면 약 2%는 130 이상의 IQ를 가지고 있다."고 주장했다. 그는 또한 이 강연에서 '탐욕은 경제 활동의 소중한 원동력'이라고 주장했다(Johnson, 2013). 이와 같은 생물학적 결정론의 한 가지 이유는 경제적 불평등의 심화를 정당화하기 위한 것일 수 있는데, 특히 영국과 미국은 현재 노동 시장이 매우 불평등하여 소수에게는 매우 높은 (종종 터무니없는) 수준의 보수를, 다수에게는 낮은 임금이나 실업률을 초래하는 국가이다. 경제적 불평등이 심할 때 낮은 교육 성과와 낮은 임금은 내재적 능력이라는 주장으로 정당화될 수 있다. 우생학은 현재처럼 국가 간 경제적으로 불평등이 심할 때 가장 인기가 높았다. 신자유주의 정부와 그 엘리트들이 지난 35년 동안 모든 시민의 능력을 중시하는 사회민주주의적인 시도를 폄하하려는 한 가지 프로젝트가 있었던 것 같다.

레이먼드 윌리엄스Raymond Williams(1961)가 산업 혁명 이후 열등한 사회 구성원으로 끊임없이 여겨졌던 평범한 사람들이 기회, 목소리, 정의를 얻기 위해 시도한 것으로 묘사한 '장기 혁명'은 한 평론가에 따르면 2012년까지 "중단되거나 폐허가 되었다."고 한다(Clark, 2012). 열등감 구조화의 주요 도구는 아동의 교육적 잠재력에 큰 차이가 있다는 믿음의 전파였으며, 이는 종종 지속적인 IQ 및 기타 평가를 통해, 현재는 새로운 우생학 운동에 의해, 교사 교육 과정과 양성 학교의 학생들에게 전달되었으며, 과거와 마찬가지로 능력이 낮은 사람들은 소수 인종, 육체 노동 계층, 특히 빈곤층으로 밝혀졌다.

인간 유전체 프로젝트의 첫 번째 단계가 완료되고, 대규모 DNA 바이오뱅크(생체자원은행)가 만들어지고, 행동 유전학과 신경과학이 확장되면서 21세기의 논쟁은 새로운 생명력을 불어넣고 있다. 저명한 유전학자 스티브 존스Steve Jones는 "인간 유전체 프로젝트에 수반되었던 오만함이 멈췄다."며 "어떤 유전자가 활성화될 수 있는지는 그 유전자가 처한 환경에 따라 달라진다."고 지적했지만(Jones, 2013: 109), 유전학자 외에도 수많은 사회학자, 정치학자, 노동경제학자 등이 '인종'과 계층 차이, 두뇌 향상을 위한 인지 강화, 경제 개선을 위한 IQ 점수 상승과의 연관성 등에 대한 연구에 다시 열을 올리고 있다. '인간 유전자 코드의 소유자는 누구인가?'라는 질문은 2000년부터 많은 논쟁을 불러일으켰으며, 유전 정보가 소수집단에 부정적인 영향을 미치지 않도록 하려는 시도가 있었지만 특정 원주민 집단을 대상으로 한 미국의 인간 다양성 프로젝트는 인종차별과 '유전적 식민화'(Ammons, 2000)라는 비난을 불러일으키기도 했다. 유전적 영향과 환경적 영향을 분리하려는 모호한 시도와 함께 범죄학에서 유전성 연구가 확대되면서 복잡한 사회적 질문이 단순한 수치로 축소되었다. 실제로 일부 범죄학자들은 빈곤층과 소수집단을 부정적인 표적으로 삼는 이러한 연구를 중단할 것을 촉구했다(Burt & Simons, 2014).

교육 정책에 미치는 영향

아직 교육 현장에는 영향을 미치지 않고 있지만, 현재 영국에서는 일부 연구가 정부의 교육 정책에 영향을 미치고 있는 것으로 보인다. 현재 킹스 칼리지 런던에 재직 중인 미국의 행동 유전학자이자 종형 곡선[Bell Curve] 이론의 지지자인 로버트 플로민[Robert Plomin]은 마이클 고브[Michael Gove] 전 교육부 장관과 밀접한 관련이 있다. 플로민은 장기적인 쌍둥이 연구를 수행하기 위해 수백만 파운드의 연구비를 지원받았다(James, 2016). 유전적 상속 가능성과 환경 각각의 영향을 측정하려는 버트[Burt] 이후의 쌍둥이 연구는 언론의 평가가 좋지 않았지만, 플로민의 쌍둥이 프로젝트는 '국제적인 연구 노력을 주도했다.'고 묘사되었다(Geake, 2009: 88). 그의 작업은 2013년 말 고브의 고문이 장관을 위해 237페이지 분량의 논문을 작성하여 첫 페이지에서 다음과 같이 주장했을 때 두드러지게 나타났다.

> 부유한 나라에서도 대다수의 교육 수준은 형편없거나 평범한 수준이다. …… 영국에서는 지수 함수, 정규분포(종형 곡선the bell curve), 조건부 확률과 같은 기초적인 교육을 받고 학교를 졸업하는 학생이 연간 10%도 되지 않는다.
>
> (Cummings, 2013)

옥스퍼드에서 교육을 받은 커밍스Cummings는 교사가 된 적은 없었지만 어머니는 특수교사였다. 커밍스는 플로민이 아동의 학교 성적 차이를 설명하는 가장 큰 요인은 유전에 의한 것임을 보여 주었으며, 국가 교육과정 시험 점수는 유전성에 60~70% 의존하는 것으로 나타났다고 주장했다. 커밍스는 또한 자신의 논문을 옹호하기 위해 루이스 터먼의 가짜 '고등능력 연구'를 인용하였으며, 젠슨Jensen과 마찬가지로 슈어 스타트Sure Start(확실한 시작)와 같은 프로그램에 지출된 돈은 쓸모없는 것이라고 주장했다. 플로민과 그의 동료인 캐서린 애즈버리Katherine Asbury는 얼마 전에 저서 『G는 유전자를 위한 것이다G is for Genes』(Asbury & Plomin, 2014)를 출간하면서 "곧 DNA '칩'을 사용해 개별 학생의 강점과 약점을 예측하고 이 정보를 활용해 개인 맞춤형 전략을 수립할 수 있는 기술이 나올 것"(같은 책: 12)이라는 파격적인 주장을 하였으며, 교사들이 IQ 테스트와 기타 평가를 통해 학생들이 유전자에 고정되어 있는 잠재력을 실현하는 데 진전이 있는지 확인할 것을 권장했다. 또한 '기수가 될 잠재력이 있는 아이'로 판명될 경우 학교 활동으로 승마를 장려해야 한다고 제안했다(같은 책: 172). 기수가 되기 위해 필요한 주요 유전적인 요소는 신장이라는 것을 기수들은 잘 알고 있다! 하지만 플로민은 정부 장관들을 만나도록 초대받았으며, 2013년 12월에는 하원의 교육 선택 위원회에서 노동자 계층 자녀들의 '저성취'에 대한 증거를 제시했다.

커밍스의 논문(Helm, 2013)을 둘러싼 언론의 가벼운 비난이 있었지만, 헤른스타인과 머레이의 책에 대한 지지를 부인한 적이 없는 플로민은 자신이 인종 문제에 대해 '고개를 숙이고' '부드럽고 부드럽게 접근'하는 것을 선호한다고 주장했다(Gillborn, 2016). 돌링은 애즈베리와 플로민의 책을 검토하면서 "현대의 유전학이 왜 선행물인 우생학보다 조금 더 발전하지 못했는지에 대한 많은 사례의 원천이 될 수 있다."고 언급했다(Dorling, 2014: 4). 그럼에도 불구하고 플로민은 여전히 뉴스거리가 되고 있다. 교사들이 널리 읽는 신문인 『타임즈 에듀케이션 서플리먼트 Times Educational Supplement』에 실린 인터뷰에서 그는 연구에 따르면 '일반 지능의 결함이 있지만 편리한 척도인 IQ는 약 70%가 유전적'이라고 주장했다(Arney, 2016: 27). 유전적 결함이 가장 많이 나타나고 '두뇌가 번성하고 발달하여 유전적인 잠재력을 최대한 발휘할 수 있도록'(같은 책: 29) 도움이 필요한 아동이기 때문에 소외계층에 더 많은 돈을 써야 한다는 결론은 합리적으로 보인다. 불우한 유전자의 곤경을 극복하기 위해 돈을 쓰는 것은 결함을 가진 이들을 역사적으로 치료하는 것보다 더 친절할 수 있지만, 우생학적 메시지는 여전히 존재한다.

플린 Flynn 효과

앞에 보고된 많은 최신 연구가 진행 중일 때, 학계에서는 1930년대부터 매 10년마다 전통적인 IQ 테스트에서 점수가 증가했다는 제임스 플린 James Flynn의 연구가 발표되어 주목을 받았다(Flynn, 1987, 2009). 이로 인해 "당신은 할머니보다 똑똑한가요?", 심지어 "당신은 아리스토텔레스보다 똑똑한가요?"와 같은 질문이 등장했다. 신경과학자들은 '더 나은 두뇌'에 대한 설명에서 두드러진 역할을 했지만, 이를 논의하고 설명하려는 출판물의 급증은 종종 앞에서 보고한 유전성 논쟁과 평행선을 달리는 것처럼 보였다. 아동이 시험에 합격하도록 더 잘 훈련되어서 시험 응시 능력이 향상되었다는 설명, 건강과 영양이 개선되었다는 설명, 소규모 가족, 더 자극적인 환경, 학교교육이 개선되었다는 설명 등 다양한 설명이 제시되었다. 지크 Geake(2009)는 주어진 테스트를 확인한 결과 일반적인 지능이 아니라 추상적인 문제해결 능력이 향상되었다는 결론을 내렸다. 그는 기억과 수학, 공간 구성을 담당하는 뇌의 일부(두정엽 피질)를 분명히 개선한 ITC와 컴퓨팅의 기술적 발전 때문이라고 설명했다(같은 책: 92).

이 장에서는 하류층과 소수 민족, 특히 흑인의 교육 능력 차이에 대한 과학적 근거를 주장한 지난 100년 이상의 주요 저술과 논쟁을 검토했다. IQ는 여전히 '인간에 대한 잘못된 측정치'이며, 현재 많은 부분이 암호화되어 있고 불명확하지만 우생학의 구버전과 신버전은 계속해서 영향을 미치고 있다. 전체 인구의 IQ가 향상되고 있다는 주장에도 불구하고 유전적 유전성은 환경보다 우선한다고 다시 한 번 주장되고 있다. 존슨Johnson과 달리 일부 집단의 '잠재력'이 불행히도 다른 집단보다 낮다는 믿음을 공개적으로 주장하는 정치인은 거의 없지만, 이러한 이데올로기는 현재 더 높은 수준의 시험으로 이동하고 '똑똑한 사람'과 그렇지 않은 사람을 분리함으로써 교육 정책을 형성하고 있다. 하지만 현재의 신념과 정책의 기저에는 멍청이가 생각 만큼 둔하지 않을 수 있다는 두려움도 있다. 이 이야기는 다음 장에서 특수교육과 통합교육이 영국에서 어떻게 발전해 왔는지 살펴보고, 무능력을 인위적으로 제조하려는 전략에 대해 알아볼 것이다.

미주

1) 우생학 협회의 회원으로는 시인 T. S. 엘리엇Eliot과 W. B. 예이츠Yeats, 작가 올더스 헉슬리Aldous Huxley, 조지 버나드George Bernard 쇼, H. G. 웰스Wells, 1933년 히틀러Hitler 정부가 불임화를 시행하는 법을 통과시킨 것을 축하한 심리학자 레이몬드 카텔Raymond Cattell 등이 있었다. 작가 D. H. 로렌스Lawrence도 교육은 '더 높은 존재'의 특권으로 남아야 한다고 주장한 철학자 프리드리히 니체Freidrich Nietzsche를 존경하는 지지자였다. 로렌스는 노동계층 남학생은 공예와 체조 수업에만 참석하고 여학생은 가정 공부만 가르치는 것에 찬성했다.

2) 리암 허드슨Liam Hudson은 인간 지능에 대한 연구가 오랫동안 '통계적 재능을 가진 사람들'에 의해 주도되어 왔으며, 이는 많은 사람들이 자신들이 개입할 자격이 없다고 느꼈다고 지적했다(Kamin, 1974: 11에서 인용). 이는 오늘날 유전학 전문가가 아닌 사람들이 유전적 명제에 대해 토론할 자격이 없다고 생각하는 것과 비슷하다. 그러나 정신 검사자들과 검사가 지적 능력을 정확하게 측정한다는 그들의 믿음은 인종차별주의자들과 정치적 반동 세력(특히 인종차별적 이민 정책을 지지하는 미국)에게 많은 탄약을 제공했기 때문에, 정신 검사와 유전적 유전성에 대한 논쟁은 반드시 들어가야

한다.

3) 피어슨Pearson은 이 곡선을 '정상' 곡선이라고 부름으로써 가우스Gaussian 곡선이라고 부르지 라플라시안Laplacian 곡선이라고 부르지에 대한 논쟁을 끝내려고 했던 것 같으며, 이로써 여러 세대의 심리학자와 교육학자들에게 '진리'가 아닌 '주장'으로 영향을 미쳤다.
4) 1902년부터 1911년까지 교육위원회Board of Education 장관을 지낸 엘리트주의자 로버트 모란트Robert Morant 경은 "소수의 현명한 사람들의 지도와 통제에 다수의 무지한 사람을 복종시킬 필요성(…….)"에 대해 썼으며(Allen, 1934: 125), 1906년 교육위원회 보고서에서 "대다수의 아동은 자신이 속한 계층의 효율적인 구성원이 되도록 교육받아야 한다."고 썼다. 그는 또한 기술 및 직업 교육에 대하여 혐오감을 가지고 있었다.
5) 훗날 디스틸러스Distillers에 인수된 그루넨탈Grunenthal은 탈리도마이드thalidomide를 판매한 회사로, 전쟁에 사용된 신경가스 사린을 개발한 것으로 알려진 오토 앰브로스Otto Ambrose를 비롯한 직원들이 근무했다. 그는 아우슈비츠Auschwitz에서 노동 수용소를 운영했고, 취업 전에는 감옥에서 복역하기도 했다. 임상시험을 거치지 않은 이 약은 입덧 치료제로 시판되었고, 약 2만 명의 기형아가 이 약을 복용한 여성에게서 태어났다.
6) 러쉬턴Rushton(1995)은 몽골인, 동양인, 백인, 흑인 등 인종 간의 차이에 대한 유전자 기반 진화 이론을 주장했으며, 흑인을 스펙트럼의 끝에 위치시키는 주장을 했다. 두뇌 크기, 지능, 생식 행동, 가족 안정성, 준법성 등이 인종에 따른 특징 중 일부였다. 그는 성행동에 대한 킨제이Kinsey 연구(Kinsey et al., 1948)를 분석하여 생식기, 월경, 성행위의 차이에 대한 주장을 펼쳤다. 그는 일부 연구 방법으로 인해 소속 대학으로부터 제재를 받았다.
7) 저명한 유전학자인 피터 메다와Peter Medawar는 "젠센주의Jensenism는 '지능'을 단순한 스칼라 비율scalar ratio로 측정할 수 있다고 주장하는 심리학자들이 만든 가짜 과학인 IQ에서 자연스럽게 발생한다. 이들은 자신들이 이해하지 못하는 유전학의 특정 공식을 적용하여 지능의 일정 비율을 자연의 영향으로 돌리고 나머지를 양육의 영향으로 돌릴 수 있다고 주장한다."고 썼다(Medawar, 1977: 13).

참고문헌

Allen, B. M. (1934). *Sir Robert Morant*. London. Macmillan.

Ammons, B. (2000). "Who owns the human genetic code?" in *Annotated Bibliography*. Washington DC. The Human Genome program, Office of Biological and Environmental Research, Department of Energy.

Arney, K. (2016). "Unleashing the power of potential" *Times Educational Supplement* 22 January.

Asbury, K. and Plomin, R. (2014). *G is for Genes*. Chichester. Wiley.

Barker, D. (1983). "How to curb the fertility of the unfit: the feeble-minded in Edwardian Britain" *Oxford Review of Education* 9/3: 197-211.

Binet, A. (1913). *Les idées modernes sur les enfants*. Paris. Flammarion.

Brigham, C. C. (1923). *A Study of American Intelligence*. Princeton NJ. Princeton University Press.

Burt, C. *The Backward Child*, London, University of London Press.

Burt, C. H. and Simons, R. D. L. (2014). "Pulling back the curtains on heritability studies: biosocial criminology in the postgenomic era" *Criminology* 52/2: 223-262.

Burt, C. L. (1920). *Report of an Investigation upon Backward Children in Birmingham*. Birmingham. Birmingham Education Committee.

Burt, C. L. (1925). *The Young Delinquent*. London. London University Press

Chitty, C. (2007). *Eugenics, Race and Intelligence in Education*. London. Continuum.

Clark, G. (2016). "Gregory Clark on names" in (eds). Edmonds, D. and Warburton, N. *Big Ideas in Social Science*. London. Sage.

Clark, T. (2012). "For a left with no future" *New Left Review* 74 March/April.

Cummings, D. (2013). *Some Thoughts on Education and Political Priority*. Paper presented to the Secretary of State for Education. October 2013.

Dawkins, R. (2016). tweet@axleranges, 31 January.

Dorling, D. (2014). "G is for genes: book review" *International Journal of Epidemiology* 44/1: 374-378.

Dorling, D. (2015). *Injustice: why social inequality still persists* (2nd ed.). Bristol. Policy

Press.

Dugdale, D. (1877). *The Jukes: a study in crime, pauperism and disease*. New York. Putnam.

Eysenck, H. J. (1971). *Race, Intelligence and Education*. London. Temple-Smith.

Eysenck, H. J. (1977). "When is discrimination?" in (eds). Cox, C. B. and Boyson, R. *Black Paper 1977*. London. Temple-Smith.

Eysenck, H. J. v. Kamin, L. (1981). *Intelligence: the battle for the mind*. London. Pan Books.

Flynn, J. R. (1987). "Massive IQ gains in 14 nations: what IQ tests really measure" *Psychological Bulletin* 101: 171-191.

Flynn, J. R. (2009). *What is Intelligence? Beyond the Flynn effect*. Cambridge. Cambridge University Press.

Galton, F. (1869). *Hereditary Genius*. London. Macmillan.

Galton, F. (1883). *Inquiries into Human Faculty and Development*. London. Macmillan.

Geake, J. (2009). *The Brain at School: educational neuro-science in the classroom*. Maidenhead. Open University Press/McGraw-Hill.

Gillborn, D. (2008). *Racism and Education: coincidence or conspiracy*. London. Routledge.

Gillborn, D. (2016). "Softly, softly: genetics, intelligence and the hidden racism of the new geneism" *Journal of Education Policy* 31/4: 365-388.

Gillie, O. (1976). "Crucial data faked by eminent psychologist" *The Sunday Times* 24 October.

Goddard, H. H. (1912). *The Kallikak Family*. New York. Macmillan.

Gould, S. J. (1981). *The Mismeasure of Man*. London. Penguin Books.

Gould, S. J. (1997). *The Mismeasure of Man* (rev. ed.). London. Penguin Books.

Hearnshaw, L. (1979). *Cyril Burt: psychologist*. London. Hodder and Stoughton.

HEART (2010). *Sinti and Roma, the Gypsies*. Berlin. Holocaust Education and Archive Team.

Helm, T. (2013). "Gove urged to reject 'chilling views' of his special adviser" *The Observer* 13 October.

Heron, D. (1906). *On the Relation of Fertility in Man to Social Status, and on the Changes in this Relation that have Taken Place during the Last Fifty years*. London. Dulau.

Herrnstein, R. J. and Murray, C. (1994). *The Bell Curve*. New York. The Free Press.

Hirsch, N. D. (1930). *Twins: heredity and environment*. Cambridge MA. Harvard University Press.

Hobcraft, J. (2016). "ABCDE of biosocial science" *Society Now* Spring edition: 18-19.

Hudson, L. (1972). "The context of the debate" in (eds). Richardson, K., Spears, D. and Richmond, M. *Race, Culture and Intelligence*. Harmondsworth. Penguin.

Hunt-Grubbe, C. (2007). "The elementary DNA of Dr Watson" *Sunday Times* 14 October.

Hurt, J. S. (1988). *Out of the Mainstream*. London. Batsford.

James, O. (2016). *Not in Your Genes*. London. Vermillion.

Jensen, A. R. (1969). "How much can we boost IQ and scholastic ability?" *Harvard Educational Review* 33: 1-123.

Jensen, A. R. (1973). *Educability and Group Differences*. London. Methuen.

Johnson, B. (2013). *The 2013 Annual Margaret Thatcher Lecture*. London. Centre for Policy Studies. 27 November.

Jones, S. (2013). *The Serpent's Promise*. London. Little Brown.

Joseph, J. (2015). *The Trouble with Twin Studies: a reassessment of twin research in the social and behavioural sciences*. New York. Routledge.

Kamin, L. J. (1974). *The Science and Politics of IQ*. New York. Lawrence Erlbaum and Associates. Reprinted 1977. Harmondsworth. Penguin.

Kinsey, A. C., Pomeroy, W. B. and Martin, C. E. (1948). *Sexual Behaviour in the Human Male*. Philadelphia PA. Saunders.

Langley, K. (1988). *From Morality to Management*. M. Phil dissertation. Lancaster. University of Lancaster.

Lewis, J. (1987). "So much grit in the educational machine" in (ed.). Bessant, B. *Mother State and her Little Ones: children and youth in Australia 1860-1930*. Melbourne. PIT.

Lowe, R. (1980). "Eugenics and education: a note on the origins of intelligence testing in England" *Educational Studies* 6/1: 1-8.

Medawar, P. B. (1977). "Unnatural science" *New York Review of Books* 3: 13–18.

Montague, S. (1999). *Race and IQ*. New York. Oxford University Press.

Morning, S. (2014). "And you thought we had moved beyond all that: biological race returns to the social sciences" *Ethnic and Racial Studies* 37/10: 1676–1687.

Nature (2009). *vol 457*, Commentary: Should scientists study race and IQ. pp 786–789, and editorial p. 763.

Pearson, K. (1892). *The Grammar of Science*. London. Walter Scott.

Plato (c 500 BCE). *The Republic*. Book 3. Trans. Jowett, B. London. Project Gutenberg.

RCCCFM (1908). *Report of the Royal Commission on the Care and Control of the Feeble-minded* (8 vols). London. HMSO.

Rex, J. (1986). *Race and Ethnicity*. Milton Keynes. Open University Press.

Richardson, J. G., Wu, J. J. and Judge, D. (2017). *The Global Convergence of Vocational and Special Education*. London. Routledge.

Richwine, J. (2009). *IQ and Immigration Policy* (unpublished PhD study). Cambridge MA. Harvard University.

Rose, S. (2014). "Is genius in the genes?" *Times Educational Supplement* 24 January: 27–29.

Rose, S., Kamin, L. J. and Lewontin, R. C. (1984). *Not in Our Genes: biology, ideology and human nature*. London. Pelican Books.

Rushton, J. P. (1990). "Race differences, r/K theory and a reply to Flynn" *The Psychologist* 5: 195–198.84

Rushton, J. P. (1995). *Race, Evolution and Behaviour: a life history perspective*. New Brunswick NJ. Transaction Books.

Rushton, J. P. and Jensen, A. R. (2005). "Thirty years of research on race differences in cognitive ability" *Psychology, Public Policy and Law* 11/2: 235–294.

Shiao, J. L., Bode, T., Beyer, A. and Selvig, D. (2012). "The genomic challenge to the social construction of race" *Sociological Theory* 30/2: 67–88.

Shulman, C. and Bostrom, N. (2014). "Embryo selection for cognitive enhancement: curiosity or game-changer" *Global Policy* 5/1: 85–92.

Spearman, C. E. (1904). "General intelligence: objectively measured and determined"

American Journal of Psychology XV: 201-299.

Terman, L. M. (1916). *The Measurement of Intelligence*. Boston MA. Houghton Mifflin.

Terman, L. M. and Oden, M. H. (1947). *The Gifted Child Grows Up. Twenty-five years follow-up of a superior group*. Genetic Studies of Genius vol 4. Stanford CA. Stanford University Press.

Underwood Report (1955). *Report of the Committee on Maladjusted Children*. London. HMSO.

Wade, N. (2014). *A Troublesome Inheritance: genes, race and human history*. New York. Penguin Books.

Williams, R. (1961). *The Long Revolution*. Harmondsworth. Penguin.

Zax, J. S and Rees, D. I. (2002). "IQ, academic performance, environment and earnings" *Review of Economics and Statistics* 84/4: 600-616.

05장

무지의 전략적 유지

> 신경 장애는 사회의 중간 계층뿐만 아니라 가난한 계층에도 뿌리를 내리고 있다. …… 이는 그들의 사회적 지위에 적합하고 적절한 수준을 넘어선 과도한 지적 교육 때문이다.
>
> (Maddock, 1854: 서론)

> 관련 인구의 광범위한 부분에 있어 무지를 전략적으로 유지하는 것은 집중적인 세뇌보다 사회문화적 질서를 확보하는 더 나은 방법으로 여겨진다.
>
> (Archer, 1988: 190)

플린Flynn 효과가 제안하는 것처럼 우리 모두가 더 똑똑해지고 있고, 더 늦은 나이까지 학교를 등록하는 것이 법제화되어 있으며, 시험, 자격취득, 고등교육 진학률이 높아지고 있다면, 왜 교사와 학부모들을 축하하지 않을까? 왜 많은 젊은이들의 필수 자격, 기본 교육 이상의 교육과 훈련을 받는 것을 막으려는 시도가 있을까? 우리는 대중 교육이 결코 공익을 위한 것이 아니며, 이익 집단은 자신들의 특권과 지위를 유지하려 한다는 사실을 다시금 깨닫게 된다. 그러나 수많은 젊은이들의 기회를 박탈하는 것 이상으로 문제는 훨씬 더 광범위하다. 정부는 문해력이 높고 교육열이 더 높은 인구 집단이 초래하는 의도치 않은 결과에 대한 해결책을 가지고 있지 않으며, 글로벌 경기 침체, 사라지는 일자리, 인종과 민족 간의 반목이 존재하는 세상에서 무엇을 해야 할지 확신하지 못하고 있다. 20세기 대부분의 기간 동안 정부는 국민을 위한 정규교육을 확대한다는 개념을 받아들여 안정적인 노동력을 제공하고, 노동계층 인구가 사회 질서에 맞는 자리를 찾도록 사회화시키며, 중산층이 학문적 교육과 대학 진학을 통해 그들이 정당하게 자신의 것으로 여겨왔던 자리를 유지할 수 있게 하려고 했다. 이러한 관점에서 볼 때, 1970년대 초반까지 영국에서의 학교교육은 문제를 가진 사람들을 분류하고 가능한 경우에는 일자리를 찾아 줌으로써 비교적 성공적으로 이루어진 것으로 볼 수 있다. 그러나 교육에 대한 요구나 경제 상황은 고정되어 있지 않았다. 종합교육에 힘입어 문해력을 가진 인구가 확대되었으며, 더 많은 통합교육 정책에 대한 요구가 커지면서 권리와 자격에 대한 기대가 커졌다.

전 세계적으로, 1970년대 석유 공급 위기 이후 경제가 침체되고 일자리가 사라지면서 교육에 대한 높은 기대를 안고 선진국에 온 이민자 집단과 식민지 출신 및 이민자 노동력에 반감을 가진 백인 노동계층 사이에 적대감이 확산되었다. 그 결과 전통적인 사회 질서에서 중산층의 입지가 약화되었으며, 중산층은 자신들의 특권적 지위가 위협받는 것에 대해 불안해했다. 영국에서는 정부 각료들이 일관된 직업훈련이나 일자리를 제공하기 위한 산업 전략을 개발하기보다는 부적절한 학교, 학생, 가족을 그들의 낮은 학업 성취도와 기술 부족의 원인으로 삼고 비난하였다.[1] 저성취자로 간주되는 젊은이들을 다루는 구조에 정교한 특수교육 시스템이 통합되었으며, 확장된 하위 시스템은 학교 인구의 4분의 1 이상을 포함하게 되었다. 이러한 발전은 전문직과 엘리트 집단을 위한 특권층 교육을 유지하면서도 대중 교육의 확대를 수용하는 방식이었다. 그러나 이러한 대중 교육은 파괴적인 사회와 인종 집단을 통제하려는 일반적인 의도 외에도, 시험 위주의 경쟁 체제에서 자녀가 경쟁하거나 성공할 수 없다고 우려하는 일부 중산층 부모들도 포함했다. 또한 자녀를 평생 돌봐야 하는 상대적으로 소수의 부모 집단도 있었는데, 이 집단이 특수교육과 장애 관련 비용 증가의 대부분을 차지했다. 정부는 비용을 낮게 유지하면서 골치 아픈 사회적 약자 집단을 어떻게 처리할지, 가능하면 이들에게 어떤 종류의 일을 할 수 있도록 훈련시킬지, 이제는 자원을 얻으려는 시도에 능숙한 부모를 어떻게 다룰지 등 익숙한 문제가 확대되는 상황에 직면하게 되었다. 이 모든 과정에서 인구의 상당 부분을 무지와 무능력으로 간주하는 수준으로 유지하기 위한 전략이 분명하게 드러났다.

미국에서는 통합교육 내에서 특수교육을 확대하는 문제는 주로 인종적인 성격을 띠고 있었지만, 백인 지역과 학교는 명목상의 인종 통합integration에도 불구하고 소수집단과 거리를 두는 전략을 지속적으로 개발했기 때문에, 많은 소수집단 학부모들은 백인과 동일한 자원에 대한 권리를 요구했다. 지속적으로 높은 성취 수준을 요구하고, 성취 수준에 도달하지 못하면 학교와 학생, 가족을 희생양으로 삼는 것은 노골적인 인종차별만큼이나 효과적이었다. 이 장에서는 오늘날에 이르기까지 특별하고 낮은 성취자를 다루는 영국의 역사를 따라가며, 고등능력을 가진 것으로 추정되는 사람들을 분리하는 전략, 결핍된 두뇌에 대한 신화를 돕는 신경과학의 영향, 무지를 정당화하는 다른 전략에 대해 살펴본다. 이러한 모든 정책과 실행이 어떤 집단을 대상으로 하는지에 대한 혼란이 계속되고 있기 때문에, 이 장에는 이러한 집단에 대한 설명이 제공된 3개 국가의 정보가 포함되어 있다.

일부를 위한 우수성

한때 분권화되었던 영국의 교육 시스템이 놀라운 속도로 중앙 집중화되었으며, 이는 1980년대부터 오늘날까지 가속화되어 왔다. 시장 선택과 개인의 선호가 명목상 소비자에게 위임되어 맡겨졌지만, 국가는 자금, 교육과정, 시험, 교사, 교사 훈련을 엄격하게 통제했다. 반대가 있을 가능성이 있는 경우를 제외하고는 지방 당국의 권한은 대부분 제거되었으며, 이는 특수교육 자금이 지방 당국에 남아 있게 된 이유를 설명하는 데 도움이 되었다. 1997년부터 2010년 초까지 신노동당 정부하의 교육부[2)]에서는 다양한 이름의 계획 주도initiatives, 논문, 지침이 쏟아져 나왔다. 이들은 우수성, 성공, 경쟁, 잠재력 발휘에 대한 열망, 그리고 계층이 확고히 자리 잡힌 사회에서 교육을 통해 사회 이동성을 달성하기 위한 전략을 제시했다. 모든 젊은이들은 교육에서 우수성을 추구해야 하며, 발전하는 지식 경제에서 '경쟁하는 법을 배워야' 했다(DTI, 1998). 이러한 계획 주도initiatives는 국가적 열망을 반영하는 한편, 유네스코, 세계은행, OECD, 유럽연합, 특히 유엔에 의해 '모두를 위한 교육education for all'이 전 세계적으로 추진되고 있었다. 유엔은 2006년에 장애인 권리 협약을 비준하여 삶의 모든 측면에서의 통합을 위한 세계 인권을 강조했다. 이는 1995년 장애인법을 통합하여 장애아동과 성인에 대한 차별을 금지한 2001년 「특수교육 및 장애법Special Needs and Disability Act」을 제정하면서 영국에서 부분적으로 인정되었다. 2010년 「평등법Equalities Act」은 인종, 장애, 종교, 성별, 성전환, 임신을 이유로 차별을 금지하는 법안을 함께 그렸지만, 교육 권리 연합Education Rights Alliance의 변호사들은 특수교육 요구 아동을 차별하는 입학 정책에도 불구하고 학교에 '우수' 등급을 부여하는 교육청Ofsted의 관행에 주목하였다(Santry, 2016).

1990년대 후반 영국에서는 약 3%의 아동이 SEN(특수교육 요구) 진단서를 가지고 있었으며, 학교에서는 진단서가 없는 아동 중 18% 이상이 학습과 행동에 어려움이 있다고 주장했는데, 이는 총 160만 명에 달했다. 지역 교육 당국은 예산의 약 7분의 1, 연간 25억 파운드를 특수교육에 할당했으며, 2003년까지 진단서 발급이 1% 증가했다. '현대화된' 종합학교 시스템은 시험 점수에 집중하며 학교 내, 학교 간 선발과 경쟁을 부추겼고, 36개 지방 당국에는 164개의 선택적 문법학교가 남아 있었다. 교육 시장은 학교가 가르치기 어려운 아동을 기피하거나 배제하도록 장려하거나, 부득이하게 이런 아동을 포함해야 할 경우 진술서를 통해 자금과 자원을 요구했다. 실제로 문제아를 학교에서 배제하는 것이 더 빨랐으며, 매년 1만 명 이상의 아동이 학교에서 영구 배제당했다. 이는 1998년 「교육법Education Act」에서 교장의 학생 배제 권한을 제한하는 조항과 내각부 사회적 배제 부서Social Exclusion Unit에서 고정 기간 또는 영구 배제 전에 따라야 할 절차를 규정하고 있음에도 불구하고 발생한 일이었다. 더 많은 부모들이 자녀를 위한 추가 지원을 요구하기 시작했는데, 특히 난독증(난산증과 쓰기장애, 기본적으로 읽기, 쓰기, 숫자에서의 문제), 자폐성 장애, ADHD에 대한 요구가 증가했으며, 이 모든 것에 대한 추가 비용의 우려가 제기되었다. '값비싼 교정remediation에서 비용 효율적인 제공으로 자원을 전환'해야 할 필요성이 있었다(DfEE, 1997: 5). 이는 2001년에 발표된 개정된 실천 강령Code of Practice

에 의해 지원되었는데, 이 규범은 법적 구속력이 없는 두 단계인 스쿨액션School Action (학교 행동)과 스쿨액션플러스School Action Plus를 만들었다. 첫 번째 단계는 다양한 학습, 의사소통, 행동 문제가 있는 학생을 인지하고 학교에서 실행할 개별화교육계획 수립을 포함했다. 스쿨액션플러스는 교육심리학자, 사회복지사 등 외부의 도움이 필요했다. 마지막 단계는 공식적인 평가를 통해 특수교육 진술서를 받아 특수학교 또는 일반교육기관에 배치하고 도움을 받을 수 있도록 하는 것이었다. 그러나 이 모든 과정은 비용을 줄이는 것보다는 오히려 더 많은 수요를 만드는 데 기여했다.

아동 학대에 대한 조사 이후 '취약 아동'이라는 범주가 등장했으며, 이는 '모든 아동이 중요하다Every Child Matters'(HM Treasury, 2003)라는 보고서에 설명되어 있다. 이어서 각 지방 당국에 교육, 사회복지 및 아동 보호 서비스를 총괄하는 책임자 하에 아동을 위한 서비스를 통합하는「아동법」이 제정되었다. 이어서 특수교육 전략Strategy for SEN(DfES, 2004)이 발표되었는데, 이 전략은 특수교육 요구를 주로 빈곤층 아동인 '취약계층'에 확고하게 연결했다. 사회적, 경제적 약자라는 용어는 경제적 실패로 인해 빈곤에 처한 많은 사람들을 어떻게 다룰 것인가에 대한 우려를 위한 편리하고 완곡하게 표현한 것이었다. "아동 빈곤을 줄이고, 유아 교육과 보육에 투자하고, 사회적, 경제적 취약 분야를 대상으로 하는 우리의 노력은 아동의 어려움의 원인을 해결할 수 있게 해 줄 것이다."(DfES, 2004: 8). 데릭 암스트롱Derrick Armstrong이 지적했듯이(2005: 145), 여기에서 제기된 이데올로기적인 주장은 빈곤이 교육적 불이익의 원인이기 때문에 빈곤층을 대상으로 한 사회적, 교육적 개입을 통해 빈곤의 영향을 변화시킬 수 있다는 것이었다. 이를 위해 정부는 학교와 청소년 사법 기관에 문제를 일으키는 빈곤 가정 아동을 식별하기 위해 불우 아동 범주를 나열하기 시작했다. 2007년까지 DCSF는 특별한 요구가 필요한 열두 가지 범주와 제2외국어로서의 영어 학습을 포함하여 추가 교육이 필요한 아홉 가지 범주의 목록을 작성했다. 불우 아동을 다루는 다학제 팀을 지원하기 위해 공통 평가 프레임워크Common Assessment Framework가 개발되었고, 이를 통해 전문가들의 관심이 필요한 열세 가지 문제가 확인되었다.[3)] 통합교육은 '정상'의 경계를 벗어난 사람들을 식별하고 관리하는 것을 정당화하는 유용한 개념이 되었다. 열망의 사회에서 가난하거나 장애가 있는 것은 정상이 아니다.

신노동당 정부는 1930년대 이후 사회에서 가장 큰 불평등을 초래한 경제 시스템을 주도하고 미국의 차터 스쿨Charter Schools을 모델로 한 아카데미를 포함하여 분열적인 학교 시스템을 개발했다.[4)] 그러나 개선을 목표로 하는 여러 교육 개혁이 시행되었음에도 불구하고 가난한 아동과 특별한 요구가 필요한 아동이 시험과 공공 시험에서 기대 수준에 여전히 도달하지 못하고 있다는 점에 우려를 표명했다. 교육적 우수성이 소외된 계층에게 제대로 전달되지 않고 있는 것이 분명했다. 2009년 교육부 장관은 빈곤층 아동이 빈곤층이 아닌 아동에 비해 GCSE에서 좋은 점수를 받을 확률이 절반에 불과한 상황을 개탄하였으며, 빈곤과 낮은 성취도 사이의 연결 고리를 끊기 위해서는 교육과 학습에 있어 보다 엄격한 접근 방식이 필요하다고 말했다(DCSF, 2009). 1년 후, 장관은 특수교육 대상 아동과 그렇지 않은 아동의 학업 성취도 격차를 개탄하며 특수교육과 저성취도 사이의 연결 고리를 끊기 위한 전략을 수립했다. 이 출판문의 서문에 따르면, 즉각적인 공약은 4천 명의 '난독증 전문 교사'를 추가로 양성하겠다는 것이었다(DCSF, 2010). 이 보고서는 공무원들이 잘 알려진 상황을 설명하는 데 있어 복잡한 데이터를 만들어 내려는 열정을 보여 주었다. 예를 들어, 이 보고서에는 일부 소수 민족의 성취도가 여전히 낮은 이유를 설명하기 위해 가난하고 특수교육 명칭이 붙은 소수 민족 아동들의 비율과 숫자를 보여 주는 벤 다이어그램Venn diagram을 포함했다. '벤 다이어그램의 각 원 안의 백분율의 합은 2009년에 5ACEM을 달성한 KS4 코호트 내 취약 계층의 비율'이라고 주장했는데(DCSF, 2010: 11), 이는 비전문가에게는 난해한 말일 수 있다. 이 보고서는 또한 10년 동안 특수교육 아동의 퇴학이 감소했음에도 불구하고, "특수교육 아동은 전체 영구 퇴학의 71%, 중등학교 한시적 퇴학의 59%를 차지하고 있다. 이들은 나머지 학생들보다 영구적으로 퇴학당할 가능성이 8배나 높다."(DCFS, 2010: 34)라고 보고했다. 아동의 행동을 개선하는 것이 아동을 학교에 계속 다니게 하는 핵심 수단으로 언급되었다.

우수성은 너무 비싸다

특수교육 산업의 비용 증가를 우려한 신노동당 정부는 학부모들의 불만이 많다는 사실을 인지하고 학부모를 대상으로 설문조사를 실시하고 교육청^Ofsted^의 검토 의뢰를 통해 실태 파악을 하였다(Ofsted, 2010). 그러나 연립 정부로 정권이 교체된 이후의 보고서에서는 우수성이 달성되기는커녕 현재 약 170만 명에 달하는 특수교육 명칭이 붙은 학령기 아동의 학업 성취도가 크게 달라지지 않았으며, 더 나은 교육이 필요한 저성취 학생들 가운데 스쿨액션^School Action^ 프로그램에 참여하는 학생이 지나치게 많음을 지적하였다. 이 보고서는 관료주의 확장에 대한 막스 베버^Max Weber^의 저술을 인용하면서 '특수교육에 관한 법률, 지침, 시스템이 매우 복잡해졌으며'(같은 책: 8), 특히 보건, 교육, 사회복지에서 서로 다른 명칭을 사용함으로써 특수교육 요구라는 용어가 논쟁의 여지가 있고 혼란스러워졌다고 평가했다. '특수교육 요구'라는 용어는 너무 광범위하게 사용되었으며, 교육청은 많은 학교에서 낮은 성취도와 느린 진도를 특수교육 요구로 간주하고 있다는 사실에 놀랐다! 이 보고서에는 추가 교육 대학^Further Education Colleges^에 재학 중인 16세 이후의 특수교육 요구 젊은이들에 대한 정보를 일부 포함하고 있었지만, 2010년에 발표된 교육, 고용, 훈련에 참여하지 않는(NEET) 젊은이들에 대한 보고서는 이들 중 많은 젊은이들이 장애가 있고 취약한 지역 출신이라는 사실을 간과한 것으로 보인다(House of Commons, 2010). 2010년 1월, 영국의 모든 초등, 중등, 특수학교에서 스쿨액션플러스^Schools Action Plus^와 진술서를 받은 아동은 총 717,300명이었다(Ofsted, 2010: 79). 나머지는 스쿨액션^School Action^ 수준으로 분류되었다. 익숙한 설명으로 하자면, 26.3%는 행동사회정서장애, 26.8%는 중등도 학습장애, 13%는 특정 학습장애(난독증), 17.6%는 말, 언어, 의사소통 요구, 3.5%는 자폐 스펙트럼 장애, 2.5%는 신체장애, 그리고 더 적은 수의 중도 학습장애, 최중도 및 중복 어려움, 청각, 시각, 다감각 손상, 기타 지정되지 않은 장애가 5.6%로 표시되었다. 저성취 학생으로 추정되는 18% 가운데 대다수는 특수교육과 장애(SEND) 부서의 스쿨액션 수준에서 교육 보조[TA]의 학습 지원을 받고 있었다. 이것이 바로 실제적으로 이루어지고 있는 통합교육이었다.

새 교육부 장관인 마이클 고브[Michael Gove]는 개혁에 대한 의지가 확고하였으며, 또 다른 종류의 학교인 자유학교[free school]를 고안했는데, 그중 일부는 자유 특수학교로 운영되었다. 2011년 초 그린 페이퍼[Green Paper](DfE, 2011)를 발표하였으며, 이를 통해 현재 200만 명에 달하는 SEN 젊은이들을 지원하고, 학부모들에게 더 많은 신뢰를 주며, 전문가들에게 더 많은 권한을 부여하는 근본적으로 다른 시스템을 약속했다. 실제로 이 백서는 "전문가들이 혁신적이며 판단력을 발휘할 수 있도록 불필요한 관료주의를 없애겠다."고 약속했다. 학교는 낮은 기대치의 문화를 조장했다는 비난을 받았으며, 백서는 별도의 학교나 시설을 요구하는 부모들의 요구를 반영하여 '통합교육에 대한 편견을 제거'하고 비용에 대한 우려로 '아동을 특수교육으로 과도하게 식별하는 왜곡된 인센티브'를 제거하겠다고 약속했다(같은 책, 2011: 5). 학부모들은 다양한 주정부 지원 학교를 통해 더 많은 선택권을 갖게 되었으며, 특수학교, 아카데미, 자유학교는 언급되었지만 여전히 지방 당국이 운영하는 학교는 언급되지 않았다. 2012년까지 8개의 자유 특수학교가 승인되었는데, 이 중에는 에버턴[Everton] 축구 클럽이 운영하는(나중에 16세 이후 시설로 전환되어 일부 잠재적 축구 선수를 양성) '취약 학생'을 위한 학교도 있었으며, 4개의 학교는 사용하지 않는 법원 건물에 들어설 예정이었다. 특수학교의 정원이 약간 증가한 것은 자유 특수학교의 설립으로 인한 것이다. 그린 페이퍼[Green Paper]에서 학부모들은 폐교 위기에 처한 기존 특수학교를 인수할 수 있는 권한을 약속받았지만, 얼마나 많은 학교가 폐교 위기에 처했는지에 대한 정보는 제공되지 않았다. 이 문서의 대부분은 더 중증의 장애 자녀를 둔 부모와 '난독증으로 인하여 학습이 어려운' 자녀를 둔 부모들의 압력을 나타내는 내용이었다. '학교에서 잘 성취하지 못하는' 젊은이들의 문제는 경제에 나쁜 영향을 미치는 것으로 지적되었다. GCSE에 4회 이상 합격한 남성은 그렇지 않은 남성보다 직장 생활 동안 8만 5,000파운드 더 벌 것으로 예상되지만, 여성은 아쉽게도 6만 파운드만 더 벌 수 있다(같은 책: 23). 리보 금리(금리 책정에 사용되는 은행 간 대출 금리)를 조작하는 데 일조한 톰 헤이즈[Tom Hayes]

와 같은 고학력 남성들이 수백만 명의 사람들에게 불행을 초래했다고 주장할 수 있다. 그는 14년 징역형을 선고받았지만 아스퍼거 증후군이라는 이유로 형량에 대해 항소했다(Topham, 2016).

이 백서는 스쿨액션School Action과 스쿨액션플러스School Action plus 범주를 폐지하고, 학교가 특수 아동을 식별하고 지원하겠다고 약속했다. 현재 진술서를 가지고 있는 사람들은 교육, 건강, 사회 서비스 등의 평가를 거쳐 0~25세까지 연장되는 단일 '교육, 건강, 돌봄 계획'으로 전환될 것이다. 이를 받는 대상에 대한 논쟁은 법률 서비스의 이익으로 이어졌는데, 계획과 자원을 거부당한 부모들이 점점 더 소송으로 눈을 돌렸기 때문이다. 지방 당국은 평가 대상자를 지원하는 데 사용할 수 있는 모든 서비스에 '지역 지원'을 제시해야 했으며, 부모가 원하는 서비스를 결정할 수 있는 개인 예산 옵션이 있어야 했다. 2014년 「아동 및 가족법Children and Families Act」에서 법적 의무와 규정을 정했고, 이 모든 것이 또 다른 실천 강령(DfE, 2014)에서 확인되었다. 1994년 첫 번째 실천 강령은 32페이지 분량이었지만, 2014년 강령은 총 281페이지에 달했다. 이 강령은 0~25세 연령대를 대상으로 하며 장애아동 및 청소년, 중도-중복 장애아동 및 청소년에 관한 지침을 포함하고 있다. 또한 이 강령은 모두를 위한 높은 열망, 부모와 젊은이들 스스로에게 더 많은 권한을 부여하고 교육, 보건(NHS 및 지역 보건위원회), 청소년범죄팀, 불만 및 항소를 심리하는 특수교육 재판소와 기타 기관 간의 협력을 요구했다. 이 강령은 유아기, 학교교육, 추가 교육을 다루었으며, 2005년 「정신건강법Mental Health Act」에 대한 언급도 포함했다. 정신건강이 점점 더 특별한 요구로 여겨지면서 2016년에는 행동적, 사회적, 정서적 어려움Behavioural, Social and Emotional difficulties이라는 설명적 범주가 사회적, 정서적, 정신 건강 어려움Social, Emotional and Mental Health Difficulties으로 대체되었기 때문에 이 마지막 부분이 중요해졌다. 앨런Allan과 유델Youdell(2015)이 "모든 강령은 그 이전에 나온 내용을 해독해야 한다."고 지적했듯이, 이 강령에서 눈에 띄는 특징은 특수교육 요구, 장애 또는 어려움을 가진 것으로 포함될 대상에 대한 지속적인 혼란이었다. 특수교육 요구의 정의는 1981년 「특수교육법Special Education Act」 이전의 1980년 백서에서와 동일한 중복적 정의로 되어 있었다. "아동 또는 청소년에게 특별한 교육적 제공이 필요한 학습 어려움이나 장애가 있는 경우 특수교육 요구를 가진 것이다."(DfE, 2014: 15).

이제 기업 형태로 운영되고 있으며 CEO와 다중 아카데미 신탁이 운영하고 있는 학교 체인을 형성할 수 있는 아카데미 학교의 지지자들조차도 특수교육 요구가 있는 것으로 분류된 아동의 수에 대하여 우려하고 있다. 한 대형 학교 체인의 회장은 편집한 책(Marshall, 2013)에서 영국에서 이렇게 식별된 아동의 수를 개탄하며 다른 유럽 국가에서는 이런 식으로 아동을 분류하지 않는다고 지적했다. 예를 들어, 스웨덴은 아동의 1.5%만 특별한 요구가 필요한 것으로 분류했다. 그러나 이 책에 참여한 사람들은 가난한 배경, 문제가 있는 가정, 나쁜 행동, 성취도 부족을 보이는 학생들이 특수교육이 필요한 것으로 간주될 가능성이 높다는 사실에 놀라움을 표시했다. 그의 학교 체인은 아카데미로 전환한 후 집중적인 지원을 제공함으로써 특별한 요구가 필요한 학생의 수를 줄였으며, 그는 이에 대한 더 많은 인정과 아카데미가 혜택을 받을 수 있는 더 많은 자원을 원했다. 그러나 2015년까지 정부는 특수교육 요구를 가진 것으로 확인된 학생 수를 줄이는 데 성공했다고 주장할 수 있었다. 이는 2012년의 21%에서 감소한 수치인 15.4%의 아동만이 특수교육 요구를 가진 것으로 확인된 수치였다.

통합교육의 복잡한 내용

이처럼 확장된 특수교육 하위 시스템의 조직, 자금, 사양, 관료주의의 복잡한 정교함은 이 모든 것이 교육 시스템 전체에서 저성취자 집단의 학교교육에 내재되어 있다는 사실을 공개적으로 인정하지 않았다. 21세기의 두 번째 10년대에 이르러 영국의 학교는 시험 공장이 되어 있었다. 학교교육은 시험과 동의어가 되었으며, 모든 사람이 학업 교육과정에서 성취해야 한다는 주장이 끊임없이 제기되었다. 사실상 끊임없이 제기되는 '표준'은 수많은 젊은이들의 무능력을 제조해 내는 유용한 도구였다. 길본[Gillborn]과 유델[Youdell]은 2000년에 발표한 연구 보고서를 통해 빈곤층이나 흑인 학생이 16세에 GCSE 시험의 상위 단계에 응시할 수 없도록 한 학교 결정으로 인해 교육이 어떻게 배분되었는지를 보여 주었다. 이는 2013년 스트랜드Strand가 중등학교에서 영국 백인과 소수집단 간의 성취도 격차를 설명하는 논문에서도 보고한 내용이다. 더 높은 수준의 시험에 응시할 가능성이 낮은 것은 카리브해 흑인 학생들이었다(Strand, 2013). 요구되는 기준이 높을수록 더 많은 실패가 발생하지만, 더 높은 수준을 달성할 수 있는 기회조차 허용하지 않는 것은 무지를 보장하는 특히 교활한 방법이다.

2016년까지 교육이라고 불렸으며 국제 순위표의 하락에 대한 공포를 부추긴 것은 정부가 지정한 과목 중심의 교육과정에 따른 정교한 시험과 시험 시스템이었다. 4세 아동을 대상으로 한 피닉스phonics 시험 및 유아기 평가부터 16세 GCSE에서 필수 과목에 합격하지 못한 학생에 대한 끝없는 정보 제공에 이르기까지였다. 2014년부터는 이와 동등한 자격으로 간주되는 직업 자격증이 불필요하게 평가절하되었다. 학교와 교사들은 '낮은 기대치'를 극복하고 모든 아동과 청소년이 정해진 과목에서 더 높은 수준의 자격을 갖출 것으로 기대하였다. 그렇게 할 수 없거나 그렇게 하지 않을 학교는 인수 및 특별 조치의 위협을 받았다. 교장 자리는 '위험한 복권'이 되었으며, 학교는 학생들의 성적에 따라 순위가 매겨졌다. 이 모든 것은 학교가 가능하면 학교 안팎에서 학생들을 배제하는 전략을 사용하도록 하는 초대장이나 다름없었다.

21세기에 들어서도 특수교육의 다양한 범주에서 노동계층, 인종, 소수집단 학생들이 과도하게 대표되는 현상은 빠르게 진행되었다. 스트랜드Strand와 린제이Lindsay(2009)는 5~16세 영국 학생 650만 명을 대상으로 실시한 2005년 학생 수준 연례 학교 인구 조사Pupil Level Annual School Census를 분석했는데 인종, 연령, 성별, 빈곤 변수에 따라 조사 결과를 조정했다. 놀라울 것 없이 미국의 연구 결과와 유사하게 카리브해 흑인, 흑인과 백인 혼혈 학생들이 학습장애와 행동 및 정서 장애 범주에 속할 가능성이 가장 높았으며, 남성과 빈곤층일 가능성이 높은 '인종적 불균형'이 존재했다. 전국 종단 표본을 사용한 인종별, 성별 및 계층별 성취도에 대한 추가 연구에서는 특히 사회적으로 낮은 계층의 남학생과 흑인 남학생의 성취도가 낮았다

(Strand, 2014). 스트랜드는 미국과 영국에서 흑인 학생들이 다른 소수집단에 비해 성취도가 떨어지는 이유를 해석하는 데 어려움을 겪었다. 그는 높은 교육적 기대를 가진 이민자 그룹과 낮은 교육적 기대를 가진 것으로 간주되는 영국의 아프리카계 미국인이나 카리브해 흑인 학생과 같이 '카스트caste와 유사한' 집단으로 구분한 오그부Ogbu(1978)의 말을 인용했다. '모범적인 소수집단'이라는 개념은 오그부가 글을 쓴 이후 비판을 받아 왔으며, 심지어 중산층 카리브해 학생과 그 가족조차도 영국 학교에서 여러 세대에 걸쳐 부정적인 대우를 받는다는 사실(Rollock et al., 2015)은 왜 이 학생들이 다른 소수집단보다 무능력을 만들어 내는 후보 집단이 되는지를 더 잘 보여 준다.

하지만 무지를 보장하는 가장 쉬운 방법은 단순히 정해진 기간 동안 학생들을 학교에서 배제하는 것, 또는 2010년에 배제 규정이 완화됨에 따라 영구 배제시키는 것이었다. 20세기 초와 마찬가지로 교사들에 대한 압력으로 인해 이러한 전략은 용인되었다. 한 교사가 "일반학교와 교사들은 수용 가능한 결과를 내야 한다는 압박을 너무 많이 받고 있으며, 통제력이나 능력이 부족해 보이는 것을 너무 두려워하여 접근하기 어려운 학생들을 참여시키지 못하고 있다."(Gedge, 2015)라고 말했듯이 이미 특별한 요구와 장애가 있는 것으로 분류된 학생들을 교실에서 강제로 퇴출하는 것을 막을 수 있는 방법이 없었다.

2013~2014년 영국 초등학교와 중등학교에서 배제된 숫자는 다음과 같다.

초등

특수교육 및 장애(SEND) 진술서가 있는 학생 6,510명

특수교육 및 장애(SEND)를 받았지만 진술서가 없는 학생 30,230명

특수교육 및 장애(SEND)가 없는 학생 8,280명

중등

특수교육 및 장애(SEND) 진술서가 있는 학생 13,340명

특수교육 및 장애(SEND)는 있지만 진술서가 없는 학생 96,750명

특수교육 및 장애(SEND)가 없는 학생 100,490명

(DfE, 2014: 영구 및 고정 기간 배제)

2015년 7월까지 영국 교육부는 진술서 유무에 관계 없이 특수교육 학생이 영구 배제 학생 10명 중 7명, 고정 기간 배제 학생 10명 중 6명을 차지한다고 기록했다. 제적된 학생은 학생 추천 단위Pupil Referral Units 또는 다른 형태의 대안교육Alternative Provision으로 전학 조치될 수 있다.[5)] 일부는 청소년 범죄 기관에 수용될 수도 있다. 다른 어떤 유럽 국가도 이런 식으로 아동을 주류교육에서 배제하지 않으며, 돌링Dorling이 지적했듯이(2016) 이는 다른 나라에서 일어나는 일과 비교하면 매우 잔인하고 이례적인 일이다. 배척되는 것은 인간이 서로에게 가할 수 있는 가장 가혹한 형벌 중 하나이다.

나쁜 행동

특수교육의 발전 과정 전체에는 자비로운 방식보다는 징벌적인 방식으로 하류층 젊은이들의 행동을 통제하되, 가능한 한 저렴하게 이를 수행할 수 있는 방법을 찾아야 한다는 필요성이 스며들어 있으며, 이는 지금도 마찬가지이다. 파괴적이고 불만을 품은 젊은이들을 식민지로 보낼 수 있는 선택권이 박탈된 상황에서 이들을 다루는 정책은 여전히 주류학교교육으로부터의 배제 및 후속 행동에 따른 비용과 밀접한 관련이 있다. 1999년에 발표된 '불만 아동Disaffected Children에 관한 하원 보고서'는 낮은 학업 성취도, 무단결석, 학교 제적 사이의 연관성을 유감스럽게 여겼다. 공공 자금에서 청소년 범죄에 10억 파운드가 지출되고, 대안교육 제공과 사회 서비스 비용으로 큰 금액이 지출되고 있었다. 불만을 가진 이들은 주로 남성, 흑인, 어렵고 붕괴된 가정 출신으로, 지방 당국의 보호를 받고 있을 가능성이 높으며, 기본 기술이 거의 없는 것으로 나타났다(House of Commons, 1999). 수많은 정책과 지침 문서에서 볼 수 있듯이, 낮은 학업 성취도, 불량 행동, 학교 제적,

청소년 범죄는 주로 남학생과 가난한 가정의 흑인 및 하류층 청소년들과 관련이 있다고 주장된다. 여자 아동은 10대 임신과 미혼모가 되는 경우는 역사적으로 흔하게 언급된다.

지난 60년 동안, 학교에서 나쁜 행동을 하는 것으로 여겨지는 학생들은 ESN, 이후 MLD(중등도 학습장애) 학교와 부적응 학생을 위한 학교를 통해 배제되어 왔으며, 이는 정서행동장애 학교가 되었고, 그 다음에는 행동사회정서장애 학교로 변모했다. 2016년에는 특수요구 범주에서 행동은 사라지고 사회정서정신건강으로 대체되었다. 이제 나쁜 행동은 주로 주류교육에서의 직접적인 배제를 통해 다루어지게 되었다. 문제 행동을 보이는 학생들을 위한 대안교육Alternative provision은 2000년대 초반부터 주로 지방 당국으로부터 임대하여 민간 기업이 운영하는 건물에서 점점 더 많이 사용되었다. 당연히 배제 대상은 주로 하층계급 남학생들이었다. '모든 아동이 중요하다Every Child Matters'가 '부모의 사회경제적 지위가 어릴 때부터 아동에게 영향을 미친다.'(HM Treasury, 2003: 18)를 상기시켰듯이, 그것은 자명한 말이 되었고, 22개월이 되면 사회경제적 집단에 따라 아동의 발달에 큰 차이가 있다는 연구 결과도 많이 발표되었다(Feinstein, 2003). 반항적이고 도전적인 5세 아동이 17세에 무직의 마약 사용자로 전락하는 슬픈 가상의 사례는 내무부 공무원에 의해 '모든 아동이 중요하다' 보고서(HM Treasury, 2003: 19)에 기록되었다. 이러한 모욕적인 신화를 만드는 것 외에도 고용 시장의 특성이나 '낮은 사회 경제적 집단'이 살아가는 낮은 임금과 복지 혜택과의 연관성은 거의 언급되지 않는다. 적대적인 식민지 이후 계층화 사회에서 성장하는 남성, 특히 흑인 남성의 문제에 대한 연구와 정책적 연계도 없다. 남성 및 소수집단의 저성취에 대한 대중의 이해를 비판하는 연구(Archer, 2003; Epstein et al., 1998)는 인정받지 못하고 있으며, 이는 하류층과 흑인 가정 및 개인을 결함 있고 파괴적인 존재로 표현하는 방식이 어떻게 지속되고 있는지를 보여 준다.

더 많은 대안교육

2010년 보수당-자유당 연립 정부가 집권한 직후 발간된 백서에서 총리와 부총리는 서문을 통해 교사를 직업으로 고려하는 학부생들이 '교실 내 나쁜 행동과 폭력에 대한 두려움'으로 인해 교직 진출을 미루고 있으며, 약간의 위선적 표현과 함께 가난한 가정의 가난한 아동이 학교에서 실패하도록 방치해서는 안 된다며 "우리는 너무 오랫동안 학교에서 부와 성취도 사이의 인정된 상관관계를 당연하게 받아들이는 도덕적 분노를 참아 왔다."(DfE, 2010: 4)고 언급했다. 여러 정부 보고서에서 반복되는 학업 성취의 정점은 명백히 옥스퍼드와 캠브리지라는 신성한 대학에 도달하는 것이었는데, 2010년에 무상 급식 대상인 8만 명의 빈곤층 아동 중 단 40명만이 이를 달성한 것으로 나타났다. 2011년부터 가난하고 불우한 아이들이 있는 학교에 지급되는 학생 프리미엄Pupil Premium은 젊은이들이 더 높은 성취도를 달성할 수 있도록 돕기 위한 것이었지만, 빈곤층을 위한 이러한 정책과 추가 자금 흐름은 역사가 순탄치 않았다(Tickle, 2016). 2010년 백서의 전체 장이 '행동'에 관한 내용으로 채워졌는데, 흑인 남학생과 무상 급식을 받는 학생들(빈곤의 대리 척도)은 나쁜 행동으로 인해 학교에서 배제당할 가능성이 3배나 높다는 사실을 지적했다. 이러한 상황을 개선하기 위한 정책으로 교사에게 무기, 음란물, 담배, 폭죽을 소지한 학생을 검색할 수 있는 권한을 부여하였고, 수석 교사head teachers에게 학생을 배제시킬 수 있는 권한을 부여하였으며, 배제에 대한 항소권을 축소하는 것이 포함되었다. 학생 추천 단위Pupil Referral Units는 아카데미의 지위를 가지게 되었고, 대안교육 시장이 새로운 민간 교육 제공자에게 개방될 예정이었다. 학교는 학생을 배제할 수 있지만 '파괴적인 아동에게 가장 적합하다고 생각되는 대안교육'에 대한 비용을 지불할 책임이 있을 것이다(DfE, 2010: 39). 이와 같이 모든 배제, 특수학급specail unites, 중재 프로그램, 대안교육 제공은 오히려 비용 증가를 의미했다.

2016년 교육 백서인『모든 곳에서의 교육적 우수성Educational Excellence Everywhere』에서는 "대안교육에서 시간을 보낸 학생들은 또래 학생들보다 훨씬 더 나쁜 행동을 한다."(DfE, 2016: 102)며 부적응 학생을 대안교육에 배치함으로써 무능력자로 만드는 것에 대해 유감을 표명했다. 해결책은 학교 밖 대안교육을 늘리되, 이제 대안교육에 보내는 학교가 학생들의 교육에 대한 책임을 지게 되었다. 백서는 "주류 교장들이 주류환경에서 관리할 수 없는 요구와 행동을 보이는 학생들을 위해 전문가에게 의뢰할 것이며……. 지방 당국은 해당 지역에 충분한 대안교육을 보장할 것"(같은 책)이라고 언급했다. 아카데미 체인의 학교들은 대안교육을 포함하고 있다는 주장을 하고 있으며, 2013년에 자선단체 지위를 가진 민간인과 기업인들이 교육부의 승인을 받아 설립한 한 체인은 "런던의 네 개 자치구와 캠브리지셔Cambridgeshire에서, 크롤리Crawley의 혁신적인 교육 거주시설과 풀럼Fulham의 새로운 16~19세 학문적 대안교육 아카데미를 통해 우수한 대안교육을 제공한다."고 주장했다(TBAP Multy Academy Trust, 2016). 학교는 또한 불가피하게 '행동 황제tsar(차르)'로 불리게 된 정부 임명자를 통해 교실 통제에 대한 조언을 받게 될 예정이었다(Bennett, 2015). 그러나 점점 더 주류교육에서 배제되고 또래들과 분리된 아동들을 위한 이러한 별도의 학교를 긍정적으로 표현하려는 시도가 이루어졌다. 이는 학교에 문제가 되고 시험 결과와 순위표league table 비교를 낮추는 학생들의 행동과 성취도를 향상시키는 긍정적인 방법으로 제시되었다.

결핍된 두뇌

학교 성취도 저하와 특수교육의 필요성에 대한 많은 정치적, 정책적 이해는 낮은 IQ에 대한 우생학적 개념과 낮은 사회경제적 행동에 대한 가정에 근거한 것이지만, 최근에는 뇌 기능을 교육적 성과와 연결하려는 교육 신경과학의 출현이 무능력의 제조에 기여하고 있다. 교육 신경과학과 관련된 연구 센터와 조직이 점점 더 많아지고 있으며,[6] 국립 대학에 기반을 둔 센터 외에도 OECD가 보고서를 작성했으며, 특히 영국, 미국, 독일, 일본 정부는 뇌 발달과 교육을 연계하는 데 관심을 보여 왔다. 2006년에는 하버드 대학교에 국제 마음, 뇌, 교육 학회 International Mind,

Brain and Education Society가 설립되었다. 지크Geake(2009)가 교육에 관한 정당한 신경과학적 연구 질문으로 열거한 백여 개의 질문 가운데는 '고등능력의 학생 뇌는 일반 학생의 뇌와 어떻게 다른가?' …… '학습장애로 확인된 아동의 능력의 신경 역학이 일반 아동의 능력과 다른가?' …… "ADHD는 신경 연결이 부족하기 때문인가?"가 포함되어 있다. 그는 심지어 "추천할 만한 성능 향상 약물이 있는가?"라고 질문하기도 했다(Geake, 2009: 17-19).

ADHD, 난독증, 자폐성 장애와 관련된 뇌 발달에 많은 관심이 쏠리고 있지만, 사회 저변의 빈곤 지속으로 인한 경제적 결과를 우려하는 일부 정치인들에게는 이 모든 것이 놓치기에는 너무 아까운 기회로 보였다. 뇌 발달의 결함을 열악한 양육과 그에 따른 빈곤으로 연결시킬 수 있다는 것은 일부에게는 긍정적인 발전으로 여겨졌다. 2004년 당시 보수당 그림자 내각의 노동연금부 장관이었던 이언 던컨-스미스Duncan-Smith가 설립한 사회 정의 센터Centre for Social Justice(7장 참조)는 '분열된 가족Fractured families' '붕괴된 영국Breakdown Britain' '부서진 영국Broken Britain'에 관한 보고서를 발표했다. 일부 정치인과 공무원들은 빈곤층의 문제를 열악한 양육 환경과 결핍된 두뇌에 관련된 것으로 제시하는 데 열중했다. 많은 보고서들은 3세 아동 두 명의 뇌 스캔 사진이 포함된 페리Perry(2002)의 논문을 언급했는데, 이 중 한 명은 정상적인 뇌로, 다른 한 명은 극심한 방임을 겪은 아동의 뇌로 묘사되었다(같은 책: 93). 이 논문은 실제로 1830년대 지하 감옥에서 자란 소년, 레바논 고아원의 아동, 차우세스쿠Ceausescu 정권 시절 루마니아 고아원의 아동에 대한 연구에서 발견된 극심한 방임에 대해 논의하였다. 이 논문에 나온 정상적인 뇌와 물질적, 정서적 관심이 결핍된 두뇌의 두 가지 사례는 여러 신문과 저널에서 재현되었으며, 모성 기능 저하의 위험을 보여 주는 것으로 사용되었다. 영국 정부 내각부가 작성한 사회 이동성에 관한 보고서(Cabinet Office, 2008)에는 실제로 페리의 스캔 사진이 포함되어 있으며, 이를 열악한 모성 돌봄의 부정적 영향, 낮은 성취도, 사회 이동성 부족과 연결시켰다.

2008년 사회 정의 센터CSJ의 보고서에도 이 두 개의 뇌 스캔이 포함되었으며(Allen & Duncan-Smith, 2008), 그레이엄 앨런Graham Allen 하원 의원이 작성한 '조기 중

재: 현명한 투자, 막대한 비용 절감Early Intervention: Smart Investment, Massive Savings'(Allen, 2011)에 관한 추가 보고서의 표지에도 나타났다. 이 보고서에는 실제로 결핍된 두뇌 옆에 '납세자 비용'이라는 문구가 적혀 있었다! 이 보고서와 다른 보고서들의 그리 미묘하지 않은 메세지는 두뇌는 초기 경험에 의해 형성되며, 빈곤한 역기능 가정

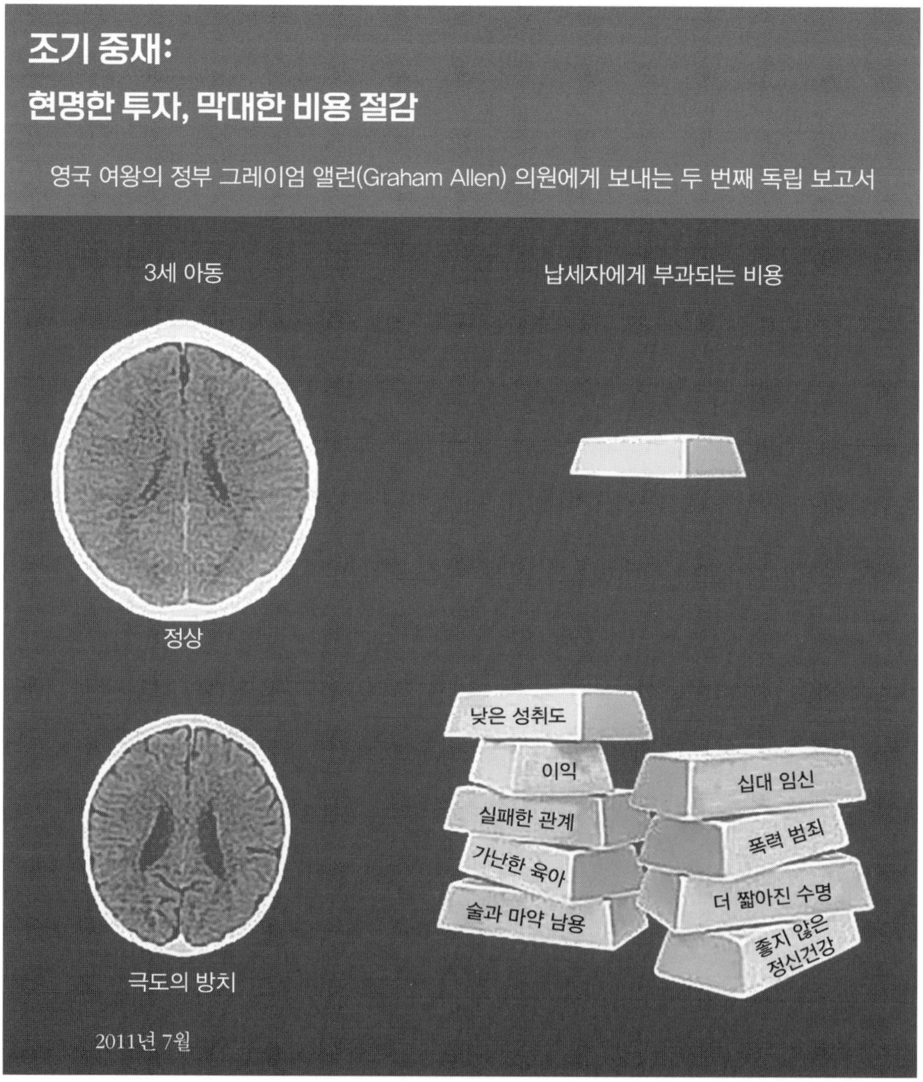

[그림 5-1] "조기 중재: 현명한 투자, 막대한 비용 절감" 보고서의 표지

은 올바른 초기 경험을 제공할 수 없다는 것이었다. 사회적, 경제적 비용을 막기 위해서는 이러한 가정에 대해 조기 개입이 필요하다는 주장이었다. 이 백서의 제안은 골드만삭스Goldman Sachs, 프라이스워터하우스쿠퍼Pricewaterhouse Cooper, 포틀랜드 캐피털Portland Capital, 그린 사모펀드 재단, 메트로폴리탄 경찰Metropolitan Police 등 여러 기업의 지지를 받았다. 이 책의 7장에서는 더 자세하게 양육에 대한 초점을 다루고 있지만, 한 가지 주목할 만한 논평은 "뇌 이미지에 대한 이러한 집착은 머리 모양과 크기를 검사하여 성격에 대해 명백하게 알 수 있다고 주장한 19세기 골상학의 한 버전으로 가장 잘 이해될 수 있다!"(Lee, 2011)는 것이었다.

한 가지 흥미로운 사실은 정부의 조기중재팀Early Intervention Team이 육아 개선을 위한 개입 방안을 구상하고 있는 동안, 같은 정부에서 0~3세 아동의 건강, 교육, 육아에 초점을 맞춘 매우 성공적인 슈어 스타트 센터Sure Start Centres를 폐쇄하는 과정에 있었다는 점이다.[7] 한편 난독증은 자기 공명 영상이 난독증 진단을 받은 사람들의 두뇌의 차이를 보여 줄 수 있다는 주장으로 더 긍정적인 대우를 받고 있었다. 프레드릭슨Frederickson과 클라인Cline은 특수교육, 통합, 다양성Special Educational Needs, Inclusion and Diversity에 관한 652페이지 분량의 책에서 난독증 환자의 뇌와 일반 독자의 뇌를 비교한 그림을 재현했다(Frederickson & Cline, 2009: 356). 이는 고스와미Goswami (2006)의 논문에서 발췌한 것으로, 다른 여러 연구들에서도 여러 번 재현되었다.

고등능력

낮은 능력에 대한 가정은 항상 높은 능력에 대한 가정과 관련해서 이해되어 왔다. 현재 많은 국가에서는 젊은이들 사이에서 뛰어난 재능이나 높은 능력을 찾는데 집중하고 있지만, 교육 시스템이 높은 능력의 학생과 낮은 능력의 학생을 구분해야 한다는 생각은 미국과 영국에서 가장 강력하게 자리 잡고 있다. 초기 우생학 연구에서는 상류층 가정에 있다고 여겨지는 뛰어난 재능을, 소위 결함 있는 가족들의 저성취에 대한 연구와 극명한 대조를 이루는 것으로 제시했다. 불평등한 사회에서 학력이 지속적인 경제적, 사회적, 교육적 불평등과 관련되어 있다는 많은 증거에도 불구하고, 권력과 영향력, 부의 위치는 개인의 높은 능력과 관련이 있다는 관념이 지속되고 있다. 지난 40년 동안 특수교육 산업이 등장한 것처럼(Tomlinson, 2012), 유사한 고능력 산업(Tomlinson, 2008)은 일부 개인의 재능, 특기, 천재성을 이끄는 특성을 발견하는 데 전념하는 센터, 학술지, 핸드북과 함께 발전하였다.

자이글러Zeigler(2004)는 영재, 재능, 천재, 심지어 지혜와 같은 용어가 사용되지만 실제로는 이러한 존재에 대한 경험적 증거가 거의 없다고 지적했다. 이러한 용어는 신화적, 신학적, 형이상학적 전통에서 유래했다. '신의 지혜'에 대한 이야기는 과학자들이 아인슈타인의 뇌 조각을 조사하여 천재성의 증거를 확인하는 것과 같다. 그러나 학자들은 19세기 학자들이 정신적 결함의 등급[백치에서 저능아를 거쳐 정신박약(지적장애)아로]을 놓고 논쟁을 벌였던 것과 마찬가지로, '영재성과 재능의 차별적 모델'과 특별한 영재와 단순한 영재를 구분하는 방법에 대해 진지하게 논쟁했다(Baer & Kaufman, 2004: 150). 미국에서는 경쟁이 치열한 글로벌 경제에서 자산이 될 수 있는 영재를 발굴하려는 시도가 일찍부터 채택되었다. 1980년대에 웨스턴 켄터키Western Kentucky 캠퍼스에 '영재 학습자가 자신의 잠재력 발견을 돕는 것'을 목표로 하는 영재 센터가 문을 열었다. 1996년에는 고등능력 연구 저널Journal of High Ability Studies이 등장했으며, 영재를 위한 다른 저널도 급증하였다. 그 이후로, 높은 성취도를 보이는 학생들의 성취도, 정서적, 사회적 성장에 대한 모든 측면이 연구되어 왔으며, 학생들이 '잠재력을 최대한 발휘'하고 명문 대학에 진학할 수 있도록 도와주는 유료 센터와 과정이 등장했다. 2015년 인디애나주 고등능력 교육청Office for High Ability Education은 모든 학교에서 이러한 학생들을 파악하고 차별화된 교육과정을 제공할 것을 요구하였다.

영국에서 벤Benn과 치티Chitty(1996)는 1960년대에 소수의 아동에게 추가적인 지원이 필요하다는 가정하에 영재성 운동이 발전했다고 보고했다. 그들은 이 운동이 포괄적 교육과 선별적 교육에 대한 논쟁이 진행되던 시기에 발전했으며, '영재성'이 일종의 학업 선택을 정당화하는 또 다른 방법인 것처럼 보였다고 지적했다.

1990년대 후반, 신노동당 정부는 도시 학교를 개선하기 위해 학습 속도가 느린 학생들을 학습지원부서Learning Support units로 분리하고 영재 프로그램을 마련하는 등 '도시에서의 우수성Excellence in Cities' 프로그램을 시작했다. 이는 수년간 자녀 교육에 대해 비판의 목소리를 높여 온 소수집단 학부모를 포함한 도심의 중산층 학부모들에게 '더 똑똑한' 자녀를 위한 교육이 제공될 것이라는 확신을 심어 주기 위한 것이었다. 2005년에 5천만 파운드의 보조금이 학교에 지급되어 영재(G와 T) 학생들을 지원하게 되었고, 2007년까지 모든 학교는 학생의 1~5%를 영재아동이나 재능아동으로 식별해야 했으며, 국가 등록부를 설치했다. 워릭Warwick 대학교에는 국립영재청소년 아카데미National Academy for Gifted and Talented Youth가 설립되어 자선 단체인 국립영재아동 협회와 제휴했다. 결국 학교가 중산층 학생을 유치하기 위해 영재 프로그램을 이용한다는 우려가 제기되었으며, 길본Gillborn(2008)은 백인 학생은 10명 중 1명이 영재로 식별되는 반면, 흑인 학생은 25명 중 1명만 선발되었으며 이들은 스포츠에 재능이 있을 가능성이 더 높았다고 지적했다. 2010년 워릭Warwick 센터는 문을 닫았고, 한 신문은 "영재 선발 제도에 작별을 고한다."고 표현했다(Murray, 2010).

지원금 흐름은 끊어졌지만, 대부분의 학교장과 교사들은 특히 유능한 학생과 그렇지 않은 학생을 선별하는 것이 일반적으로 정상적인 관행으로 받아들여졌기 때문에 이 제도를 놓치지 않았다. 학교는 더 나아가 DME 또는 이중 중복 특수성Dual Multiple Exceptionality이 있을 수 있는 아동을 식별하는 임무를 추가로 맡았다. 학교에서 나쁜 행동을 할 수도 있는 아동들 가운데서 '높은 학습 잠재력'을 식별해야 했다. 학교가 수년 동안 그러한 아동들을 다루어 왔다고 주장할 수 있지만, 이제 이들을 다루기 위한 권장 사항에는 확대된 특수교육 지원 코디네이터Special Educational Needs Co-ortdinators와 학교에 여전히 그러한 직책이 있는 경우 '영재 및 재능 코디네이터' 전문관의 도움과 조언이 포함되었다(Yates, 2016). 문제 학생들을 위한 대안교육의 확대에 대한 또 다른 변화로, 자유학교의 잠재적 후원자 한 명은 자신이 제안한 '아이디어 칼리지Ideas College'가 학생들을 '영재'라고 부르고 대안교육에 붙은 낙인을 제거할 것이라고 주장했다(Dickson, 2016). 이를 통해 학교에서 문제아로 간주되는 청소년들이 항상 저성취자라는 가정을 종식시킬 수 있을지는 논란의 여지가 있지만, 교육과 경제가 항상 경쟁적인 시스템에서는 능력의 높고 낮음에 따른 성공과 실패의 개별화는 불가피한 결과로 간주될 수 있다. 또 다른 시각은 경쟁 정책으로 계층화된 교육 시스템을 만들어 많은 수의 청소년을 문제아 또는 재능 없는 패배자로 간주하게 하거나 스스로를 그렇게 만드는 것은 실제로 불합리하며, 이는 시스템과 그 결과를 전반적으로 개선하지 못할 수 있다는 것이다.

누가 포함되고 누가 배제되는가?

이 책의 주제는 19세기의 대중 초등교육으로 인해 수많은 젊은이들이 서구식 일반교육의 발전에서 배제되고 특수교육의 하위 체계에 배치되었다는 것이다. 20세기에 걸쳐 다양한 이해관계자와 이데올로기, 특히 모두를 위한 더 많은 교육이 글로벌 경제 경쟁력에 도움이 될 것이라는 믿음에 따라 교육 시스템이 확장되면서 저성취자, 학습부진, 장애 및/또는 특수교육 필요가 있다고 간주되는 모든 사람들을 통합교육이라고 불리는 것으로 결합incorporation시켰다. 특수교육과 통합교육은 연장된 공식 시스템으로 결합되어 있는데, 일반적으로 학교교육의 더 낮은 수준에서 이루어지지만, '모든 곳에서의 교육적 우수성Educational Excellence Everywhere'이 목표라는 이데올로기적 주장과 함께 한다(DfE, 2016). 누가 특수교육 요구를 가지는지, 또는 누가 이 확대된 시스템에 포함될 것인지에 대한 논쟁이 계속되고 있으며, 여전히 혼란이 지속되고 있다. 학교와 대학의 학장과 교장, 교사, 행정가에게 누구를 저성취자와 특수교육 요구가 필요한 학생으로 포함시킬 것인지를 묻는 연구에서, 영국, 미국, 독일에서 다음과 같은 정의가 제시되었다(Tomlinson, 2013: 8장 참조).

영국

- 16세에 치르는 GCSE 시험에서 5개의 A*~C를 획득하지 못하는 경우

- 순수 학문적 교육과정에서 성취할 수 없는 경우
- 경미한 학습 문제가 있는 경우
- 학교/학급에서 행동 문제를 보이는 경우
- 직업 지향적인 교육과정에서 더 성취할 수 있는 경우
- 장애 또는 특수교육 요구 진술서/계획이 있는 경우
- 특수교육 '진단'을 요구하는 부모가 있는 경우
- 가난한 가정 출신

미국

- 정규 고등학교 졸업장을 취득할 수 없는 경우
- 18~19세 이후 대학 과정을 수강할 수 없을 경우
- 표준화된 시험에서 성취하지 못할 경우
- 현재 특수교육 범주로 평가된 경우
- 학습장애로 평가된 경우
- 행동문제를 보이는 경우
- 학교 또는 대학을 중퇴할 위험이 있는 경우
- 가능하면 의학적 또는 치료적 '진단'을 요구하는 부모가 있는 경우
- 가난하고 불우한 가정 출신
- 소수집단 가정 출신

독일

- (하급) 하우프트슐레[Hauptschule]를 수료증 없이 떠나는 경우
- 특수학교를 수료증 없이 떠나는 경우
- 이중 견습 과정 시스템에 적합하지 않은 경우
- 대학의 과도기 과정에 있는 경우
- 이민자과 소수집단 학생, 특히 언어 능력이 부족한 학생
- 가난하고 불우한 가정 출신

• 시장 결함으로 인해 일자리를 찾지 못하는 졸업생

특별한 지원이 필요한 이유	영국	미국	독일
수료증 없음	+	+	+
가난한 가정 출신	+	+	+
행동 문제	+	+	
학습장애로 진단됨	+	+	
학업에서 성취할 수 없음	+	+	
직업에서 성취할 수 있을 것임	+		

세 국가 모두에서 응답자들은 그들이 언급한 아동과 청소년의 비율을 25%에서 30% 사이로 추정했다. 놀라울 것 없이 낮은 학업 성취도와 필수 시험을 통과하지 못하거나 수료증을 취득하지 못하는 것이 세 국가 모두에서 '특수한' 저성취자를 식별하는 데 큰 비중을 차지했다. 가난하고 불우한 가정 출신이라는 점도 공통적인 요소이다. 몇 가지 차이점으로, 영국과 미국에서는 부모가 자녀에 대한 진단 또는 명칭을 원하지만 독일에서는 이것이 그다지 문제가 되지 않는 것으로 보인다. 또한 독일에서는 나쁜 행동이 특수교육의 이유로 사용되지 않는다는 것이다. 또한 미국과 독일에서는 소수집단과 이주민이 특수교육이 필요할 가능성이 높은 것으로 언급되는 반면, 영국에서는 소수집단들이 명시된 문제의 일부로 가정된다. 이러한 견해는 이 책의 8장에서 젊은이들의 미래에 대해 논의할 때 더 자세히 다뤄지겠지만, 독일 응답자만이 경제가 저성취자를 정의하는 데 기여한다고 언급했다는 점은 주목할 만하다. 다음 장에서는 현재의 교육 시스템에서 기대되는 수준까지 성공할 가능성이 낮은 수많은 젊은이를 수년에 걸쳐 진단, 평가, 관리하게 된 전문가들에 대해 논의한다.

미주

1) 1976년 10월, 제임스 캘러핸James Callaghan 총리는 옥스퍼드의 러스킨 대학 대학Ruskin Collegen college에서 연설을 통해 '교육기관'이 젊은이들을 직업 세계에 대비할 수 있도록 준비시키지 않는다고 비판했다. 그는 교육에 대한 '대토론회'를 개최할 것을 촉구했는데, 한 논평가가 '토론회도 아니고 그다지 훌륭하지도 않다.'고 평가한 결과를 낳았다. 종합학교가 산업계의 요구에 부응하지 못한다고 주장하는 고용주와 기업인들의 의견이 주목받았다.
2) 1997년 이후 교육부(DfE)는 교육고용부(DfEE), 교육기술부Department for Education and Skills(DFES), 아동 학교 및 가족부(DCSF)로 바뀌었다가 2010년에 다시 교육부로 복귀했다.
3) 지방 당국과 기관이 '모든 아동이 중요하다Every Child Matters' 의제에 따라 조직을 개편하는 동안, DfES는 교육, 사회 서비스, 정신건강 서비스를 포함한 보건, 주택, 자원봉사 단체 등 다학제팀이 명목상 협력하는 것을 지원하기 위해 공통 평가 프레임워크Common Assessment Framework(CAF)를 만들었다. CAF는 해결해야 할 열세 가지 요구 또는 문제를 제시했다. 파괴적이고 반사회적인 행동, 부모의 갈등/지원 부족, 경계의 부재, 범죄 위험, 학교 배제/괴롭힘, 특수교육 및 장애, 16세 탈선/NEET, 영양 부족, 건강 악화, 약물 남용, 불안/우울, 주거 문제, 10대 임신, 기타 복합적인 요구가 그것이다.
4) 아카데미의 전체 이야기는 아직 쓰이지 않았다. 초기에 아카데미는 중앙 정부로부터 자금을 지원 받아 소외 지역에 설립된 학교로, 지방 당국의 개입 없이 후원자가 200만 파운드를 기부하고 이사회의 과반수를 임명하는 방식으로 운영될 예정이었다. 교육 고문인 앤드류 아도니스Andrew Adonis는 자신이 교육부 장관인 데이비드 블런켓David Blunkett과 함께 아카데미 프로그램의 설계자라고 주장했다(Adonis, 2013). 2005년까지 약 17개가 문을 열었고 토니 블레어Tony Blair는 다우닝 스트리트Downing Street에서 잠재적인 기업 후원자를 위한 조찬 회의를 개최했다(Tomlinson, 2005: 128). 2010년부터 연립 정부는 미국의 차터 스쿨Charter Schools 프로그램에 열광하여 아카데미를 학교 개혁의 중심 축으로 만들었다. 그들은 궁극적으로 모든 영국 학교가 아카데미가 될 것이라고 약속했다. 2016년 보수당 정부가 이를 법제화했고, 이미 중등학교의 50% 이상(20,700개)과 초등학교의 약 20%가 아카데미로 운영되고 있었다. 비판이 일자 이 제안은 일부 백지화되었다. 마이클 고브Michael Gove는 2010년에 자유학교 정책을 도입했

다. 특수학교를 포함해 납세자의 세금으로 운영되는 학교로 학부모, 종교단체 또는 지역사회 단체가 설립하는 것이었다. 2016년까지 300개가 넘는 자유학교(그중 19개는 자유 특수학교)가 논쟁의 역사를 가지고 있다.

5) 1996년 교육법에서 공식적으로 처음 언급된 대안교육은 DfE 지침서에서 '배제, 질병 또는 기타 사유로 인해 적절한 교육을 받을 수 없는 학생을 위해 지방 당국이 마련한 교육, 즉 고정 기간 배제된 학생과 행동 개선을 위해 외부 교육기관으로 보내진 학생을 위해 학교에서 마련한 교육'으로 설명되었다(DfE, 2013: 1-2). 2016년까지 수석 교사들이 배제된 학생들을 위한 교육 제공을 주도해야 했다.

6) 신경과학과 교육에 관심을 가진 기관으로는 뇌, 신경과학, 교육 특별 관심 그룹(미국 교육연구협회), 영국 교육 연구 협회의 신경과학 및 교육 특별 관심 그룹, 옥스퍼드 인지 신경과학 교육 포럼, 옥스퍼드 대학교의 마음 집중 연구소 등이 있다.

7) 슈어 스타트Sure Start는 1997년 이후 신노동당 정부가 불평등이 가장 뚜렷한 계층과 지역을 대상으로 만든 다양한 정책 중 하나였다. 1999년, 미국의 헤드 스타트Head Start 프로그램을 일부 모델로 하여 4억 2,500만 파운드 규모의 프로젝트가 60개의 시범 사업으로 시작되었고 0~3세를 위한 건강, 교육, 사회 서비스를 제공했다. 전국적으로 슈어 스타트 센터가 설립되었다. 재무부 차관보였던 노먼 글래스Norman Glass가 이 프로그램에 특별한 관심을 갖고 자금 지원을 확보했을 가능성이 있다. 그러나 2005년에 이르러 그는 프로그램의 목적이 가난한 엄마들이 일하러 나가는 동안 보육을 제공한다는 정부 의제의 일부로 전복되었다고 우려했다. 2010년 이후 연립 정부와 보수당 정부에 의해 전체 슈어 스타트 센터의 절반이 폐쇄되었다.

참고문헌

Adonis, A. (2013) *Education, Education, Education: reforming England's schools*. London. Biteback Publishing.

Allan, J. and Youdell, D. (2015). "Ghostings, materialisation and flows in Britain's special educational needs and disability assemblage" *Discourse: studies in the cultural politics of education* 15 November. Online: 10.1080/ 01596306.2015.1104853.

Allen, G. (2011). *Early Intervention: smart investment, massive savings* (2nd report).

London. HM Government.

Allen, G. and Duncan-Smith, I. (2008). *Early Intervention, Good Parents, Great Kids, Better Citizens*. London. Centre for Social Justice.

Archer, L. (2003). *Race, Masculinity and Schooling*. Maidenhead. Open University Press/McGraw-Hill.

Archer, M. S. (1988). *Culture and Agency*. Cambridge. Cambridge University Press.

Armstrong, D. (2005). "Reinventing inclusion: new Labour and the cultural politics of special education" *Oxford Review of Education*. 31/1: 135-152.

Baer, J. and Kaufman, J. C. (2004). "Considering the DMGT: something old, something new" *High Ability Studies* 15/2: 150-151.

Benn, C. and Chitty, C. (1996). *Thirty Years On: is comprehensive education live and well, or is it struggling to survive?* London. David Fulton.

Bennett, T. (2015). "Top tips on maintaining classroom control" *Times Educational Supplement* 17 June.

Cabinet Office (2008). *Getting on. Getting Ahead: a discussion paper analysing the trends and drivers of social mobility*. London. Cabinet Office Strategy Unit.

DCSF (2009). *Breaking the Link between Disadvantage and Low Attainment*. London. Department for Children Schools and Families.

DCSF (2010). *Breaking the Link between Special Educational Needs and Low Attainment*. London. Department for Children Schools and Families.

DfE (2010). *The Importance of Teaching* (cmnd 7980). London. Department for Education.

DfE (2011). *Support and Aspirations; a new approach to special educational needs and disability*. London. Department for Education.

DfE (2013). *Guidance for Local Authorities, Maintained Schools, PRUs, Academies, Free Schools and all AP Providers*. London. Department for Education.

DfE (2014). *Special Educational Needs and Disability Code of Practice: 0 to 25 years*. London. Department of Education/Department of Health.

DfE (2016). *Educational Excellence Everywhere*. London. Department for Education (White Paper).

DfEE (1997). *Excellence for All Children: meeting special educational needs*. London. The Stationery Office.

DfES (2004). *Removing Barriers to Achievement: the government's strategy for SEN*. London. Department for Education and Skills.

Dickson, J. (2016). "AP school for 'gifted' pupils wants riverside apartment" *Schools Week* 27 May: 4.

Dorling, D. (2016). "We are the extremists of Europe" *The Guardian (Education)* 23 February.

DTI (1998). *Our Competitive Future: building a knowledge-based economy*. London. The Stationery Office (Department for Trade and Industry).

Epstein, D., Elwood. J., Hey, V. and Maw, V. (1998). *Failing Boys? Issues in gender and achievement*. Buckingham. Open University Press.

Feinstein, L. (2003). "Inequality in early cognitive development of British children in the 1970 cohort" *Economica* 70: 73-97.

Frederickson, N. and Cline, T. (2009). *Special Educational Needs, Inclusion and Diversity* (2nd ed.). Maidenhead. Open University Press/McGraw-Hill.

Geake, J. G. (2009). *The Brain at School: educational neuro science in the classroom*. Maidenhead. Open University Press/McGraw-Hill.

Gedge, N. (2015). "Has inclusion failed?" *Times Educational Supplement* 9 October.

Gillborn, D. (2008). *Racism and Education: coincidence or conspiracy*. London. Routledge.

Gillborn, D. and Youdell, D. (2000). *Rationing Education*. Buckingham. Open University Press.

Goswami, U. (2006). "Neuro-science and education: from research to practice" *Nature Reviews Neuroscience* 7: 406-413.104

HM Treasury (2003). *Every Child Matters. Cmnd 5860*. London. The Stationery Office.

House of Commons Education and Employment Committee (1999). *Disaffected Children* (5th report). London. The Stationery Office.

House of Commons Children Schools and Families Committee (2010). *Young People not in Education, Employment or Training*. London. The Stationery Office.

Lee, E. (2011). *A Policy Driven by Prejudice Masquerading as Research*. Kent. Centre for Parenting Cultural Studies, University of Kent.

Maddock, A. B. (1854). *Practical Observations on Mental and Physical Disorders*. London. Simpkin and Marshall.

Marshall, P. (2013). *The Tail: how England's schools fail one in five children*. London. Profile Books

Murray, J. (2010). "And so farewell to the gifted and talented scheme" *The Guardian (Education)* 2 February.

Ofsted (2010). *The Special Education and Disability Review*. Manchester. Ofsted.

Ogbu, J. (1978). *Minority Education and Caste*. New York. Academic Press.

Perry, F. (2002). "Childhood experience and the expression of genetic potential: what childhood neglect tells us about nature and nurture" *Brain and Mind* 3: 79-100.

Rollock, N., Gillborn, G., Vincent, C. and Ball, S. J. (2015). *The Colour of Class: the educational strategies of the Black middle classes*. London. Routledge.

Santry, C. (2016). "Ofsted 'failing to check' equality law compliance" *Times Educational Supplement* 18 March.

Strand, S. (2013). "What accounts for ethnic achievement gaps in secondary education in England" *BERA Insights* 4/Autumn.

Strand, S. (2014). "Ethnicity, gender, social class and achievement gaps at 16: intersectionality and 'getting it' for the white working class" *Research Papers in Education* 29/2: 131-171.

Strand, S. and Lindsey, G. (2009). "Evidence of disproportionality in special education in an English population" *Journal of Special Education* 43/3: 174-190.

TBAP Multi Academy Trust (2016). Full page advertisement for staff at schools in this academy chain. www.tbap.org.uk.

Tickle, L. (2016). "Schools 'running on empty' decry funding changes as a cut too far" *The Guardian Education* 5 April.

Tomlinson, S. (2005). *Education in a Post-Welfare Society*. Maidenhead. Open University Press.

Tomlinson, S. (2008). "Gifted, talented and high ability: selection for education in a one-dimensional world" *Oxford Review of Education* 34/1: 59–76.

Tomlinson, S. (2012). "The irresistible rise of the SEN industry" *Oxford Review of Education* 38/3: 267–286.

Tomlinson, S. (2013). *Ignorant Yobs? Low attainers in a global knowledge economy*. London. Routledge.

Topham, G. (2016). "Libor fraudster's letter tells of his life behind bars" *The Guardian* 4 January.

Yates, D. (2016). "Exceptional situations" *Nasen Special* May edition.

Zeigler, A. (2004). "The Actiotope Model of giftedness" *Uner Forschunghsberichte aus der Padagogische Pyschologie*. 6/May: 1–29.

06장

전문직과 정치적 이해관계

그들은 아이의 무릎을 두드리고 머리를 재고난 후 뇌를 제외하고는 아무 문제가 없다고 말하더군요. (교육적으로 열등하다고 판단된 아들의 평가에 대하여 인터뷰한 어머니)

(Tomlinson, 1981: 272)

19세기부터 21세기에 이르기까지, 전문가들은 선진 사회developed societies에서 수많은 사람의 삶에 영향을 미치고, 통제하고, 규제할 수 있는 전례 없는 권한을 부여받았다. 전문가들은 현대 사회의 문제를 해결하기 위해 '전문가'가 필요하다는 현실적인 주장을 바탕으로 권위를 주장한다. 그들은 또한 자신의 전문 지식을 공익을 위해 사심이 없는 방식으로 사용하겠다는 정치적 주장도 한다. 빈곤, 범죄, 질병, 교육 등 문제가 있다고 여겨지는 사회생활의 모든 영역이 이제 전문가의 감시를 받게 되었다. 이러한 영역은 이제 전문가가 설명, 완화, 해결 또는 통제하지 않고서는 상상할 수 없는 영역이 되었다. 기능주의 사회학자인 탈콧 파슨스Talcott Parsons는 노동의 직업적 분업이 있는 사회 구조를 유지하는 데 특별한 지위와 명성을 가진 전문가가 필수적이라고 보았다. 의학, 법률, 기술, 교육이 그가 선택한 일반인이 갖지 못한 전문적 기술을 요구하는 제도적인 구조였다(Parsons, 1954). 파슨스는 또한 전문가들은 비전문가가 갖추지 못한 과학적 엄격함을 가지고 일한다고 주장했다. 그러나 막스 베버Max Weber는 전문가를 희소성과 시장성이 높은 기술에 대한 접근을 통제하며 계층화된 사회에서 중상위 계층에 위치한 직업군으로 보았는데, 전문가의 주요 특징으로 노동계층에 대한 상대적 우월성과 노동계층과의 거리감을 꼽았다(Weber, 1954).

일반적으로 통용되는 전문가의 이미지나 모델은 진정한 전문성의 '서비스 이상'이 국가 관료제의 요구보다 고객의 요구를 우선할 것이라는 19세기의 가정을 포함하고 있다. 이러한 가정은 전문가가 행사하는 통제를 완화하고 합리화시킨다. 장애 및 특수교육 문제에 관련하여, 다양한 전문가와 준전문가들이 특수교육, 통합교육, 대안교육 등 별도 서비스 제공의 정당한 대상자로 간주되는 점점 더 많은 수의 아동과 청소년을 대상으로 평가, 진단, 발견, 치료, 교육, 돌보는 일로 자신들의 생계를 유지하고 있으며, 이러한 것은 무능력의 수준을 유지시키는 데 도움을 주고 있다. 또한 1977년 라슨[Larson]이 제안한 것처럼, 직업과 계층 구조의 더 넓은 관점에서 보면 전문가는 교육과 경제 사이의 연결고리에 영향을 미치며, 따라서 직업과 지위에 대한 접근의 불평등을 정당화시키는 데 도움이 된다(Larson, 1977: xvii). 특수교육과 직업적 지위 사이의 연관성은 특히 리처드슨[Richardson]과 그의 동료들에 의해 문서화되었는데, 이들은 서구 시스템에서 특수교육을 받은 저성취자는 직업훈련과 낮은 수준의 고용만 가능하다는 가정이 항상 존재해 왔다는 것을 지적하였다(Richardson et al., 2017).

현재 대부분의 전문가는 국가 관료 조직 내에서의 전문가로 고용되어 있지만, 일부 전문가는 국가 지원금 삭감이나 민간 제공 시장으로 인해 19세기 민간 전문가 모델로 회귀하고 있는데, 의료, 심리, 개인 과외가 이러한 것들의 예이다. 관료제 내에서 행정가들은 점점 더 자신들을 전문가로 간주하고 있으며, 주정부와 민간 기업 및 관료 조직 모두에서 '조직 전문가'가 확대되었다. 조직 전문가는 사회복지사, 보육 전문가, 행동 '교정 전문가'와 같은 국가 관료 조직이 확대된 결과이다. 청소년 범죄 기관과 교도소의 관리자, 영국의 지역 교육청장 등이 조직 전문가의 예이다. 중앙 및 지방 당국의 관리자는 스스로를 전문가로 간주할 수 있지만, 자금과 자원을 배분하기 위해 전문적인 판단과 데이터 수집에 의존하므로 '기술 관료'라는 표현이 더 적절할 수 있다. 영국에서는 21세기의 두 번째 10년 동안 지역 당국의 예산 삭감이 엄청난 규모에 이르렀고, 의회는 더 저렴한 민간 서비스를 의뢰하도록 장려하고 있다. 우스터셔Worcestershire 카운티 의회는 우수한 위임commissioning 의회가 되겠다고 선언하면서 학습 및 성취도 서비스를 민간 제공업체에 넘겼는데, 이 업체는 방위 계약과 원자력 산업 및 공항 서비스를 전문으로 하는 다국적 기업인 밥콕 인터내셔널Babcock International의 한 지사였다. 이 회사는 5년 동안 카운티로부터 320만 파운드를 받아 밥콕 트레이닝 회사를 통해 지원 서비스를 제공했으며, 서비스 전문 직원 391명 중 103명을 즉시 해고했다(Worcestershire County Council, 2015).

영국과 미국에서는 교육 보조전문가educational para-professionals로 불리는 직업이 증가하고 있으며, 이는 다른 전문 분야에서도 비슷한 추세로 구급대원이나 법률 보조원과 같은 직업이 있는 것과 마찬가지이다. 전통적으로 전문가들은 고객에 대한 서비스 이념ideal과 배려를 주장했지만, 고객에 대한 무관심은 기존 전문직이 요구했던 권위와 복종을 요구하면서도 이념은 없는 조직 전문가들의 한 가지 발전 양상일 수 있다. 이 장에서는 교육 관료제에 고용된 전문가들이 유아교육기관, 학교, 학교 졸업 후 기관에서 장애인, 문제아, 특수 및 저성취자를 다루는 특정 임무를 수행할 때 발생하는 문제와 갈등을 살펴보았다. 특히 심리학, 의학, 신경과학, 교사, 교육 보조teaching assistants, 특수교육 전문가 등이 논의된다. 또한 학습과 가족을 지원하는 서비스의 민영화 증가에 대해서도 주목한다.

전문가는 누구인가?

의료 및 심리학 전문가들이 100년 넘게 특수교육을 지배해 왔다. 그렇지만 점점 더 많은 전문가가 현재의 교육 시스템에서의 골칫거리인 확대된 집단을 다루는 데 있어서의 정당한 개입을 주장하면서 기존의 기성 집단에 합류하고 있다. 실제로 이러한 집단은 이제 정부와 전문가들의 영역이 되어, 학부모나 시민단체 또는 활동가 집단과 같은 다른 집단의 대안적 담론과 견해로부터 거의 영향을 받지 않는다. 1996년에 나는 '조니[Johnny]와 질[Jill]'의 어려움을 돕겠다는 40여 개의 전문가 집단을 포함하는 그림을 그렸다(Tomlinson, 1996: 176). 이는 [그림 6-1]에 추가 사항과 함께 재현했으며 방과 후 지원 및 자원 단체가 도입되면 더 많은 것을 추가할 수 있다. 각 전문가 집단은 전문화된 훈련, 난해한 언어, '전문성'에 대한 주장 등을 포함하는 고유의 '전문성 문화'를 가지고 있으며, 자신들의 판단이 고객(아동과 부모) 및 다른 전문가들에 의해 존중되고 수용되기를 기대한다. 이 책의 서문에서 언급했듯이, 전문가들은 대체로 스스로를 자애로운 인도주의 이데올로기 안에서 일하는 것으로 여겼으며, 이는 오랫동안 특수교육 및 장애인과 함께 일하는 사람들에게 준종교적인 신성함을 부여했다. 이로 인해 이 이데올로기는 더 징벌적 자비라는 현실을 가렸고, 전문가의 전문성은 정부와 국가 관료제에 의해 문제가 되는 집단을 최소한의 비용으로 통제하는 데 사용되었다. 1970년대에 교육 수준이 낮은 아동을 위한 학교로 옮겨지는 아동들에 대한 연구에서 나는 다음과 같이 썼다.

> 전문가들은 수많은 아이를 교육 시스템에서 배제하는 것을 정당화하고, 경제적으로 안정된 시기에는 낮은 지위의 저임금 직종에, 불황기에는 실업 상태에 적합한 교육을 받을 수 있도록 추천하는 사회적 서비스를 수행하고 있었다.
>
> (Tomlinson, 1981: 25)

이러한 상황은 전문가와 정부의 개입이 불이익을 극복하고 취약하고 불행한 아동과 청소년의 삶을 개선하기 위해 고안되었다는 과장된 미사여구 외에는 크게 변하지 않았다.

스크리틱[Skrtic]은 "전문직은 강력한 사회화와 공동체가 수용하는 유효한 지식의 정의에 대한 공통된 노출을 바탕으로 구성원들이 세계에 대한 이미지를 공유하는 고립되고 자기 통제적인 공동체"라고 지적했다(Skrtic, 1995: 8). 주요 특징은 전문지식을 바탕으로 고객의 문제점을 다른 사람보다 더 잘 알고 있다고 주장할 뿐만 아니라 자신의 판단에 의문을 제기하지 않는다는 점이라고 설명했다. 또한 자신

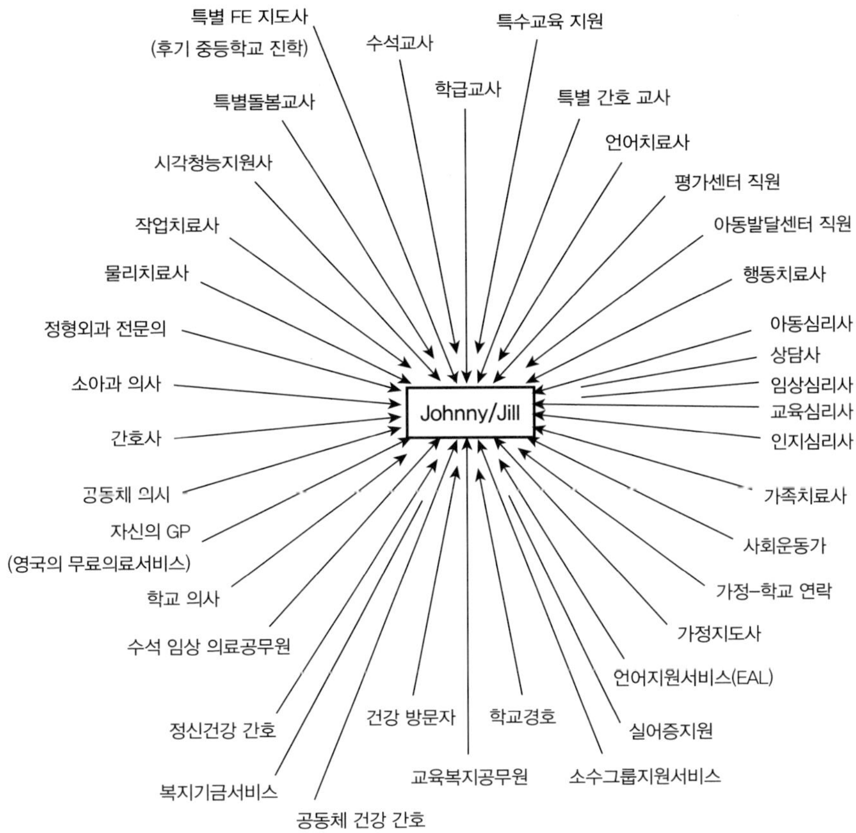

[그림 6–1] 조니[Johnny]와 질[Jill]에게 가능한 전문가 도움

의 뛰어난 능력을 판단하는 기준도 스스로 정의한다. 이는 때때로 매우 부정적인 결과를 초래할 수 있는데, 2000년대에 자폐성 장애의 '원인'에 대한 주장이 수많은 아동 사망을 초래한 것이 그 한 예이다.[1)] 그럼에도 불구하고, 전문 기관의 후원 아래 오랜 기간의 훈련을 통해 '전문적 신비감', 즉 그들의 업무와 언어에 대한 신비로운 분위기가 형성되며, 이는 기대와 존경을 받는 데 중요한 역할을 한다. 하버마스[Habermas](1974)는 약자 집단을 지배하고 통제하기 위해 언어가 어떻게 사용되는지를 상세히 조사했다. 특수교육에서 의료 담론에서 파생된 진단 및 '치료' 언어의 사용은 전문가에게 강력한 도구가 된다.

앞서 언급했듯이 커프[Kirp]는 영국과 미국의 특수교육을 비교하면서 "영국의 전문가 모델은 본질적으로 전문가와 행정가가 끊임없이 확장하는 고객을 대신하여 합의된 공동 목표를 향해 함께 일하는 인도주의적 복지 모델"이라고 썼다(Kirp, 1983: 83). 그는 워녹[Warnock] 위원회가 보고서를 작성하기 위해 미국을 방문했을 때 행정심판과 소송에 의존하는 미국의 모습에 '경악'했다고 기록했으며, 워녹 자신도 "누군가가 자신의 권리를 요구하는 광경에 대해 매우 매력적이지 않은 무언가가 있다."고 선언했다(같은 책: 95). 1989년 풀처[Fulcher]는 특수교육 분야에서 이러한 관점이 작동하는 방식에 대한 엄격한 비판을 내놓았다. 권리에 대한 요구가 완전한 참여와 시민권에서 배제된 사람들을 위한 가장 분명하고 진보적인 전략이지만, 전문가의 개입, 통제, 규제의 관료적 실행은 오히려 장애인과 특수교육대상자를 소외시키며 이들의 권리를 부정하는 과정에 도움을 준다(Fulcher, 1989). 또한 전문가의 신비주의가 정보 거부를 동반하는 경우 권리를 주장하기가 더 어렵다. 1980년 정부 백서에서는 아동이 특수교육이 필요한 것으로 기록될 때 "부모에게 기록 뒤에 있는 전문가 보고서를 완전히 공개하도록 요구하는 것은 잘못된 것이다. 전문가 보고서는 기밀로 유지되어야 된다."(DES, 1980: 18)라고 권고했다. 이후 정부가 부모에게 권한을 부여하고 파트너십을 구축해야 한다고 주장했음에도 불구하고 여전히 많은 가족들은 충분한 정보와 상담을 받지 못하고 있으며 완전한 정보를 거부당하고 있다고 느낀다는 것은 사실이다.

'심리[psy]' 과학과 심리학의 영향력

영국과 미국의 학교 시스템에서 특수, 장애, 문제아를 점진적으로 제거하거나 차별화하는 과정에서 교육심리학은 특별한 우위를 차지하게 되었다. 교육심리학에 관한 최초의 교과서는 정신 측정 기술이 등장하기 훨씬 전에 미국에서 제작되었다. 다윈[Darwin]이 『종의 기원[On the Origin of Species]』(1859)에서 발견한 사실들은 사회적 다윈주의[Social Darwinism]로 이어진 인간 종에 대한 연구에 통합되었으며, 사회

생물학적 가정이 개인, 가족, 인종적 결함에 대한 유전학적 믿음을 뒷받침했다. 그러나 사회적 결함의 전달에 대한 유전론적 주장은 1840년대부터 존재해 왔다(Rosenberg, 1974). '더 높은 정신적 과정'이 사람들 간의 더 많은 협력을 통해 사회 발전에 기여한다는 도덕적, 윤리적 믿음도 있었기 때문에 이러한 초기의 믿음이 반드시 악의적인 의도를 가지고 있었던 것은 아니었다(Baldwin, 1899). 리처드슨Richardson과 브래들리Bradley가 제안했듯이, 교육과 가르침이 심리학의 '과학적' 원리(우생학적 사고를 포함한 원칙)에 근거한 교육학에 의해 개선될 수 있다는 믿음이 의문시되어야 했다(Richardson & Bradley, 2014).

돌이켜 보면, 20세기 초 심리학의 지식 기반이 인간의 퇴행과 범죄, 빈곤, 신체 및 감각 장애, 정신이상, 정신지체(지적장애)의 일달에 대한 우생학적 이론에 기반을 두게 된 것은 불행한 일이었다. E. L. 손다이크Thorndyke의 다작, 특히 교육심리학에 관한 저서에서 그는 개인차에 대한 개념을 강조했다. 다른 초기 심리학자들과 마찬가지로 그는 이러한 차이를 측정할 수 있다고 굳게 믿었다(Thorndyke, 1913). 정신 검사 운동의 부상은 논쟁의 여지가 많은 개인차에 대한 주장을 입증하고 정당화하기 위해 생겨났으며, 그 결과 많은 아동의 처우를 열악하게 하는 경우로 이어졌다. 로즈Rose가 심리학, 정신의학, 그리고 접두사 '심리psy'가 붙은 기타 분야를 '정신과학'이라고 지칭한 것처럼 그 발전의 역사가 다양하지 않은 것은 아니지만, 현재의 실무자들은 존경할 만한 전통은 인정하고 불명예스러운 과거와는 단절되기를 열망한다(Rose, 1998: 42). 따라서 일부 심리학자들은 이 책의 4장에서 논의한 역사를 더 이상 중요하지 않은 것으로 일축하고, 새로운 우생학적 유전 이론과 거의 항상 노동계층과 비노동계층, 빈곤층과 불우한 사람들에게 해로운 것으로 간주되는 테스트 측정 사이에 아무런 연관성을 찾지 않으려 한다.

푸코Foucault의 저서(Foucault, 1991)가 증언하듯이, 국가 권력을 뒷받침하기 위한 심리학의 수용은 여성의 무능과 의존성, 잠재적 범죄 성향, 흑인과 소수집단 아동의 낮은 능력, 노동계층의 불가피한 낮은 지위 등의 이론을 뒷받침하기 위해 여러 차례 사용되었다. 하층계급의 정신 능력이 교육과 고급 기술 습득에 덜 적합하다는 경험적 '증거'는 자신과 자녀의 경제적 미래를 걱정하는 중산층, 특히 재산이 없고 월급 생활자인 중산층에게 안도감을 주었다(Richardson & Bradley, 2014). 교육심리학이 20세기에 그토록 큰 영향력을 발휘하게 된 이유와 정신 측정, IQ 테스트에 대한 존중, 지능을 추정하는 종형 곡선bell curve의 재현이 21세기에까지 받아들여진 이유는 여전히 논쟁의 여지가 있다. 그러나 사회 경제적 구조를 반영하는 지능 구조의 개념은 대중의 상상력과 엘리트들의 신념에 고정되어 있다. 2002년 이후 약 7번이나 재출간된 필립 카터Philip Carter의 저서 『IQ와 심리 측정 테스트IQ and Psychometric Tests』(2015)와 같은 교과서의 출판은 여러 오류를 포함하고 있지만,[2)] 테스트의 난해한 신비와 테스트가 자신과 자녀, 사회계층에서 자신의 위치에 대해 더 많이 설명할 수 있는 방법을 알고자 하는 대중의 요구에 대한 하나의 반응이다. 니콜라스 로즈Nikolas Rose는 다음과 같이 썼다.

> 사람들의 행동은 …… 심리적 화면에 표시되고, 현실이 심리적 분류에 따라 질서화되며, 능력, 성격, 태도 등이 사회 당국과 심리학 이론가 모두의 심의와 계산의 중심이 되는 곳에서 두드러지고 이해하기 쉬워진다.
>
> (Rose, 1998: 60)

실질적으로 이는 학교와 지방 당국이 IQ가 95이고 학습과 행동에 문제가 있으며, 전문적, 정치적 이해관계에 따라 주류교육에서 배제되어야 하고, 학교 내 특수교육 부서로 옮겨지거나 대안학교로 배정되며, 훗날 실업자가 되거나 당국, 동료 시민 및 그 자신의 눈에 낮은 사회적 지위를 가질 수 있다는 것을 '알고' 있음을 의미할 수 있다.

지난 반세기 동안 교육심리학자의 역할은 아동에 대한 개별검사에서 더 넓은 범위로 발전했다. 1965년 150개 지방 당국이 414명의 교육심리학자를 고용했으며, 1968년 보고서(Summerfield, 1968)에서는 아동 서비스, 청소년 법원, 보호 관찰 및 취학 전 서비스, 학교와의 관련성을 언급하면서 아동 10,000명당 심리학자 1명을 배치할 것을 권장했다. ESN 학교교육을 위한 아동 의뢰에 관한 연구에서 인터뷰에 응한 교육심리학자들은 아동을 일반교육에서 특수교육으로 옮기는 데 중요한 인물로 부각되었지만 수석 교사들은 그들의 역할이 파괴적이고 학습이 느린 아이들을 학교에서 배제시키는 것을 정당화하는 것이라고 예상했다(Tomlinson, 1981). 2000년까지 DfEE의 한 보고서에서는 800명 이상의 교육심리학자가 있다고 집계하였고, 그들의 작업은 지방 교육 당국에 의해 특수교육을 위한 법정 평가뿐만 아니라 기타 학교 및 취학 전 지원에서도 가치 있게 여겨졌다(Kelly & Gray, 2000). 1960년대에 소수집단을 위한 문화 공정 시험과 제2언어 시험에 대한 격렬한 논쟁은 거의 잊혀졌고, 시험은 이제 공정하다고 가정하게 되었다.

테스트 및 사고 방식

전통적인 심리 검사와 함께, 영국 학교에서는 검사 사용이 증가했다. 이는 정부가 궁극적으로는 취학 전 단계를 포함한 주요 단계에서 표준화된 검사를 시행해야 한다고 주장하였으며, 시험 점수와 공개시험으로 학교를 평가하는 것뿐만 아니라, 인지 과학의 발전과 학교 내 인지 검사의 수용을 통해서도 이루어졌다. 2002년 한 저널리스트는 다음과 같이 지적했다.

> 인지 평가는 호황을 누리고 있으며, 매년 약 150만 명의 학생이 시험을 치르며, 그 수는 계속 증가하고 있다. 원래 전통적인 IQ 테스트의 오명으로 인해 인지 평가는 종합적인 학교 교육의 여파와 결정론 및 편협한 문화적 편견의 연관성으로 인해 인기가 떨어졌다. 그러나 이제 학교는 다시 시험을 사용하고 있는데, 학생을 분류하고 학생과 교직원의 목표를 설정하며, 성취도가 낮은 학생을 구제하고, 학생에게 추가된 가치를 측정하는 도구로 시험을 다시 활용하고 있다.
>
> (Kirkman, 2002)

예를 들어, 현재 중등학교에서는 두 가지 주요 테스트를 사용하여 학생들을 분리하고 있다. 한 가지는 미드이스[MidYis]로, 기초 능력, 추론 및 문제해결력을 테스트하는 비언어적 시험이며, 다른 한 가지는 GCSE 성적의 예측 지표로 인정받는 옐리스Yellis 시험이다. 예측을 목적으로 하는 시험의 핵심은 교사가 이러한 가정된 수준에 맞춰 가르친다는 점이다.

21세기의 두 번째 10년까지 영국과 미국의 학교 시험은 교사와 학부모의 시험 반대 캠페인이 전개될 정도로 불균형적인 수준에 도달했다(Adams, 2016; Marcus, 2016; Ward, 2015). 영국의 몇몇 학교에서는 고정된 능력 사고를 넘어 '한계 없는 학습'의 원칙을 장려하려는 시도가 있었다(Bragg, 2015). 하트퍼드셔Hertfordshire의 브룩샘 스쿨Wroxham School에서는 정부 고문이 된 교장이 지능을 고정되고 측정 가능하며, 타고난 것으로 믿는 믿음을 줄이려는 의도로 학습에 접근하는 교육과정과 조직을 선구적으로 만들었으며, 이러한 것은 성취도와 관련된 능력 그룹화를 폐지시켰다(Peacock, 2015). 데본Devon의 한 학교는 개별 과목을 가르치는 것을 포기하고 도전적으로 Lbacc, 즉 학습 학사 학위Learning Baccalaureate라고 불리는 것을 선구적으로 도입했다(Stanier, 2015). 미국의 심리학자 캐롤 드웩Carol Dwek이 개발한 개념인 '성장 사고 방식growth mindset'의 인기는 고정된 지능에 대한 믿음에 도전하는 것처럼 보였다(Dwek, 2006, 2012). 지지자들은 아동의 두뇌는 교사들의 낮은 기대치와 학습에 대한 태도에 영향을 받지만, 이러한 것은 보다 긍정적으로 바꿀 수 있다고 주장하였다. 정부 지원 교육 기부 재단Education Endowment Foundation은 '사고방식의 변화'가 11세의 시험 결과를 개선할 수 있는지 연구하기 위해 29만 파운드의 보조금을 수여했다. 민간 기업 포지티브 엣지Positive Edge는 이 연구를 위한 비디오와 자료 개발에 참여했으며, 그 최고 경영자는 두뇌를 더 탄력적으로 변화시키면 시험 성적을 높이고 부유한 학생과 가난한 학생 간의 성취도 격차를 줄일 수 있다고 주장했다. 회복탄력성 있는 두뇌와 함께 현 교육부 장관인 니키 모건Nicky Morgan은 '그릿grit'을 키우기 위해 고안된 프로그램에 자금을 지원했다. 이는 결단력과 자제력이 시험 점수를 향상시킨다고 주장하는 미국 심리학자(Duckworth, 2016)가 개발한 개념이다. 미국의 교육사학자 다이앤 래비치Diane Ravitch(2016)는 회복탄력성과 '그릿'을 가르치는 것이 시험 점수를 향상시킬 수 있다는 가정은 '말도 안 되는 소리'이며, 학생들의 그릿으로 학교와 교사들을 평가하는 것은 광기에 가까우며, 사고방식을 바꾸지 않는다고 아동을 비난함으로써 실패를 개인화하는 또 다른 방법이라고 지적했다. 그릿, 인성, 회복탄력성에 대한 심리적 개념은 불평등에 대한 구조적 설명에 대한 관심이 없는 정책 입안자들에게는 인기있었다.

의료적 영향

19세기부터 미국과 영국의 의료계는 장애와 결함을 진단하고 치료할 수 있다고 주장하면서 자신들의 명성과 영향력을 강화시켜 나갔다. 영국에서는 의료인들이 결함 아동에 관한 위원회를 장악했으며 다양한 유형과 등급의 결함에 대한 임상적 정의를 고안했다. 백치를 위한 최초의 수용소 중 한 곳의 의료 책임자는 'V자형 입천장, 크고 거친 돌출 귀, 고정된 시선, 구부러진 새끼손가락'(Pritchard, 1963: 137)을 검사하는 정신박약(지적장애) 검사를 고안해 냈다. 1913년과 1944년 「교육법 Education Acts」에 따라 학교 의료진은 결함이 있는 것으로 간주되는 아동을 확인해야 했다. 1907년에 처음 임명된 학교 의료진은 평가 및 후속 인증 절차에서 주요 역할을 담당했다. 1944년 이후에도 장애 판정을 위한 건강 검진 요건은 계속해서 법으로 정해졌고, 학교 의료 책임자는 지방 당국의 최고 전문직 및 정치적 이해관계자였으며, 아동을 '신체 또는 정신장애'로 평가하는 최종 양식에 서명하는 것은 의사였다. 부모들은 종종 평가 절차에 대하여 혼란스러워했지만, 의료적 개입에 대하여 더 명확하게 이해하였으며, 의사의 의견을 존중하는 것이 중요하다는 것을 이해하였다. 이 장의 첫머리에 인용된 어머니는 의사의 검진에 깊은 인상을 받았지만 '뇌에 문제가 있다.'라는 진단을 받고 특수학교로 옮기게 되자 혼란스러워했다. 1981년 특수교육대상 의뢰자에 대한 '다중 전문가 평가'를 옹호하는 법이 제정된 후에도 혼란은 계속되었고, 전문가들은 자신의 전문성을 지키려고 몹시 경계했으며, 지식을 공유하는 데 익숙하지 않았다.

장애의 의료적 모델에 반대하는 운동가들은 장애를 치료할 수 없다고 강조하는 의학적 임상 접근법이 장애인의 기회와 참여에 대한 접근을 제한한다는 사실을 확인했다. 의료적 개입에 대한 혼란은 주로 규범적 조건과 비규범적 조건의 혼동으로 인해 계속되었다(Tomlinson, 1982: 65). 규범적 조건은 신체 및 감각 문제, 언어 결함, 중도 및 최중도 학습장애(미국에서는 저발생 범주라고 함)와 같은 특정 종류의 장애가 존재한다는 것에 대해 어느 정도 합의할 수 있는 경우이다. 그러나 특별한 요구가 필요하거나 학습장애가 있거나 학업 성취도가 낮으며 학교에서 방해가 되거나 문제를 일으키는 것으로 지정된 아동과 청소년의 대다수는 비규범적 범주에 속한다(미국에서는 발병률이 높음). 의학계나 심리학계에는 이들을 '진단'할 수 있는 적절한 측정 도구가 없다. 판단은 아동에게 내재된 자질보다는 결정을 내리는 사람의 가치관, 신념, 관심사에 따라 달라진다. 이는 1981년에 발표된 연구의 인터뷰에서 설명되었는데, 의사는 '거친' 아동에 대한 사회적 판단을 내렸으며, 심리학자는 학습과 교수법을 통해 성취도를 설명했고, 교사는 통계적 IQ 측정에 의존했다(Tomlinson, 1981: 10). 난독증, ADHD, 자폐성 장애 및 자폐 스펙트럼과 같은 새로운 범주의 확장은 이러한 범주에 대한 의학 및 신경과학의 관심이 규범적, 비규범적 영역에 걸쳐 있는 것처럼 보이면서 더 많은 혼란을 야기했다.

학교 보건 서비스를 포함한 보건 서비스의 지속적인 개편은 1978년 워녹Warnock 위원회가 구상했던 전문가 간의 협력과 원활한 팀워크를 향상시키지 못했다. 2014년 영국 실천 강령Code of Practice에 따른 권리와 의무를 이해하려는 사람들은 다음의 지침을 따르는 데 어려움을 겪을 수 있다. "2014년 「아동 및 가족법Children and Families Act」 제25조는 교육 제공과 훈련 제공, 보건, 사회복지 제공 간의 통합을 보장하기 위해 지방 당국에 의무를 부과하고 있다……. 지방 당국과 임상 위탁 그룹(CCG)은 특수교육 요구와 장애가 있는 특수교육 및 장애아동과 청소년을 위한 교육, 건강 및 돌봄 제공을 위한 공동 위탁 준비를 해야 한다." 또한,

> 공동 위임은 지역 요구사항에 대한 명확한 평가를 바탕으로 이루어져야 한다. 보건 및 복지위원회는 예방, 식별, 평가, 조기 개입과 통합된 접근 방식을 지원하기 위해 공동 전략적 요구 평가 및 공동 보건 및 복지 전략을 개발해야 한다.
>
> (DfE, 2014: 38-39, 섹션 3-3 및 3-4)

이에 대해 '그들에게 행운을 빈다.'고 말하고 싶지만, 독립 학부모 특수교육 자문 패널Independent Parental Special Education Advice Panel의 최고 책임자가 지적했듯이 변호사, 수석 교사, 학부모는 이러한 요구 사항이 '절대적인 혼란을 야기하고 있다.'는 사실을 발견했다. "대부분은 지방 당국에 전달되는 잘못된 정보가 학교에 전달되어 학부모와 보호자에게 전달되는 데서 비롯된다."(Harris, 2015). 2014년 실천 강령Code of Practice은 주로 기존 특수교육 범주에서 3% 미만으로, 쉽게 인식할 수 있는 규범적 장애와 어려움을 가진 소수의 아동과 청소년에 관한 것이다. 18~30%의 비규범적 장애, 즉 '특수교육 요구를 가지고 있거나' 단순히 성취도가 낮은 것으로 간주되어 주류학교에 포함되거나 배제되는 아동과 청소년에 대한 논의나 방향은 거의 없다.

신경과학과 더 나은 두뇌

1970년대에 '뇌에 이상이 있다'는 이유로 ESN 학교에 입학할 수 있었다면, 신경과학의 발전은 어디로 이어질까? 힐러리Hilary와 스티븐 로즈Stephen Rose가 "열광론자들은 뇌파검사(EEG)와 기능적자기공명영상(fMRI)을 통해 뇌를 들여다보면 사이코패스, 범죄자, 테러리스트가 범죄 행위를 저지르기 전에 식별할 수 있다고 주장한다."라고 지적했듯이, 이제 정부에서 우리의 생체 의학 데이터와 DNA를 수집할 수 있게 되면서 신경 기술 과학은 그다지 뒤처지지 않았다(Rose & Rose, 2012: 22). 인지 과학은 인간의 뇌가 어떻게 작동하는지 이해하기 위한 전 세계적인 탐구가 필요하다고 주장하고 있으며, 교육 신경과학자들은 발달 중인 뇌에 대한 대규모 정보 데이터 세트를 통해 이익을 얻을 수 있다고 주장한다. 물론 현재 그러한 데이터베이스는 존재하지 않는다(Geake, 2009: 21).

그럼에도 불구하고 5장에서 지적한 것처럼 가장 큰 문제는 정치인들과 일부 교육학자들이 결핍되고 방치된 두뇌에 대한 결론을 기꺼이 도출하고 있으며, 다시 한번 하위 사회계층과 빈곤층에게 해를 끼친다는 것이다. 2008년 영국 내각부 보고서에서처럼 '결핍된 두뇌가 영국의 사회 이동성 부족과 관련이 있다는 발표는 이러한 아이디어를 무비판적으로 수용하는 것의 위험성을 보여 준다(Cabinet Office, 2008). 이와 같은 주장들은 미국 학자 브루스 페리Bruce Perry의 2002년 논문(부제: '어린 시절의 방임이 본성과 양육에 대해 알려주는 것', Perry, 2002)에 근거하고 있다. 이 논문은 모든 아동이 안정적이고 사랑스러운 환경에서 자란다는, 정확히 알려지지 않은 사실을 지적했지만, 그가 사용한 사례는 동물 연구, 야생 아동, 전쟁 지역의 고아원 아동의 사례였다. 그의 논문 93쪽에는 앨런Allen이 정부에 제출한 보고서(Allen, 2011)의 표지에 실린 두 장의 뇌 스캔 사진이 실려 있는데, 이 책의 5장에도 이 사진이 재현되어 있다. 이후 많은 비하적 기사에서 '정상 뇌'와 '극도로 방치된' 뇌의 사진을 재생산했다. 2014년 페리는 런던에서 정부 지원으로 운영되는 조기 개입 센터에서 강연을 했는데, 당시 이언 던컨-스미스Iain Duncan-Smith 노동연금부 장관이 청중석에 앉아 페리를 고무적이며 영향력 있는 인물로 소개했다. 페리는 다시 고아원과 고아들을 언급했다. 이러한 가정은 비판의 대상이 되었는데, 특히 '고아원에서 공영 주택 단지로의 정책적 도약'을 조장하고 빈곤 속에서 자라는 것이 아동의 뇌를 돌이킬 수 없게 손상시킨다는 암묵적 가정(Butler, 2014)이 비판의 대상이 되었다. 존 브루어John Bruer는 『첫 3년의 신화The Myth of the First Three Years』(Bruer, 2002)를 통해 신경과학 중재에 쓰이는 돈이 실제 교육과 평생 학습에서 더 잘 쓰일 수 있다고 주장했다.

다른 신경과학자들은 '뇌 기반' 도구와 교육 접근법의 적용이 느슨하고 사실적으로 부정확한 연관성을 드러낸다고 주장했으며, 스마이어스Smeyers는 뇌와 교육에 대한 과장된 주장을 하기 위해 신경과학의 미사여구를 사용하는 여러 연구 결과를 분석했다(Smeyers, 2013). 일부 기사에서는 빈곤이 태어날 때부터 두뇌를 위축시킨다고 계속해서 주장하고 있다(Reardon, 2015). 신경과학자 스티븐 로즈Stephen Rose는 뇌가 내외부 환경 변화에 계속 반응하면서 아동기부터 사춘기와 성인기에 이르기까지 일어나는 미묘한 변화에 대해 알려진 바가 거의 없다고 지적하였으며(Rose, 2005), 오랫동안 신경과학의 남용 가능성에 대해 우려해 왔다. 그는 특히 주의력 결함 과잉 행동 장애Attention Deficit Hyperactivity Disorder(ADHD) '진단'이 증가하는 것에 주목했는데, 이는 아이들이 어떻게 행동할 것으로 기대되는지에 대한 가치 판단이 통계적 의미에서 '정상' 행동을 정의하는 전형적인 사례이다. 그는 행동을 통제하기 위해 약물을 마케팅하는 제약 회사의 수익이 기하급수적으로 증가했음을 지적했다. 노바티스Novartis가 판매하는 리탈린Ritalin은 미국과 영국에서 모두 사용되는 수익성 높은 약물이다(Rose, 2005). ADHD로 '진단'된 아동에게서 자폐성 장애 및 정신분열증과 관련된 유전자 변이가 발견되었다는 연구 결과가 발표되면서 ADHD를 나쁜 행동이 아닌 발달장애로 간주해야 한다는 견해가 제기되었지만, 이 역시 결함이 있는 유전자는 실제로 확인되지 않았다(Boseley, 2010).

멜로니Meloni와 그의 동료들은 사회생물학이 미래에 어디로 나아갈지 논의했는데, 그들은 정부가 일부 사회 집단의 박탈된 환경이 그들을 손상시키고 심지어 미래 세대에게 피해를 전가할 수 있다는 주장을 이용할 수 있다는 점을 우려했다(Meloni et al., 2016). 이는 일부 후성유전학자들epigeneticists이 주장한 바 있다. 역사학자인 카츠Katz가 지적했듯이, 사회생물학에 기반한 계층 및 인종 연구의 부활은 '자격이 없는 빈곤층의 생물학적 열등성'에 대한 반복적인 믿음으로 이어질 수 있다(Katz, 2014: 359). 교사들에게 특히 중요한 것은 저명한 신경과학 교수와 전문가들이 왕립 학회Royal Society에 제출한 논문에서 신경과학을 교육 정책의 도구로 사용해야 하며, "모든 연령대의 특별한 교육적 요구를 위한 교사 연수 제공자는 난독증, 난산증, ADHD와 같은 학습장애의 신경생물학적 토대에 초점을 맞추는 것을 고려해야 한다."고 권고했다는 점이다(Royal Society, 2011: 19).[3] 그러나 장애를 대하는 교사의 태도에 관한 설문조사에 따르면 교사들은 ADHD 또는 자폐 스펙트럼 장애 진단을 받은 학생보다 신체장애학생을 가르치는 것을 더 선호하는 경향이 있음을 보여 주었다. 이는 행동에 문제가 있는 학생보다 '휠체어를 탄 밝고 용감한 아이'가 더 수용되기 쉽기 때문이라고 이해할 수 있다.

나쁜 행동에서 정신건강에 이르기까지

2014 영국의 「아동법Children Act」과 실천 강령Code of Practice 이후, 특수교육에서 변화하는 명칭과 범주를 연구하는 이들은 다음의 DfE 통계표(DfE, 2015-추가 표 B1)에서 볼 수 있듯이 100년 넘게 학교, 심지어 특수학교에서도 아동을 배제하는 주요 이유였던 파괴적 행동이 공식적인 영국 분류에서 사라졌다는 사실에 놀라워 했다.

행동정서사회장애Behavioural, Emotional and Social Difficulties(BESD)는 사회정서정신건강(장애)Social, Emotional and Mental Health으로 대체되었다. 일반학교는 물론 특수학교에서 파괴적이거나 문제가 있다고 간주되는 학생들은 어디로 갔을까? 그 대답은 대다수가 확장된 대안교육, (오늘날 대안교육로 알려진) 학생 추천 단위Pupil Referral Units, 자유 특

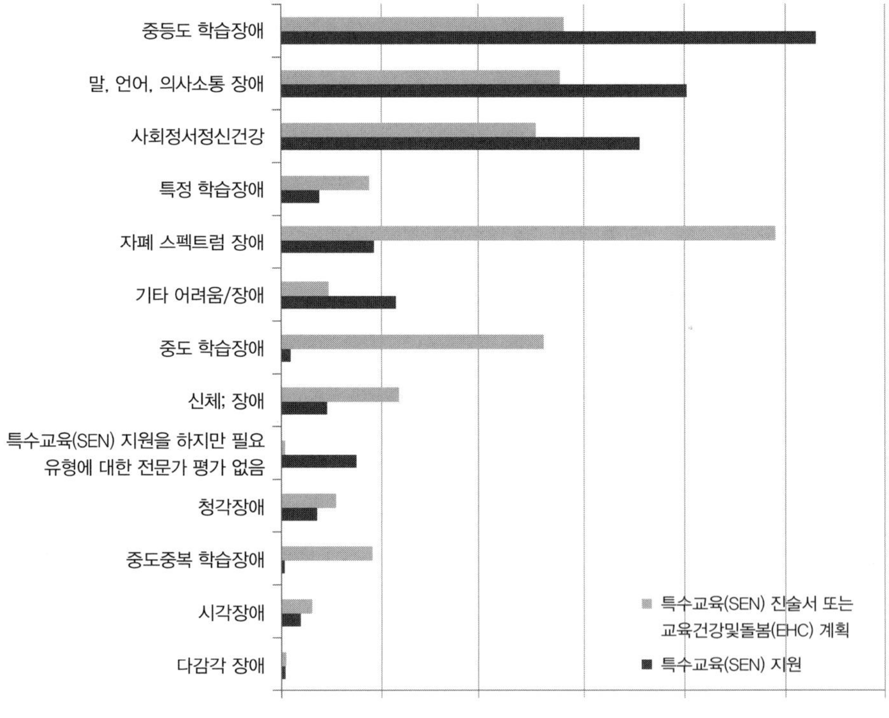

[그림 6-2] 2015년 1월 기본 요구 유형별 특수교육(SEN) 진술서 또는 교육건강및돌봄(EHC) 계획을 갖춘 학생 비율

수학교, 종종 지방 당국이나 민간 제공자가 운영하는 불특정 기관에 갔거나 갈 예정이라는 것이다. 5장에서 언급한 바와 같이, 이들을 내보내는 것은 학교장이 조언을 구한 후 이들을 제외하되 학교 예산 배정에서 그 제외 비용을 지불하는 방식으로 강화될 것이다. 이렇게 하면 아무런 대책 없이 일반(교육)에서 배제되는 우려스러운 숫자를 줄일 수 있다. 이 조항을 통해 일반교사를 '파견'하여 가르치도록 하면 실제 일반수업에서 배제되는 것을 완화할 수 있다.

자폐 스펙트럼 장애의 범주는 인식 가능한 규범적 조건과 가치 판단에 의존하는 조건 모두를 포함하며 기하급수적으로 확장되었으며, 학교와 가정에서 문제가 되는 많은 행동을 포괄하게 되었다. 자폐성 장애와 자폐 스펙트럼 장애의 확장을 설명하려는 많은 문헌이 있다. 사회학자들이 쓴 자폐성 장애의 사회적 기원을 조사한 어떤 책에서는 자폐성 장애라는 범주가 원래 정신지체(지적장애)와 같은 명칭이 받아들여지지 않는 데서 비롯된 문화적 구성물이라고 제안했으며, 자폐 스펙트럼 장애의 인기는 아동을 정신지체(지적장애)나 정신질환으로 분류하지 않는다는 점에 있다고 주장했다(Eyal, 2010). 2015년까지 자폐 스펙트럼 장애는 일반교실 안팎에서 계획과 자원을 받는 가장 많은 수의 학생을 포함하게 되었다. 몇 년 전, 하원 공공회계위원회는 자폐성 장애에 대한 보고에 전체 세션을 할애하여 자폐성 장애를 '사람들이 세상과 상호작용하는 방식, 특히 사회적 의사소통에 영향을 미치는 평생의 발달장애'로 정의했다(House of Commons, 2009: 1). 자폐성 장애와 자폐 스펙트럼 장애에 대한 진단이 확대되어 젊은이들 100명 중 1명이 영향을 받고 있으며, 남자 아동이 더 많다는 주장이 제기되고 있다(Lee, 2016). 자폐성 장애를 위한 여러 개의 자유학교가 설립되었거나 준비 중이었다. 언론에서도 "요즘 TV에서는 자폐인을 피할 수 없다."는 발언이 나올 정도로 관심이 매우 높았다(Hattenstone & Hattenstone, 2016).[4] 많은 공격적인 행동도 자폐성 장애로 '진단'된다. 자폐성 장애를 진단하고, 행동 프로그램을 개발하고, 자폐성 장애를 위한 특수학교를 개설하기 위해 전문 서비스, 의료, 심리, 교육, 인력 등 전문 서비스의 증가가 요구되고 있다. 공적 회계 위원회는 실업이나 복지 혜택 청구를 방지하기 위해 취업 담당 직원, 직업 센터 및 수당 담당 직원에게 자폐성 장애와 기타 장애에 대한 정보를 제공해야 한다고 우려하였다. 자폐성 장애라고 주장하는 것은 중산층 젊은이와 가족에게서 더 흔하며, 이들은 자원을 요구할 만큼 명확하게 표현하고, 많은 이들이 '진단'을 받고, 결국 교육 서비스를 받는 데 성공하고 있다. 노동계층 및 비노동계층 아동은 자폐성 장애로 명명되지 않고 학생 추천 단위Pupil Referral Units 및 기타 대안교육으로 분류되지 않아 제외될 가능성이 더 높으며, 앞서 언급했듯이 일반적으로 학교교육을 잘 받지 못한다.

정신건강에 대한 정부와 대중의 인식이 높아지고 있으며, 정신건강에 대한 평가와 치료의 확대를 담당할 전문가 집단이 늘어나고 있다. 2003년 '모든 아동이 중요하다Every Child Matters' 의제는 아동의 사회적, 정서적 웰빙을 포함한 아동의 '안전보호'를 요구했고, 이에 따라 학교 내 웰빙Well-Being in Schools에 관한 의회 그룹이 결성되었다. 에클스톤Ecclestone과 헤이즈Hayes는 치료적 교육의 위험한 증가 Dangerous Rise in Therapeutic Education(2009)를 우려했고, 이로 인해 교육 시스템을 통해 아동, 청소년, 성인의 정서적 요구와 인지된 취약성을 평가하기 위한 개입이 쇄도하게 되었다(같은 책: ix). 영국 교육부는 정서 역량을 평가하기 위해 약 40개의 검사 목록을 만들었으며, 수천 명의 교사, 학습 보조원, 장애 연락관, 학습 지원 관리자, 치료사 등이 아동의 정서적 웰빙을 개선하기 위해 고용될 예정이었다. 에클스톤과 헤이즈가 글을 쓴 이후 우울증, (주로 소셜 미디어를 통한) 학교 폭력 및 괴롭힘, 특히 소녀들의 거식증과 자해, 젊은 남성의 자살 증가 등 '손상된' 아동과 청소년을 위한 자원과 치료에 대한 수요가 더욱 폭발적으로 증가했다. 정치인, 연예인, 스포츠 선수와 같은 유명인들의 비극적인 삶에 대한 이야기는 잘 팔리며, 이러한 공개적 노출이 우울증, 자해, 스트레스를 인정할 수 있게 된 다른 이들에게 안도감을 주기 때문에 긍정적이라는 주장이 제기되었다. 그러나 푸레디Furedi는 정서적, 사회적 취약성의 대중화와 이에 대한 치료적 대응을 자세히 분석한 결과(Furedi, 2004), 아동에 대한 전문가들의 낮은 기대치를 악화시켰다는 결론을 내렸다. 정부도 현대 생활의 스트레스가 아동과 성인에게 미치는 영향을 주목하지 않을 수 없었다. 장애 및 증후군 목록, 아동의 '불행'에 대한 설문조사, 정서 지능 및 정서적 문해력에 관한 문헌, 학습의 사회정서적 측면을 위한 프로그램social and emotional aspects of learning(SEAL),

국립 건강 학교National Healthy Schools, 치료 산업이 확산되면서 이러한 문제를 다루는 전문가를 자처하는 사람들이 늘어났다.

여기서 문제가 되는 것은, 정부가 젊은이들의 불행에 대해 우려를 표명하면서도, 교육 정책은 실제로 교과 중심의 '학업' 교육과정을 고집하고 있으며, 교육 시스템의 모든 수준에서 시험, 측정, 경쟁을 보편화함으로써 스트레스와 긴장을 증가시켰다는 점이다. 현재 이러한 현상은 점점 더 심화되고 있는 것으로 보인다. '세계적 수준의 표준'을 달성하고 다른 국가와 경쟁하기 위해 교육 수준을 향상시켜야 한다는 미사여구는 시험이 선별과 배제를 위해 고안되었으며, 실패를 낳는다는 현실을 은폐한다. 영국에 남아 있는 문법학교에서 11+의 합격 여부 때문에 과외와 훈련을 받는 아동의 정신건강은 계속 문제가 되고 있다. 국립교육연구재단National Foundation for Educational Research과 더럼Durham 대학교 평가 및 모니터링 센터Centre for Evaluating and Monitoring(CEM)는 11+ 시험을 계속 제작하고 있으며, CEM은 '11+에 대처하기 위한 학부모 가이드'와 11+ 시험지 샘플, 심지어 '결과 및 배정의 날'에 행동하는 방법까지 판매하고 있다(CEM, 2015). 16세 때 GCSE의 8개 과목에서 학생들의 성취도를 통해 학교를 평가하는 새로운 정책인 '영국 바칼로레아Baccalaureate'는 5개 '학업' 과목의 성공을 주요 성과로 삼고 있으며,[5] 이것은 취약 계층 아동의 진전도를 파악하는 데 도움이 될 것이라는 주장과 함께 제시되고 있다. 실제로는 각 과목에서 성공으로 간주되는 기준이 높아지면 더 많은 불우한 학생들은 더 많은 실패를 경험할 것이며 경쟁적인 학교교육에서의 실패에 대한 두려움은 커질 것이다.

브리스톨Bristol대학교 마인드 월드Mind World 센터장은 "정부가 지나치게 학업에 치우친 의제의 결과를 인식하기를 바란다."며, 이는 모든 젊은이들의 정신건강과 이후 더 넓은 삶에서의 성공에 영향을 미친다고 지적했다(Walker, 2016: 17). 그는 국제 시험에서 높은 점수를 받지만 청소년 자살율이 가장 높은 나라인 한국처럼 젊은이들이 시험에 대한 압박을 견디지 못해 자살하는 나라들을 통해 끊임없는 경쟁 압력은 유리한 위치에 있는 사람이나 불리한 위치에 있는 사람 모두에게 좋지 않다는 것을 보여 줄 수 있다고 덧붙였다. 정부는 정신건강을 개선하기 위해 노력한다고 말하면서도 시험과 입시 경쟁으로 인한 압박이 아주 어린 아동에게까지 정신건강과 불안 문제를 증가시킨다는 사실을 인정하지 않았다. 정부는 2015년에 나타샤 데본Natasha Devon을 '정신건강 황제'로 임명했다. 그녀는 정신건강 문제에 대하여 풍부한 경험을 가진 전문가였으나, 이러한 압박에 관심을 기울였다는 이유로 1년도 채 지나지 않아 부당하게 해고당했다. 그는 한 기자에게 "실제로 이러한 정신건강 문제를 야기하는 교육 현장에서 무슨 일이 일어나고 있는지에 대해 장관들과 대화를 시작하려고 했을 때, 마치 벽돌과 대화하는 것과 같았다."고 설명했다(Aitkenhead, 2016). 에클스톤Ecclestone과 헤이즈Hayes는 다음과 같은 솔직한 의견으로 책을 마무리했다.

> 치료교육의 권위주의적인 경향이 뿌리 내리고 있는 이유는 많은 교육자와 정책 입안자들이 더 이상 국가가 지원하는 교육 수단을 믿지 않기 때문에 이러한 것을 포기했으며, 이러한 포기의 배후에 있는 감소된 비인간적 아이디어, 즉 어떤 아동이나 청소년은 교육받을 능력이 없다는 것을 명확하게 표현할 수 없기 때문이며 …… 그들은 인간의 잠재력에 대한 믿음을 잃고 있습니다.
>
> (Ecclestone & Hayes, 2009: 161)

교사와 학교 인력

많은 사람들이 희망을 포기했을지 모르지만, 대다수의 교사는 정부가 점점 더 '학교 인력'으로 묘사하고 있는 교육 전문직에 여전히 종사하고 있으며, 전문성의 주요 측면인 봉사정신service ideal을 유지하고 있다. '나쁜 교사'를 찾아내어 해고해야 한다는 주장에도 불구하고, 교직이 어렵고 적성에 맞지 않는다고 생각하면서 교직에 남아 있는 교사는 거의 없지만, 특히 '어려운challenging' 학교에서는 교직원의 이탈이 끊임없이 일어나고 있으며 현재 영국에서는 교사 부족 현상이 나타나고 있다. 1950년대에 기능주의 사회학자인 탈콧 파슨스Talcott Parsons는 교직을 훈련이 필요하고 학생들이 권위에 복종해야 하는 전문직으로 간주했다. 그는 교사가 아동과 청소년을 수용 가능한 규범과 행동으로 사회화하고, 동료 학생들과의 경쟁을 통해 '자신의 위치 알기'라는 성취 패턴을 받아들이도록 하는 데 중요한 역할을 한다고 설명하면서, 교사들이 그들의 전문적 역량으로 인해 존경받을 것이라고 가정했다. 그는 또한 여교사가 비슷한 역량을 갖추고 있음에도 불구하고 '경제를 중시하는 교육청과 납세자의 돈을 절약하기 위해'(Parsons, 1954: 240) 더 적은 임금을 받을 수 있다고 언급했는데, 이는 여성이 고임금 분야에 종사할 가능성이 적다는 점을 제외하고는 이 상황은 이제 해결되었다.

갈등 이론가들은 교사를 지배 엘리트의 사상과 신념을 주입하는 '전문적 이데올로기'(Althusser, 1972) 또는 사회 통제와 문화 재생산의 상징적 대리인(Bernstein, 1977)으로 간주해 왔다. 제럴드 그레이스[Gerald Grace](1978)는 19세기 초등학교 교사들을 '선을 행한다'는 선교적 이데올로기를 통해 도시 대중을 통제하는 주체이자 씻지 않은 사람들에게 '고급 문화'를 전달하는 전달자라고 설명했다. 그러나 동시에 그들은 '좋은 교사'에 대한 사회적, 정치적, 도덕적 기대와 시험위원회, 그리고 현재 유효한 지식을 구성하는 요소에 의해 제약을 받았다. 20세기 말, 영국 대다수 교사들은 대학의 교육학과에서 학위 수준의 교육을 받으면서 '훈련'을 받았다. 그러나 1990년대부터는 다른 교직 진출 방식이 발전했는데, 학교에 의한 직접 교육과 미국에서 유래한 '티치 퍼스트[Teach First]' 프로그램이 눈에 띈다. 이를 통해 대학 졸업생을 모집하여 어려운 학교에서 최소 2년 동안 감독하에 가르치도록 하는 등 최근에는 자유학교와 아카데미에서 교육을 받지 않은 교사의 고용이 허용되었다. 이것이 2016년 교사의 전문성 기준을 높이기 위해 교사를 위한 독립적인 공인 전문 기관인 교육 대학[College of Teaching]을 설립하려는 정부의 주도[initiatives]와 어떻게 부합하는지는 명확하지 않다. 2000년에 설립된 이전의 일반교육협의회[General Teaching Council]는 폐지되기 전까지 10년 동안 지속되었다. 지난 30년 동안 주[State] 및 사립 교장 협회를 제외하고는 어떤 정부도 교원 노조와 협력하는 데 관심을 두지 않았다.

20세기 후반 영국과 미국 모두에서 전문가로서의 교사에 대한 정부와 정치권의 존중은 스티븐 볼[Ball]이 지적했듯이 지속적인 '조롱의 담론'으로 붕괴되었으며, 특히 영국에서는 종합학교 교사들을 겨냥했다(Ball, 2003). 학교와 교사는 중앙 정부의 지침, 주도Initiatives, 개혁을 최소한의 협의나 동의 없이 따르고 수행해야 했다. 교장을 포함한 교사들, 또는 점점 더 '학교 지도자'로 불리는 이들은 교육적 의사 결정에서 거의 무시되었으며, 학부모들은 미사여구적으로 '학교에 책임을 묻는다'는 명목하에 교사들을 비판하고 감시하도록 장려되었다. 2015년 영국 학교의 정규직 교사는 약 44만 명(정규직 등가물 기준)이었지만, 유고브YouGov가 교사를 대상으로 실시한 설문조사에 따르면 53%의 교사가 교직을 떠날 계획이며, 정부 통계에 따르면 새로 자격을 갖춘 교사 10명 중 4명이 1년 후에 교직을 떠나는 것으로 나타났다. 그 이유로 낮은 사기, 과도한 업무량, 학생 평가에 대한 걱정, 좁은 교육과정 등이 제시되었으며, 고령 교사들 사이에서는 정년 연령이 높아진 것에 대한 불안감도 있었다.

교육 보조와 특수교육 지원

1990년 케임브리지대학의 데이비드 하그리브스David Hargreaves는 경력 교사, 보조 교사, 준교사로 구성된 계층화된 전문직을 제안했다. 준교사는 특정 기술을 가진 사람들로 파트타임으로 학교에 들어올 수 있는 사람들이다(Hargreaves, 1990). 교육 보조teaching assistants(TA)라는 하위 직업이 생겨나면서 2014년까지 학교에서 근무하는 정규직에 준하는 교육 보조는 25만 5천 명에 달했고, 주로 특별한 지원이 필요한 학생과 학업 성취도가 낮은 학생을 지원하기 위해 고용되었으며 휴일 및 학교 밖 근무에 대한 보수를 받지 않는 경우가 많았다. 교육 보조와 다른 지원 인력들(영어를 추가 언어로 가르치는 인력 포함)이 학교 인력의 3분의 1 이상을 차지함에 따라 이들을 단순히 보조 인력 또는 준전문가로 분류할 것인지, 아니면 다른 보조 인력 및 새로운 전문가로 분류할 것인지에 대한 논쟁이 발생했다. 미국에서도 교사 보조Teachers' aides들은 비슷하게 준전문직으로 묘사되었다. 영국에서는 1940년대부터 모든 유형의 중등학교에서 주로 학생들을 다양한 교육과정 수준으로 분류하여 추적했으며, 1980년대 후반까지 교정remedial 부서가 존재했다. 앞서 언급했듯이

1993년 「교육법Education Act」에서는 특수교육에 관한 최초의 실천 강령을 도입하고 모든 학교에 특수교육 지원 코디네이터Special Educational Needs Co-ordinator(SENCO)를 임명하도록 규정했다. 특수학교가 폐교된 후 일반학교에 편입된 학생과 학업 성취도가 낮은 학생은 SENCO가 책임져야 했다. 특수교육 및 장애 부서SEND Department(1995년 「장애인법」 이후 D가 추가됨)는 학교의 중요한 기능으로 빠르게 자리 잡았다. 특히 중앙정부 검사관의 요구를 충족시키기 위해 가능한 한 많은 중상위권 학생들에게 자격을 부여하는 데 몰두하면서 다른 교사들이 성취도가 낮거나 특수교육대상 학생을 특수교육 부서와 교육 보조에게 기꺼이 넘겨주면서 중등학교에서 '제국을 건설'할 수 있는 능력은 거부할 수 없는 것이 되어 버렸다. 일부 학교에서는 부서의 명칭을 학습지원팀Leaning Support Teams으로 바꾸고 학습 지원 관리자가 교육 보조의 업무량을 통제하기도 했다.

이후 연구에서 밝혀졌듯이, 교육 보조는 주로 학습 및 행동 어려움을 가진 학생과 적절한 진전을 보이지 않는 학생을 담당했다(Blatchford et al., 2012). 이 연구는 '논쟁이나 토론이 거의 이루어지지 않은 상태에서 상당 부분 발생한' 학교의 중대한 변화라고 지적했다(같은 책: 6). 처음에는 '엄마들의 군대'로 묘사되었던 교육 보조는 결국 지방 당국이나 대학을 통해 고르지 못한 교육을 받게 되었으며, 그들의 자격은 GCSE 수준에서 학위 소지자에 이르기까지 다양했다. 2006년부터는 교원 인력 개편에 대한 국가적 합의가 완료되면서 상급 교육 보조Higher Level Teaching Assistants(HLTA)가 포함되었고, 정부는 이들을 배치하기 위한 일련의 역량을 마련했다. 교육 보조는 학생을 '가르치는' 것이 아니라 자격을 갖춘 교사의 지시에 따라 일하도록 되어 있지만, 실제로 교육 보조는 특수교육 명칭을 받은 학생과 성취도가 낮은 학생의 주요 교육자가 되었다. 교육 보조의 지원이 학생의 학업 성취에 부정적인 영향을 미치는지, 특히 훈련된 교사를 대체하고 있는 경우에는 더욱 그러한지 의문이 제기되고 있다. 2015년, 정부 지원을 받는 교육 기부 재단Education Endowment Foundation은 교육 보조 배치에 관한 지침을 마련했으며, 주류학교에서는 교육 보조가 가장 도움이 필요한 학생의 주요 교육자가 되고 있다고 지적했다(Education Endowment Foundation, 2015).

전문가의 영향

특수교육이 필요하거나, 능력이 부족하거나, 문제행동을 보이는 것으로 간주되는 아동과 청소년의 증가에 대응하기 위해 학교와 대학에 고용된 전문가와 보조전문가를 엄청나게 확장하는 것은 대중 교육 시스템에서 필수적인 발전이다. 그 이유로는 '선택권'을 약속받은 학부모의 자원과 학교에 대한 요구, 추가적인 도움 없이는 자녀가 교육 경쟁에서 따라가지 못할 것이라는 두려움, 새로운 '상태'에 대한 인식과 지원을 요구하는 단체의 증가 등을 들 수 있다. 또한 정부는 기본적인 수준의 교육을 위한 더 많은 자원이 제공되지 않으면 경제에서 감당해야 할 잉여 인구가 발생할 수 있다는 것을 깨달았다. 그러나 이는 사립학교교육의 필수 요소인 부를 통한 우월한 종류의 교육의 배급과 학교와 자녀의 서열화를 만들어 내기 위한 테스트와 함께 이루어졌다.

주목할 점은 지난 150년 동안 젊은이들을 다루는 정책 입안자들의 인식과 신념에 영향을 미친 심리학계의 놀라운 회복탄력성이다. 상류층과 중산층이 '결함된 뇌'를 가진 것으로 보이지 않는 한, 신경심리학이 더 나은 두뇌를 만들 수 있는 방법을 보여 줄 것이라는 가정이 있다. 심리학자와 관련 전문직 종사자들은 또한 경쟁적인 시험 제도 등 현대 생활의 스트레스를 완화하고 악화되는 정신건강을 개선할 수 있을 것으로 기대된다. '회복탄력성resilience'을 발견하고 인성을 키우려는 움직임도 심리학의 영역이다. 교사는 탈콧 파슨스Talcott Parsons가 상상했던 존경받는 전문가와는 거리가 먼, 더 높은 시험 점수를 통해 학교와 학생을 끊임없이 발전시켜야 한다는 이데올로기의 지배를 받으며, 부적절하다고 판단되면 무서운 불이익을 받는다. 저성취 학생과 '특별한 요구가 필요한 학생'을 담당하기 위해 교육 보조라는 하위 전문직이 발전했다. 주류교실에서 원활한 학업 수행 과정을 방해하는 문제 학생을 다루는 대안교육, 학교, 단위의 교사는 또 다른 중요한 하위 전문직으로 빠르게 성장하고 있다. 다음 장에서 특별한 지원, 장애, 학습부진 아동 및 청소년의 교육에 관한 부모의 견해와 불만을 논의하면서 교사와 학부모가 일반적으로 갈등을 겪는다는 윌라드 월러Willard Waller(1932)의 주장은 여전히 공감을 불러일으킬 수 있다. 또한 이 장에서는 일반대중이 장애인과 특별한 요구가 필요한 사람들을 바라보는 부정적인 시각에 대해서도 논의한다.

미주

1) 의학 지식의 무비판적 수용이 초래한 비참한 결과 중 하나는 1998년 의학 연구자 앤드류 웨이크필드Andrew Wakefield가 발표한 논문에서 MMR 백신(홍역, 볼거리, 풍진 예방)이 자폐성 장애와 장 질환을 유발한다는 주장을 제기한 것이다. 이로 인해 백신 접종률이 감소했고, 그 결과 이 질병으로 인한 질환과 사망이 증가했다. 영국의료위원회는 웨이크필드Wakefield 박사에 대해 사기 및 부정 행위에 대한 조사를 실시했고, 이후 그는 자신의 연구가 타당하다고 계속 주장해 왔지만 의사 등록에서 제명되었다.
2) 필립 카터Philip Carter의 저서(2015)에는 언어 및 비언어적 '문화 공정' 지능 테스트, 계산 및 논리 테스트, 기술 적성, 정신 능력, IQ 테스트 창의성 및 성격 테스트를 다루는 챕터가 있다. 그는 '지능지수'라는 용어를 처음 사용한 루이스 터먼Lewis Terman을 잘 못 인용하고(103쪽), "IQ는 유전적이기 때문에 실제 점수를 높이는 것은 불가능하다."고 주장한다(106쪽). 그는 아마도 플린Flynn의 연구를 접하지 못한 것 같다. 그는 "지능 테스트는 단지 추론 능력만 측정한다."(107쪽)고 지적한다. 1905년 알프레드 비네Alfred Binet는 지능을 잘 추론하고, 잘 판단하고, 잘 이해하는 능력으로 정의했다.
3) 교사들에게 유용하다고 주장되는 연구의 예로는 로즈마리 세이지Rosemary Sage가 아동이 뇌의 양쪽 반쪽을 더 효과적으로 사용하도록 가르칠 수 있다고 주장한 것이다(Sage, 2009). 그는 2009년에 하원에서 강연하도록 초청받았고, 그의 강연에 대한 답변은 하트퍼드셔Hertfordshire대학교에서 학생 학습 향상을 목표로 하는 변화 관리 프로그램인 '혼합 학습 향상을 위한 변화 아카데미Change Academy for Blended Learning Enhancement'(CABLE)를 개발한 피터 채터턴Peter Chatterton 교수가 했다. 『타임즈 에듀케이션 서플리먼트Times Educational Supplement』의 케이트 아니Kate Arney는 최근 신경과학자 에이프릴 베나시치April Benasich의 연구에 대해 보도했는데, 아기의 뇌를 연구한 결과 어떤 아이가 3세 때 언어에 문제를 겪고 나중에 문해력에 어려움을 겪게 될지 예측할 수 있다고 주장한다(Arney, 2016). 머리에 전선을 연결한 아기의 사진을 보고 놀랄 수도 있다.

4) 해튼스톤Hattenstone 기사는 학위 취득을 위해 학교와 대학에서 '고군분투'한 아버지와 자폐성 장애 딸이 쓴 글이다.
5) 학교 저널인 『학교 주간Schools Week』(2016)에서는 KS4(GCSE 및 16세 이후 시험) 젊은 이들을 위한 시험의 복잡한 변화에 대한 가이드를 제작했다. 옥스퍼드, 캠브리지 및 RSA 시험위원회의 정책 책임자는 서문에서 "올해의 실적표는 16세 이전과 16~19세의 모든 교육 제공자가 새로운 인센티브에 따라 측정되는 첫 번째 성과표가 될 것"이라고 언급했다(Schools Week, 2016: 4). 학교, 지방 당국, 학원 체인 및 DfE의 관리자들이 이렇게 수치를 계산하는 것은 방대한 수의 컴퓨터와 이를 운영할 인력 없이는 불가능하다. 이 모든 것이 시간과 돈의 낭비이며, 많은 사람이 제안했듯이 16세에 시험을 폐지하고 14~19세에 졸업장을 제공하는 것이 실제로 교육, 학습, 행동 및 유지율을 향상시킬 수 있을 것이다.

참고문헌

Adams, R. (2016). "Fun for some in scattered 'strikes' as debates over primary testing rolls on" *The Guardian* 5 May.

Aitkenhead, D. (2016). "Saturday interview: Natasha Devon" *The Guardian* 14 May.

Allen, G. (2011). *Early Intervention: smart investment, massive savings* (2nd Report). London. HM Government.

Althusser, L. (1972). "Ideology and ideological state apparatuses" in (ed.). Cosin, B. R. *Education, Structure and Society*. Harmondsworth. Penguin.

Arney, K. (2016). "Small talk, big impact" *Times Educational Supplement* 8 April.

Baldwin, J. M. (1899). *Social and Ethical Interpretations in Mental Development*. New York. Macmillan.

Ball, S. J. (2003). *Class Strategies and the Educational Market*. London. Routledge-Falmer.

Bernstein, B. (1977). *Class, Codes and Control* (vol. 3). London. Routledge.

Boseley, S. (2010). "A world of difference" *The Guardian* 4 March.

Blatchford, P., Russell, A. and Webster, R. (2012). *Reassessing the Impact of Teaching Assistants*. London. Routledge.

Bragg, S. (2015). "Moving beyond fixed ability thinking" *Reclaiming Schools Blog*. www.reclaimingschools.org.

Bruer, J. (2002). *The Myth of the First Three Years: a new understanding of early brain development and life-long learning*. New York. Free Press.

Butler, P. (2014). "Policy-makers persuaded by 'distorted' neuroscience to intervene early" *The Guardian Society* 7 May.

Cabinet Office (2008). *Getting On; Getting Ahead: a discussion paper analysing the trends and drivers of social mobility*. London. Cabinet Office Strategy Unit.

Carter, P. (2015). *IQ and Psychometric Tests* (2nd ed.). London. Kogan Page.

CEM (2015). *Centre for Monitoring Papers*. Durham. University of Durham Centre for Evaluation and Monitoring. www.elevenplusexams.co.uk/advice/11-plu-CEM.

Darwin, C. (1859). *On the Origin of Species*. London. John Murray.

DES (Department of Education and Science) (1980). *Special Needs in Education (cmnd7996)*. London. The Stationery Office.

DfE (2015). *Statistical First Release: special educational needs*. January. London. Department for Education.

DfE/DoH (2014). *Special Educational Needs: code of practice 0-25*. London. Department for Education and Department of Health.

Duckworth, A. (2016). *Grit: the power of passion and perseverance*. New York. Vermilion.

Dwek, C. (2006). *Mindset: the new psychology of success*. New York. Random House.

Dwek, C. (2012). *Mindset: how you can fulfi l your potential*. New York. Constable and Robbins.

Ecclestone, K. and Hayes, D. (2009). *The Dangerous Rise of Therapeutic Education*. London. Routledge.

Education Endowment Foundation (2015). "Making the best use of TAs" London. Education Endowment Foundation.

Eyal, G. (ed.) (2010). *The Autism Matrix*. Cambridge. Polity Press.

Foucault, M. (1991). "Governmentality" in (eds). Burchell, G., Gordon, C. and Miller, P. *The Foucault Effect: studies in government rationality*. Hemel Hempstead. Harvester

Wheatsheaf.

Fulcher, G. (1989). *Disabling Policies: a comparative approach to educational policy and disability*. Lewis. Falmer Press.

Furedi, F. (2004). *Therapy Culture: creating vulnerability in an uncertain age*. London. Routledge.

Geake, J. G. (2009). *The Brain at School*. Maidenhead. Open University Press/ McGraw-Hill.

Grace, G. (1978). *Teachers, Ideology and Control*. London. Routledge.

Habermas, J. (1974). *Theory and Practice*. London. Heinemann.

Hargreaves, D. (1990). *Hockerill Lecture*. London. King's College, University of London 16 November.

Harris, J. (2015). "The new special needs maze-and parents are back where they started" *The Guardian Education* 17 February.

Hattenstone, S. and Hattenstone, M. (2016). "Genius, drama, but where are the laughs?" *The Guardian* 9 March.

House of Commons Public Account Committee (2009). *Supporting people with autism throughout adulthood*. 9th Report. London. The Stationery Office.

Katz, M. (2014). "The biological inferiority of the undeserving poor" *Social Work and Society International* 11/1: 359-379.

Kelly, D. and Gray, C. (2000). *Educational Psychology Services: current roles, good practice and futures*. London. Department of Education and Employment.

Kirkman, S. (2002). "Three tests, one quest" *Times Educational Supplement* 4 October.

Kirp, D. (1983). "Professionalization as a policy choice: British special education in a comparative perspective" in (eds). Chamber, J. G and Hartmann, W. T. *Special Education Policies: their history implantation and finance*. Philadelphia PA. Temple University Press.

Larson, M. S. (1977). *The Rise of Professionalism: a sociological analysis*. Berkeley CA. University of California Press.

Lee, J. (2016). "Where are all the girls with autism?" *Times Educational Supplement* 22 April.

Marcus, J. (2016). "How America fell in (and out) of love with testing" *Times Educational Supplement* 8 January.

Meloni, M., Williams, S. and Martin, P. (2016). "The biosocial; sociological themes and issues" *The Sociological Review Monograph* 64:7-25.

Nettleton, M. and Friel, J. (2015). *Special Needs and Legal Entitlement: the essential guide to getting out of the maze*. London. Jessica Kingsley.

Parsons, T. (1954). "The professions and social structure" *Essays in Sociological Theory*. The Free Press. New York.

Peacock, A. (2015). "We refuse to set a limit on what might be achieved" *Times Educational Supplement* 4 December.

Perry, B. (2002). "Childhood experience and the expression of gene potential: what childhood neglect tells us about nature and nurture" *Brain and Mind* 3: 79-100.

Pritchard, D. G. (1963). *The Education of the Handicapped 1760-1960*. London. Routledge and Kegan Paul.

Ravitch, D. (2016). "Teach resilience, don't test it" *New York Times (Opinion page)* 4 March.

Reardon, S. (2015). "Poverty shrinks brains from birth" *Nature* 30 March.

Richardson, J. G. and Bradley, K. (2014). "The moral construction of educational psychology: the American case" *International Journal of the Humanities and Social Sciences* 4/2: 1-24.

Richardson, J. G., Wu, J. J. and Judge, D. (2017). *The Global Convergence of Vocational and Special Education*. London. Routledge.

Rose, N. (1998). *Inventing Ourselves: psychology, power and personhood*. Cambridge. Cambridge University Press.

Rose, S. (2005). *The 21st-Century Brain*. London. Vintage Books.

Rose, H. and Rose, S. (2012). *Genes, Cells and Brains: the Promethean promises of the new biology*. London. Verso.

Rosenberg, C. E. (1974). "The bitter fruit: heredity, disease and social thought in nineteenth century America" *Perspectives in American History* VIII: 187-235.

Royal Society (2011). *Brain Waves Module 2 Neuroscience Implications for Education and Life-long Learning*. London. The Royal Society Science Policy Centre.

Sage, R. (2009). "Does education tap only half our brain power? Unravelling concerns about standards" *Education Today* 59/4: 2-12.

Schools Week Supplement (2016). *League Tables: a guide to the new KS4 and 16-18 Headline Measures*. www.schoolsweek.co.uk.

Skrtic, T. (1995). *Disability and Democracy: reconstructing (special) education for post-modernity*. New York. Teachers College Press.

Smeyers, P. (2013). "The attraction of psychology and the rhetoric of neuroscience" *Public Lecture*. Oxford. Department of Education, University of Oxford. 18 November.

Stanier, J. (2015). "The school that gave up teaching subjects" *Times Educational Supplement* 4 September.

Summerfield, A. (1968). *Psychologists in the Education Service. Report to the Minister of Education*. London. Department for Education and Science.

Thorndyke, E. L. (1913). *Educational Psychology; Volume 1. The original nature of man*. New York. Teachers College Press.

Tomlinson, S. (1981). *Educational Subnormality: a study in decision-making*. London. Routledge and Kegan Paul.

Tomlinson, S. (1982). *A Sociology of Special Education*. London. Routledge and Kegan Paul.

Tomlinson, S. (1996). "Conflicts and dilemmas for professionals in special education" in (eds). Christenson, C. and Rizvi, F. *Disability and the Dilemmas of Education and Social Justice*. Buckingham. Open University Press.

Walker, S. (2016). "The motorway model of mental health risks" *Schools Week* 29 April.

Waller, W. (1932). *A Sociology of Teaching*. New York. John Wiley and Sons.

Ward, H. (2015). "Superhead snubs baseline assessment" *Times Educational Supplement* 2 October.

Weber, M. (1954). "Class, status, party" in (eds). Gerth, H. and Mills, C. W. *From Max Weber*. New York. Oxford University Press.

Worcestershire County Council (2015). *Learning and Achievement in Worcestershire*. Worcestershire. County Council Education Support Services Guidance.

07장

부모의 이해관계와 불만

지방 당국은 아동, 부모, 젊은이들이 개별적인 지원과 지역 차원에서의 교육 제공에 대한 논의와 결정에 참여하도록 보장해야 한다. (DfE, 2014: 20)

지적장애인과 그 가족에 대해 누가 신경이나 쓸까? (Chrissie Rogers, 2015)

서구의 부모들은 자녀를 어떻게 양육해야 하는지에 대한 조언을 끊임없이 접한다. 정부, 다양한 전문가, 미디어 '전문가', 저널리스트들은 부모들을 자신의 능력에 대한 확신이 없는 불안한 주체로 만들고 싶어 하며, 방대한 양육 관련 문헌이 존재하고, 그 대부분은 심리학에 초점을 맞추고 있다. 양육은 '심리학화' 되어 자녀 양육과 교육에 대한 조언은 심리학의 언어로 표현되고 있으며, 부모들은 이제 자녀의 뇌 발달에 대하여 알려주는 신경심리학을 비롯한 심리학 분야의 지침에 따라 양육 기술을 개발하는 방법을 배울 것으로 기대되었다(Ramaekers & Suissa, 2012). 공식적인 출판물에서 부모는 일반적으로 동질적인 집단 덩어리로 묶여 있다. 그러나 실제로는 2015년 영국에서 부양 자녀와 함께 사는 1,380만 가구 중에 '부모'는 기혼, 동거, 미혼, 이혼, 보호자, 백인, 흑인, 이주민, 소수집단, 이성애자, 동성애자, 고령, 젊은이, 노동계층, 중산층, 상류층 모두를 포함한다. 이러한 모든 특성에 따라, 부모는 교육 시스템의 각 부분에서 서로 다른 경험을 하게 되며 중앙 및 지방 정부, 학교, 전문가, 언론으로부터 서로 다른 대우를 받는다. 보육 및 교육 시스템을 접할 때 자녀가 일찍부터 유능한 아이로 간주되는지, 유능하지 않은 아이로 간주되는지, 장애가 있는 아이로 간주되는지에 따라 다른 대접을 받게 된다.

영국에서 특수교육 요구나 장애 자녀를 둔 부모들의 공통점은 수년 동안 피상적이고 자비적인 방식으로 대우받았으며, 부모를 파트너로 여긴다는 미사여구에도 불구하고, 종종 부적절한 참여와 상담, 잘못된 정보, 전문 지식에 대한 주장에 압도당했다는 것이다. 앞의 두 가지 상반된 인용문에서 알 수 있듯이, 공식적인 문헌과 지침에서는 자녀에 대한 의사 결정에 부모가 파트너로서 참여해야 한다고 강조하지만, 현실은 매우 다를 수 있다. 특히 문제 자녀나 성취도가 낮은 자녀를 둔 노동계층 부모는 종종 조롱과 모욕을 당하며, 중증장애아동을 가진 부모는 정부나 일반대중의 공감을 거의 받지 못했다. 공식적인 간행물은 '부모'라고 언급하고 있지만, 대부분의 관심, 프로그램, 조언, 훈계는 어머니를 대상으로 하고 있다. 2013년에 블로그 사이트인 맘스넷Mumsnet은 '부모를 위한, 부모에 의한'이라는 특별한 요구와 장애를 위한 공간을 마련했지만, 대부분의 정보는 어머니를 대상으로 하였다(Moorhead, 2013; Rogers, 2011). 이 책의 다른 장에서도 언급했듯이, 어머니는 일반적으로 손상impaired이 있거나 덜 가치 있거나 골칫거리로 여겨지는 자녀를 낳은 것에 대해 비난을 받아 왔다. 이러한 아동의 양육은, 아버지의 양육과는 달리 항상 정부, 보건, 교육, 심리, 기타 전문가들에 의해 공개 검토와 엄격한 대중의 감시, 그리고 규제를 받아 왔다.

부모 참여에 대한 미사여구rhetoric

영국에서는 2010년 약 21%에 달했던 특수교육 요구(SEN) 명칭이 붙은 학령기 학생 수가 감소했다. 이는 학교에서 특별한 지원이 필요하지만 진술서나 계획이 없는 것으로 분류된 학생의 수가 감소한 데다, 비용 절감을 위해 '스쿨액션플러스 카테고리가 사라졌기 때문이다. 2015년에 '특수교육 요구를 가진 것(이 있음)'으로 확인된 학생의 15.4%(130만 1,445명)가 부모가 두 명이거나 두 명 있었다고 추정할 수 있다. 이는 260만 2,890명의 부모들(이 중 47만 2,330명은 플랜에 포함될 만큼 심각한 장애를 지닌 2.7% 자녀의 부모)이 특수교육 시스템에 대처하고 있다는 것을 의미한다. 공식적으로 250만 명 이상의 부모가 학습 어려움 및 장애가 인정된 아동과 청소년의 부모라면, 저성취 아동과 장애 청소년의 부모를 더하면 영국 전체 가구의 3분의 1 이상이 이들을 특별히 어렵게 여기는 교육 시스템에서 다양한 방식으로 대처하고 있는 것이다. 미국 통계청에 따르면 미국에서는 18세 미만 학생 9명 중 1명이 장애나 특별한 요구를 가지고 있으며, 2천 만 가구 이상이 장애를 가진 가족 구성원이 있다고 보고한다. 그러나 어느 한 시점에 정부, 행정 또는 전문적인 관심을 받는 특별한 부모 집단을 식별할 수는 없다. 오히려 구성, 규모, 정의가 변화하는 범주가 있지만, 주요 영구적인 특징은 현재의 구성원이 현재의 정상성과 사회적 행동에 대한 정의를 수용할 수 있는 자녀를 키우지 못하는 부족한 존재로 간주된다는 것이다. 예외적으로 중상류층 이상의 부모들은 '결함이 있는' 자녀를 위해 일반적으로 사적인 준비를 해 왔거나 그들의 행동이 종종 괴상한 것으로 용인되는 경우가 있다.[1)] 2장에서는 정신이 미약한 귀족들은 가정에 머물면서 그들 계급의 일반적인 오락을 이어가도록 한 사례(Tredgold, 1908)를 언급했으며, 미국에서는 특수교육이 확대되면서 당시 부유층이나 중산층 부모의 자녀는 포함하지 않았다고 레이저슨[Lazerson] (1983)이 지적하였다.

교육 시스템의 경쟁이 치열해지며, 시험에서 성공하고 더 높은 수준의 자격을 취득해야 한다는 강박관념으로 인해 많은 중산층 부모들은 '능력이 뒤처지는' 자녀의 성취를 돕기 위해 명칭과 자원을 요구하게 되었다. '특수교육 산업' (Tomlinson, 2012)의 확대는 주로 자녀가 학교에서 잘하지 못할 경우의 결과를 두려워하는 중산층 및 열망하는 부모들 때문이며, 범주와 명칭의 확산은 부모들의 요구에 따른 결과이다. 볼[Ball]이 지적했듯이, 역대 정부에 의해 만들어진 영국 학교 선택 정책과 학교의 다양성이 발전하면서, 중산층이 사회적 기술과 자본을 활용하여 자녀를 주류교육 안팎에서 원하는 학교에 배치하기 위한 전략을 사용하고 '기회주의적 행동'을 할 가능성이 높아졌다(Ball, 2008: 132). 최근 난독증과 자폐성 장애를 위한 자유 특수학교의 설립은 중산층의 교육적 기업가 정신을 보여 주는 사례이다.

또한 많은 부모들은 자녀가 의학적, 신경학적, 치료적 질환을 가지고 있다는 주장을 선호한다는 증거도 있다. 영국의 한 대도시에 있는 특수교육 지원 코디네이터는 "일부 부모들은 자신들의 요구에 대해 매우 강력한 목소리를 내며, 종종 자녀가 경도학습장애를 가지고 있어도 꽤 수용적인데, 이는 추가 자원을 받을 수 있다는 것을 알기 때문이며, 행동문제가 있는 자녀를 ADHD로 분류하여 약물 처방을 받기 원하는 경우도 있다."라고 언급하였다. 이러한 패턴은 가족 전체가 자폐성 장애와 불안증 등 다양한 '질환'을 앓고 있다고 주장하는 미국에서도 비슷하게 나타난다. 교사들은 종종 이러한 주장에 대해 회의적이다(Tomlinson, 2012: 278). 그러나 일반적으로 부모들은 그들이 받는 전문가 도움이나 자원에 대해 묵인하며 감사하게 생각할 것으로 예상된다. 막스 베버Max Weber는 강력한 이해관계가 교육 시스템에 스며들면서 한 집단이 다른 집단을 지배하는 데 있어서의 핵심 개념은 권위라고 지적하였다(Weber, 1972). 다른 집단에 대한 순종을 보장하는 것은 노골적인 강압뿐만 아니라 합법적인 권위를 받아들이는 것이다. 이는 부모가 자녀에게 '무엇이 최선인지'에 대한 전문가의 판단을 받아들이거나 이의를 제기하는 이유를 설명하는 데 중요하다. 부모는 자녀의 어려움에 대해 '가장 잘 아는' 존재가 아니며, 열등한 권력 위치에 의문을 제기하는 사람은 문제 가정이나 강압적인 부모로 쉽게 낙인찍힐 수 있다(Vincent et al., 2010). 푸레디Furedi는 양육의 정치화가 영국 사회에서 불안한 요소라고 강력하게 지적했다. 이는 사회의 모든 문제가 잘못된 양육으로 인해 발생한다는 가정하에 사람들의 사생활을 식민지화하는 것이다(Furedi, 2010). 다음에서 설명하는 바와 같이, 학습장애와 학업 성취도가 낮은 자녀를 둔 노동계층 부모들에게 점점 더 많이 발생하고 있다.

부모 권리

윌라드 월러Willard Waller가 미국에서는 "부모와 교사는 대개 상호 불신과 적대감 속에서 살고 있다."(Waller, 1932: 68)고 말한 이후 부모와 학교의 관계는 어느 정도 변화했을 수 있다. 그러나 최근 영국에서는 학교 간 선택과 경쟁, 교사의 '책무성'을 통해 불신이 적극적으로 조장되고 있다. 1970년대 이후 영국에서는 가정과 학교의 관계와 부모 권리에 대한 관심이 높아졌다. 1977년 교육에 관한 그린 페이퍼Green Paper는 "정부는 학부모에게 학교에 대한 더 많은 정보를 제공하고 더 폭넓게 상담해야 한다는 입장"에 있음을 선언했으며(DES, 1977: 5), 같은 해 테일러Taylor 위원회의 보고서에서도 학부모가 학교에 대한 책임감을 가져야 한다고 강조하면서 학교당 최소 2명의 학부모 이사를 둘 것을 권고했다(Taylor Report, 1977). 워녹Warnock 위원회는 보고서에 부모 참여에 대한 언급을 포함시켰으며, "우리는 이 보고서 전반에 걸쳐 특별한 요구가 필요한 아동의 성공적인 교육은 부모의 완전한 참여에 달려 있다고 주장했다."(DES, 1978: 150)라는 결론을 내렸다. 그러나 이러한 미사여구와 현실 사이의 간극을 메우는 데는 항상 문제가 있었으며, 영국 교육 시스템에는 실제로 부모를 교육의 동등한 파트너로 정당화시키는 민주적인 절차는 없었다. 상상할 수 있는 파트너십은 친화적인 미사여구로 가려진 부모의 주변화와 통제에 더 가깝다(Vincent & Tomlinson, 1997). 최근 특수교육에 대한 전문 지식을 갖춘 초등학교 교사이자 학부모를 지원하는 글을 쓰는 게지Gedge는 학교와 특수교육 및 장애(SEND) 아동의 학부모 간의 대화가 계속 갈등을 빚고 있다고 지적했다(Hughes, 2016에서 Gedge 인용). 1990년대 초부터 학부모들은 학교 간 선택과 경쟁이라는 명목하에 자녀 교육의 공동 협력자가 되기보다는 자경단이 되어 학교와 교사를 감시하고 비판했다. 학부모는 소비자와 고객으로 간주되었지만 여전히 학교 운영에 어느 정도 관여할 수 있었다. 2016년 백서에는 학부모를 학교 운영위원에서 배제할 것을 제안했다. 이제 운영위원회는 '지배 구조에 적합한 기술을 가진 사람을 찾아야 하며' 선출된 학부모를 위한 자리를 확보해야 할 필요가 없다(DfE, 2016: 51). 학부모가 운영위원회Governing Boards에서 활동할 것을 권장할 수는 있지만, 이들의 역할은 '자녀의 학습을 지원하고 학교에 더 많은 것을 요구하는 것'(같은 책: 65)이며, 당연히 제품에 만족하지 않으면 불만을 제기하고 만족스럽지 않으면 자녀를 전학시키겠다고 위협하는 '고객'이 되는 것이었다.

특수교육이나 장애가 있다고 여겨지는 자녀를 둔 부모의 법적 권리는 항상 모호했다. 1921년 법에 따라 특수학교에 자녀를 보내기를 꺼리는 부모를 강제로 특수학교에 보낼 수 있는 인증 절차가 만들어졌지만, 이 요건은 1981년까지 기술적으로 제거되지 않았다. 이후 「교육법Education Acts」에 따른 부모 권리는 지방 당국, 재판소, 보건 및 복지 위원회, 때로는 법원에 마지못해 항소하는 수준에 그쳤다. 1981년 시웰Sewell이 다음과 같이 지적했으며, 이는 지금도 마찬가지이다.

> '지적'이며 소란을 피우지 않을 것으로 신뢰받는 부모들에게는 파트너십이라는 명목으로 일종의 '보여 주기'가 제공된다. 신뢰받지 못하는 부모들은 종종 설득될 수 있으며, 이를 거부하는 부모들은 강압적이고 설득력 있는 전문가 집단의 통제 아래 놓이게 된다.
>
> (Sewell, 1981: 170)

이전 장에서 설명한 것처럼, 아동에 대한 결정을 한다고 주장하는 전문가 수가 확대됨으로써 혼란이 발생하고, 다기관 협력의 복잡성으로 인해 전문가들이 협력하여 일하고 있다는 주장은 무색해질 수 있다. 부모들은 여전히 함께 일하는 실무자들로부터 분절된 서비스 제공을 경험하고 있다(Stone & Foley, 2014). 특수교육 진술서(현재는, 교육, 건강 및 의료 계획)는 아동이 받을 수 있는 서비스를 명시하는 법적 효력을 가진 문서이지만, 이 계획을 책임지는 지방 당국은 방해와 잘못된 정보 제공으로 악명을 떨치고 있다. 2014년 실천 강령Code of Practice은 어떤 조항이 법적 요건인지, 부모에게 '제공되는' 조항은 무엇인지를 명확히 하였으며, 자녀에 대한 의사 결정 과정에 있어 부모의 참여가 중요하다는 미사여구를 이어 갔다. 그러나 이러한 것이 부모 권리가 무엇인지를 명확하게 하고 있는지는 의문이다. 이 규정은 지방 당국이 부모와 청년들이 그들에 관한 결정에 참여할 수 있도록 충분한 정보를 반드시 제공해야 하며, 유아교육기관, 학교, 대학은 이들을 적극적으로 지원해야 한다고 명시하고 있다. 이 규정은 계획 수립 시 "학부모의 의견은 중요하지만 …… 때때로 학부모, 교사, 다른 사람들은 아동의 요구가 가장 잘 충족되는 방법에 대해 서로 다른 기대를 가질 수 있으며 …… 때때로 이러한 논의가 어려울 수 있다."고 언급하였다(DfE, 2014: 21). 이는 과소평가일 수 있는데, 누가 계획을 받고 누가 의사 결정에 관여하는지에 대한 결정이 실제로는 많은 부모들에게 도움이 되지 않으며 오히려 스트레스를 가지게 하는 상황을 만들고 있기 때문이다(Nettleton & Friel, 2015).[2)] 그러나 전문가들이 중산층 부모를 결함이 있거나 무능한 것으로 간주하는 것은 더 어렵고, 이러한 부모들은 압력 단체 및 협회를 결성하거나 가입하는 데 더 적극적이었다.

1978년에 발간된 초기 저널인 『학부모의 목소리Parents Voice』는 학부모들에게 "시스템에 도전하고, 자원에 도전하며, 전문가들에게 의문을 제기하고, 원하는 교육에 목표를 설정하라."고 권고했다(Parents Voice, 1978: 10). 이런 종류의 조언은 일부 중산층 부모, 특히 '좋은' 통합학교에 자녀를 입학시키기로 결심한 부모에게는 가능할지는 모르지만, 노동계층 부모 대부분에게는 불가능할 것이다. 하지만 동정적인 말을 들을 가능성이 낮은 중증장애 자녀의 모든 부모들에게도 어려운 일이다(Rogers, 2016). 영국 북부의 한 아카데미 신탁에서 특수교육이 필요하거나 장애가 있는 아동을 부모와 상의 없이 재학 중인 학교가 아닌 다른 학교로 전학시키려는 의도를 살펴보면, 부모가 얼마나 경멸을 받을 수 있는지를 확인할 수 있다. 한 어머니는 "영리한 아이들은 모두 애쉬튼Ashton에 남기고 내 아들과 같은 아이는 성취도가 낮은 학교에 보내려고 하는 것은 차별이다."라고 말했다(Perraudin, 2016). 이 사건은 법적 문제 제기를 불러 일으켰지만, 미국의 부모들에게는 특히 특수교육과 관련하여 영국의 부모들에게 주어진 법적 참여와 권리가 부족하다는 사실을 이해하기 어려울 수 있다. 3장에서 이미 언급했듯이, 특수교육 배치, 자금, 자원에 관한 법적 문제와 절차는 미국에서 오랫동안 존재해 온 특징이다. 특수교육과 통합교육에 관련된 모든 사람들은 장애 젊은이들의 법적 권리와 보호에 대해 알고 있어야 하며, 모든 전문가들은 연방법과 주법에 대한 지식과 부모, 전문가, 행정가 간의 의견 불일치를 해결하기 위한 방법에 대해 알아야 한다(Umpstead et al., 2015).

역기능 가정 및 교육 소외 계층

신노동당 정부하에서 정부의 양육 개입은 가속화되었다. 국가와 시민 간의 사회적 계약이 무너져 내리고 있으며, 특히 부모는 개인의 권한 부여를 강화하기 위하여 더 많은 규제와 사회 하위 계층의 무책임한 양육 행태에 대한 점검이 필요하다고 가정하였다. 1998년 「범죄와 무질서 법Crime and Disorder Act」에 따라 난폭한 아동에 대한 반사회적 행동 명령Anti-Social Behavioural Orders(ASBOS)이 도입되었으며, 2005년 토니 블레어Tony Blair 총리는 사회적으로 허용되는 행동을 강제화하기 위해 양육 명령과 행동 계약을 발표했다(Blair, 2005). 2007년 발표된 논문인 '모든 부모는 중요하다Every Parent Matters'에서는 사회 및 경제 생활의 복잡성, 가족 구조의 변화, 하층 가정 생활, 낮은 교육 성취도, 그에 따른 사회 이동성 저하 간의 연관성 등의 측면에서 양육에 대한 국가 개입을 설명했다. 중산층 부모는 학교의 선택권과 다양성 정책을 지원하는 반면, 하류층 부모는 존중받고 예의 바른 젊은이를 만드는 책임감 있는 부모가 되도록 개선되고 도움을 받았다(DfES, 2007). 볼Ball이 지적한 것처럼, '무모한 부모'는 전문가의 도움과 개입을 통해 행동이 바른 부모와 분리되어야 했다(Ball, 2008: 201). 자유당 의원이었던 노먼 램Norman Lamb(특수교육 컨소시엄의 의장이기도 함)이 의장을 맡은 위원회가 특수교육 제도에 대한 학부모의 신뢰를 개선시킬 수 있는 방법을 조사하기 위해 임명되었다. 이 위원회는 학부모로부터 1,941건의 답변을 받았는데, '학부모'를 동질적인 집단으로 취급하였으며, 주로 특수교육 진술서Statements of Special Need를 청구하는 데 관심을 가진 지식이 풍부한 학부모들의 의견이 주를 이루었다(Lamb, 2009). 교육부 장관은 위원회에 정부는 학부모가 특수교육 의사결정 시스템에 대한 신뢰를 갖도록 노력하고 있다고 답변했지만, 동시에 학부모들이 자신들의 책임을 다하도록 보장하는 것이 중요하다고 주장하는 또 다른 보고서를 작성중이었다(DCSF, 2009). 노동 계층에게는 학교에서의 올바른 행동을 보장하기 위해 육아 수업과 가정-학교 계약을 통한 도움이 제공되어야 했다. 게르비츠Gerwirtz가 지적했듯이, 신노동당 정책은 노동계층의 육아 행동을 변화시키고 중산층 가정 생활의 이상적인 유형에 부합하도록 국가가 주도한 오랜 시도의 역사 중 일부였다(Gerwirtz, 2001). 이 이상향에는 장애가 있거나, 학습 어려움이 있거나, 문제 행동을 보이는 자녀를 둔 가정은 포함하지 않았다.

21세기 초에 이르러, 19세기의 하위 사회계층의 행동과 결함에 대한 인식이 부활하고 재확립되었는데, 이러한 것은 특히 역기능 가정이라는 용어를 통해서 이루어졌다. 2011년 8월 런던과 여러 도시에서 백인과 소수집단 젊은이들의 거리 무질서와 폭동, 비무장 흑인 젊은이들의 경찰 총격 사건 이후 토니 블레이Tony Blair는 다시 한번 책임감 있는 행동이라는 주제로 돌아왔다. 그는 모든 장애에 대한 부자와 가난한 사람 간의 소득 불평등 심화에 대한 설명을 일축하였으며, "심각한 기능장애를 가진 가정의 사람들이 다른 사회와 완전히 다른 방식으로 활동하고 있다. …… 그들 중 상당수가 초등학교나 어린이집에 다닐 때부터 이미 그런 식으로 형성되어 있다."고 비난했다(Blair, 2011). 나중에 되어서야 폭동에 가담한 젊은이들 가운데 3분의 1이 특수교육이 필요하거나 학교에서 제적당했다는 사실이 밝혀졌다. 결함 있는 양육이 다양한 사회 및 교육 문제의 원인이라는 정치적 가정이 지속되고 있으며, 빈곤과 구조적인 불평등을 초래하는 경제 및 사회 정책에 대한 고려를 거부하고 있다. 보수당 정부는 사회 및 경제 문제에 대한 책임을 전가하는 측면에서 노동당보다 훨씬 더 나쁠 수 있는데, 1974년 키스 조셉Keith Joseph은 이전의 우생학적인 견해로 회귀하여 사회의 퇴보가 발생하는 이유로, "아이를 낳기에 가장 부적합한 어머니에게서 태어나는 아동의 비율이 점점 더 높아지고 있다……. 일부는 지능이 낮고 대부분은 학력이 낮다."(Joseph, 1974: 3)라고 주장하는 연설을 함으로써 보수당의 지도자가 될 기회를 잃었다. 특히 그는 '문제아, 미래의 미혼모, 비행 청소년, 부랑아, 비정상적인 교육 시설, 교도소, 떠돌이 호스텔 거주자'(같은 책)를 양산하는 것은 하층 미혼모라고 주장하였다. 일부 당원들은 이에 대해 매우 심하게 비난했으며, 결국 마거릿 대처Margaret Thatcher를 당의 지도자로 대신 선출했다.

소수집단 부모

영국 정부의 보고서, 위원회, 정책에서 '부모'가 동질적인 대중이 아닌 것은 분명하지만, 정책 입안자들은 종종 계층, 성별, 인종이 존재하지 않는 것처럼 집단을 통합하는 것이 적합하다고 여긴다. 2장에서 언급했듯이 영국에서는 아프리카계 카리브해 소년들이 특수교육, 특히 교육적 비정상이라는 꼬리표의 주요 대상이 되었을 때 이러한 점이 명확히 드러났지만, 부모들의 우려는 무시되었다(Tomlinson, 1981). 학부모들의 반대에도 불구하고 흑인 아동, 특히 남학생을 학습 및 행동 문제를 위한 학교, 학급, 단위에 배치하는 일은 계속되었다. 1995년 크렌쇼Crenshaw는 다양한 형태의 불평등이 어떻게 교차하여 집단에 영향을 미치는지를 설명하기 위해 교차성이라는 용어를 사용했다(Crenshaw, 1995). 계층, 인종, 장애, 특수교육 시스템은 수년 동안 미국과 영국에서 흑인 부모의 삶에 영향을 미치는 방식으로 교차한다. 흑인 부모들은 자녀의 '저성취', 특수교육, 실업과 비행에 대한 책임은 자신들의 양육에 있다면서 비난의 대상이 되어 왔다. 전 흑인 교육감인 거스 존Gus John은 영국에서 다음과 같이 지적했다.

> 흑인 청소년들은 자신들에 대한 내용들을 읽으면 다음과 같은 내용이 나온다. 당신은 지속적으로 성적이 저조한 집단이고, 학교에서 배제당할 가능성이 6배나 높으며, 갱단에 속해 있거나 곧 가입할 가능성이 있다. 이러한 상태의 원인은 집을 떠난 아버지와 남성 역할 모델의 부재, 그리고 당신을 통제하거나 동기를 부여할 수 없는 여성들에게 둘러싸여 있기 때문일 가능성이 높다.
>
> (Byfield, 2008)

하층 흑인 소년들은 항상 낙인과 배제의 대상이었지만, 영국의 흑인 중산층도 학교에서 낮은 기대에 직면할 가능성이 똑같이 높으며 흑인 부모는 "학교에서 부정적인 명칭이 붙는 잠재적인 위험을 너무 잘 알고 있다."(Gillborn et al., 2016: 40)

일부 부모는 공식적인 평가 계획을 요구하는 것을 피한다. 미국과 영국 모두에서 소수집단 학생, 특히 흑인 남학생은 하위 집단/트랙에 속하거나 "의료화 명칭에 근거하여 3류 교육을 받을 가능성이 더 높다."(같은 책: 54)고 한다.

교육 성취도의 불평등을 낮은 포부, 낮은 기대치, 비행 행동으로 설명하려는 수년 간의 시도 끝에, 영국의 모든 정당의 정부들은 결국 사회 및 인종 집단 간의 성취도 격차를 줄이는 데 명목상으로나마 전념하게 되었다. 이는 주로 흑인, 혼혈인, 기타 소수집단, 동유럽 출신 로마족이 문해력, 수리력, 시험 합격률에서 지속적으로 낮은 성취도를 보인다는 사실을 입증하기 위한 연구와 데이터 수집에 자금을 지원하는 것으로 이루어졌다. 정치적 관심사는 인도계나 중국계와 같은 '모범적인 소수집단'과 성취도가 낮은 집단을 비교하고, 일부 소수집단이 백인 노동계층 소년보다 더 높은 성취를 보이는 것에 대한 불만을 제기하는 것이었다. 문제 소년들은 대부분 무상 급식 혜택 대상자로, 빈곤층에 속해 있었다. 이전 장에서 언급했듯이, 현 정부는 연구자들에게 왜 일부 개인들은 다른 사람들보다 박탈의 영향에 대해 더 많은 '회복탄력성'을 보이는지를 설명해 달라는 요청을 하였다(Strand, 2015). 빈부 격차, 고학력자와 특수교육자 간의 격차가 점점 더 커지는 사회에서 빈곤과 인종으로 특징짓는 일부 젊은이들이 회복탄력성이 높은 이유를 찾으려는 시도는 우스운 일로 치부될 수 있다. 그러나 이는 정부가 부와 소득의 재분배, 주택 및 경제 정책 개선에 대하여 어떤 정책적 시도조차도 포기했음을 인정하는 것일 수도 있다.

보수적인 정책

교육적, 경제적 실패로 이어지는 역기능적 빈곤층에 대한 보수당의 견해는 이후 빈곤층과 장애인에게 가해지는 많은 징벌적인 정책의 토대가 되었으며, 19세기 관점과 함께 계속해서 공감을 불러일으켰다. 2002년 보수당 당수였던 이언 던컨-스미스[Iain Duncan-Smith]가 짧은 임기 동안 다른 정치인과 유명 인사들이 '잠깐의 빈민구제 활동'을 위해 방문했던 글래스고Glasgow의 이스터하우스Easterhouse 지역을 방문한 것은 이제 영국에서 잘 알려진 이야기이다(Gentleman, 2010: 8). 그는 암울함에 너무 놀라서 '부서진 영국Broken Britain'에 대한 도덕적인 십자군 운동을 시작했다. 그의 주요 관심사는 '당신이나 내가 사회의 규범이라고 생각할 수 있는 것, 즉 정상적인 교육의 과정, 열망, 일, 생산적인 균형 잡힌 과정으로부터 점차 단절되는 역기능 가정의 증가'였다(같은 책: 11). 글래스고 조선소 폐쇄와 그에 따른 실업, 부족한 주택 정책, 빈곤을 완화할 수 있는 산업 전략의 부재 등 빈곤의 원인이 되었던 경제 정책에 대한 언급은 없었다. 대신 그는 '독립적인' 싱크탱크인 사회 정의 센터Centre for Social Justice를 설립하여 영국의 사회 붕괴를 되돌릴 수 있는 조직들의 연합을 구축했다. 이후 사회 정의 센터는 '붕괴된 영국'(Duncan-Smith, 2006, 2007), '돌파구 없는 영국'(Duncan-Smith, 2009), 가족에 관한 보고서(Centre for Social Justic, 2010)를 잇달아 발표하며 결혼이 가족 문제의 해결책이라고 주장했다. 센터는 이 책의 2장에서 언급했듯이 1908년 '허약자 보호 및 통제 위원회'가 파악한 사회 문제와 유사한 다섯 가지 '빈곤의 경로'를 확인했다. 가족 해체, 교육 실패, 경제적 의존, 부채 및 중독으로 인해 사회적 붕괴가 발생하여 국가는 연간 1,200억 파운드의 손실을 입는 것으로 추정되었는데, 이는 출처가 불명확한 통계였다. 던컨-스미스는 '정상' 뇌와 '결함' 뇌를 비교한 페리의 2002년 논문을 잘 알고 있었으며, 2010년 인터뷰에서 다시 한번 그가 아동 학대라고 여기는 것, 예를 들어 어머니가 다른 파트너를 갖는 것이 뇌 발달에 영향을 미친다고 제안했다(Gentleman, 2010). 그는 또한 2017년에 시행될 예정인 '행동 변화'를 장려하기 위해 아동 수당을 한 가정의 첫 두 자녀로 제한할 것을 제안했다. 토인비Toynbee가 지적했듯이 이는 '하위 계층을 통제하고 번식을 막으려는'(Toynbee, 2014) 계획으로 보였지만, 두 명 이상의 자녀를 둔 중산층 가정도 손해를 보게 될 것이었다.

5장에서 언급했듯이 페리의 뇌 스캔 사진은 던컨-스미스와 그레이엄 앨런 하원 의원에 의해 모성 방임을 지속적인 사회 문제와 연결하는 데 사용되었으며, 다른 논평가들이 '엄마의 사랑이 아이의 뇌 크기에 미치는 영향을 보여 주는 차가운 뇌 스캔Chilling Brain Scan Shows the Impact of a Mother's Love on a Child's Brain Size'(Hsu, 2012)과 같은 제안을 하게 만들었다. 이러한 견해의 영향은 "가장 가난한 가정의 아이들은 기저귀를 찬 채로 학교에 다니며 유아처럼 행동하는 교육 하위층이 될 위험이 있다."는 대중과 정부의 견해를 재확인시켜 주었다(Williams, 2013). 빈곤층에 대한 부정적인 시각은 2010년 이후 연립 정부가 추진한 '문제 가정' 프로그램에 의해 다시 강화되었는데, 이 프로그램은 영국에 연간 90억 파운드의 비용이 드는 12만 가구에 달하는 문제 가정이 있다고 주장했다. 레비타스는 이러한 주장을 검토하여 수치와 비용이 허위임을 발견하였으며 이러한 정책이 빈곤층에 대한 대중의 적대감을 조장하며 징벌적 정책을 정당화한다고 지적했다(Levitas, 2012).

정부는 교육적, 사회적 실패의 책임을 가난한 가정에 돌리면서 동시에 교육적 불이익을 완화하기 위한 정책을 마련하고 있다고 주장했으며, 익숙한 미사여구로 가정 빈곤과 교육적 불이익의 고리를 끊어 내겠다고 말했다. 2011년 영국에서는 당시 교육부 장관이었던 마이클 고브Michael Gove가 미국 차터 스쿨의 강력한 지지자인 아르네 던컨Arne Duncan 미국 교육부 장관의 방문과 오바마Obama 대통령의 『최고를 향한 경주Race to the Top』 법안에 영감을 받아, 소외 계층과 저성취자의 성취도를 높이기 위한 효과적인 전략을 발견하는 연구를 지원하기 위해 교육 기부 재단Education Endowment Foundation[3]에 1억 3,500만 파운드를 지원했다. 현재까지 교육 연구자들이 수행한 약 100개의 연구에는 70만 명 이상의 학생과 4개 학교 중 1개 학교가 참여했으며, 재단은 고품질의 연구 증거가 학교의 교육 성과 향상을 지원할 수 있다는 주장과 함께 교육 접근법에 대한 '도구 모음toolkits'을 제작했다. 교육부는 또한 양육 지원Parenting Support 프로그램에 자금을 지원했는데, 그중 하나는 행동 장애를 보이거나 위험에 처한 아동의 사회경제적 수준이 낮은 부모를 대상으로 하는 양육 조기 개입 프로그램이었다. 놀랍지 않게도, 이 연구 그룹에 속한 아동의 62%는 남자아이였고, 49%는 무상 급식을 받고 있었으며, 12%는 특수교육 진단을 받았으며, 56%는 다양한 행동문제를 보이고 있었다(Lindsay, 2015). 2011년부터 불우한 아동들은 약 24억 파운드의 학생 프리미엄Pupil Premium 기금을 받아 왔으며, 학교는 이 기금을 현명하게 사용하기 위해 교육 기부 재단의 도구 모음을 사용하도록 촉구받았다. 이러한 개입이 가난한 아동과 부유한 아동 사이의 '격차를 좁히고 있다'는 주장은 실제로는 빈곤층과 그보다 약간 덜한 빈곤층 사이의 격차를 좁히고 있을 뿐이다. 이 모든 것은 매우 그리고 점점 불평등해지는 사회를 유지하는 정책의 영향을 완화하려는 시도에 대한 우울할 정도로 익숙한 이야기이다.

빈곤층과 장애인에 대한 처벌

이언 던컨-스미스Iain Duncan-Smith의 견해와 신념이 중요한 이유는 2010년부터 연립 정부와 보수당 정부하에서 노동연금부 장관으로 임명되어 실업자, 특히 장애인에 대한 사회적 혜택을 줄이기 위해 일련의 개혁을 주도했기 때문이다. 이러한 정책은 정부와 언론의 복지 수급자에 대한 폄하와 장애인과 특수교육대상자에 대한 적대감 조성을 수반했다. 1979년부터 영국의 공공 복지에 대한 급진적인 구조조정이 이루어졌다는 사실은 이제는 잘 알려져 있다. 당시 모든 정부에서 보건, 교육, 주택, 기타 사회 서비스 등 공공 서비스 분야에서 시장 지향적인 경제를 향한 개혁이 이루어졌다. 이러한 개혁에는 기관과 민간 기업에 서비스를 위탁하는 방식이 포함되었는데, 대부분 면밀한 검토 없이 이루어졌다. 2010년까지의 노동당 정부와 이후 연립 정부 및 보수당 정부의 이념은 일자리 유무와 관계없이 모든 젊은이와 성인들은 일해야 하며, 복지 혜택은 최소한으로 줄여야 한다는 것이었다. 장애 수당을 청구하는 사람이나 일할 수 없는 사람들은 면밀히 조사되어야 하며, 그들도 일할 수 있는 사람들과 동일한 시장 경쟁의 대상이 되어야 한다는 것이었다. 따라서 2008년 고든 브라운Gordon Brown 총리 시절, 장애인 고용을 위해 특별히 설립되었던 일부 리플로이Remploy 공장은 노동조합의 항의에도 불구하고 폐쇄되었다(Davies, 2008). 2012년에는 중증장애인을 위한 작업 공간을 제공하던 모든 작업장이 문을 닫았다.

2010년 연립 정부는 정신건강 문제가 있는 사람들을 포함하여 장애, 질병 또는 무능력 수당을 청구하는 사람들의 수를 줄이기 위해 노력했다. 고용지원수당Employment and Support Allowance(ESA)이나 장애 및 생활 수당Disability and Living Allowance(DLA) 신청자는 수당 상실의 위협과 함께 근로 적합성 심사를 받아야 했는데, 이는 장애 청년의 부모에게 두려운 일이었다. 이례적인 조치로, 평가 과정은 프랑스 기업인 ATOS에 외주되었으며, '근로 적합성'에 점수를 부여하는 평가에 대해 즉각적인 우려가 제기되었다. 결국, 이를 감시해야 할 패널의 최고 책임자는 "노동연금부가 일주일에 11,000명의 사람들에게 엉터리 시스템을 강요하고 있다."고 주장하며 사임했다(Gentleman, 2012). ATOS는 명목상 해고되었으며 거대 기업인 캐피타[Capita]가 임명되었지만, ATOS는 DLA를 대체할 개인독립수당[Personal Independent Payment](PIP)에 대한 청구인을 다시 평가하도록 재임명되었다. 2015년까지 장애인에 대한 PIP 지급이 1년 이상 지연되었고, 그 결과 개인과 가족은 빈곤에 처하게 되었다. 많은 청구자가 일을 할 수 있다는 가정은 대중의 적대감을 불러일으켰고, 자선 단체들은 장애 청년들조차도 부정하게 수당을 청구하는 게으른 사기꾼으로 묘사되고 있다고 경고했다(Walker, 2012).

던컨-스미스는 복지 축소를 주도한 장관으로 2010년 BBC 프로그램에서 복지 제재를 설명하며 사람들이 일을 하지 않는 것은 '죄'라고 주장했다(BBC Radio 4, 2010). 2012년에는 다시 한번 아동 빈곤의 원인을 무직과 복지 의존, 중독, 교육 실패, 부채 또는 가족 해체라고 주장하면서 아동 빈곤의 정의를 변경했다(Ramesh, 2012). 그는 보편적 신용 시스템이라는 아이디어를 도입하여 수급자가 받는 혜택을 하나의 혜택으로 통합하는 방안을 제시했는데, 이 제도는 현재까지 성공을 거두지 못했다. 그는 또한 "가난한 사람들에게 돈을 주는 것은 그들이 자신들의 삶을 책임지는 데 도움이 되지 않는다."라고 경고하며, 빈곤의 원인에 대한 진부한 이유를 다시 한번 사용했다(Bingham, 2012). 2016년 3월, 재무장관이 장애인 수당 13억 파운드를 추가로 삭감하겠다고 발표하자 그는 놀랍게도 "도덕적으로 옹호할 수 없다."며 정부 장관직을 사임했다(Helm, 2016).[4] 사임의 이유가 무엇이든, 이러한 개혁들은 가난한 장애 젊은이들과 그 가족에게 해를 끼쳤다. 2016년 5월 18일, 영국 여왕은 의회 연설에서 "우리 정부는 내년에 빈곤과 가족 불안정, 중독, 부채 등 박탈의 원인에 대처할 것"이라며 앞에 언급된 보고서와 매우 유사한 언어로 빈곤층을 비난하는 주제를 다뤘다. 이 연설은 또한 정부가 '삶의 기회 측정'을 위한 새로운 지표를 도입할 것이라고 약속했다(Stewart & Asthana, 2016).[5] 삶의 기회 측정이 어떻게 개발되어 빈곤 가정에 영향을 미칠지, 그리고 실제로 삶의 기회를 개선하기 위해 어떤 조치가 취해질지는 불분명하다. 분명한 것은 경제나 소득 불평등 확대와 관련된 구조적 정책이 아닌, 부모와 가족이 스스로 박탈감을 조성하는 존재로 간주되고 있다는 점이다. 이러한 정책적 접근은 빈곤의 복잡한 사회경제적 맥락을 무시하고 개인의 책임만을 과도하게 강조하는 편향된 시각을 반영한다. 이는 결과적으로 취약계층에 대한 낙인과 차별을 강화하며, 실질적인 빈곤 해결책을 제시하지 못하는 한계를 드러낸다고 볼 수 있다.

혐오와 학대

영국에서는 빈곤층과 장애 아동·청소년 및 그 부모의 삶은 긴축 정책과 복지 삭감 프로그램으로 인해 심각한 영향을 받고 있으며, 정부가 이에 대해 동정심이 있다는 증거는 거의 찾아볼 수 없다. 2014년 의회 토론회에서 장관이자 전직 투자 은행가인 로드 프로이드Lord Freud는 장애인은 "최저임금을 받을 가치가 없다."고 주장한 것으로 알려지자, 데이비드 캐머런David Cameron 총리는 이에 대해 사과할 것을 제안했다. 부유층을 위한 감세 정책이 시행된 반면, 지속적인 감세와 더불어 복지 수급자를 일하지 않고 각종 혜택을 받는 게으름뱅이라고 비하하면서 장애인의 삶은 악화되었다. 장애인을 대상으로 한 증오 범죄는 해마다 증가하고 있다. 2009년 피오나 필킹턴Fiona Pilkington은 지역 청소년들로부터 '수년간의 고통'을 당했다는 검시관의 말을 들은 후 장애 딸과 자기 자신을 살해했다. 자선단체인 멘캡Mencap의 보고서에 따르면 장애 청소년과 성인의 최대 90%는 언어적 괴롭힘이나 폭력을 견뎌 낸 경험이 있는 것으로 나타났다. 또한 이러한 범죄가 신고되었을 때 경찰관들은 종종 방관하거나 무시하는 경우가 많다는 사실을 발견했으며, 한 경찰관은 '장애 혐오 범죄는 종종 인종 혐오 범죄의 나쁜 친척'이라는 견해를 취했다(Walker, 2011). 평등인권위원회Equality and Human Rights Commission도 장애 혐오에 대한 조사에 착

수했다. 휠체어 사용자인 이 조사의 수석 위원은 자신도 벽에 '불구'라는 낙서가 붙어있는 등 학대를 당한 적이 있다고 언급했다. 위원회는 장애인이 비장애인보다 범죄의 피해자가 될 가능성이 4배 더 높다고 기록했다(Ramesh, 2010). 2016년 두 명의 군인이 장애 청소년 2명을 폭행한 혐의로 수감되었으며(Quinn, 2016), 데이트 사이트 '오케이 큐피드^OkCupid^'는 파트너를 찾는 과정에서 "아이큐가 낮은 사람이 자녀를 가지지 못하게 한다면 세상이 더 나은 곳이 될 수 있을까?"(Meikle, 2016)라고 묻는 것처럼 다양한 형태의 학대가 계속되고 있다. 이러한 행동에 대한 대중의 반대는 거의 없지만, 중증장애아를 양육하는 부모의 현실에 대해 더 많은 대중에게 알리려는 시도는 간혹 있다. BBC 4의 한 프로그램에서는 평생 보살핌이 필요한 아동을 양육하는 부모들의 모습을 방영했는데, 이는 아마도 TV에서 본 것 중 가장 훌륭한 아동 사랑의 사례일 것이다(BBC 4, 2016).[6)]

중증 학습 어려움과 장애를 가진 아동과 청소년의 부모는 이러한 학대와 용납할 수 없는 처우가 개인에게만 국한되지 않는다는 것을 알고 있다. 청년들을 돌보도록 위탁받은 주정부 및 민간 기관이 무관심하고 학대할 수 있다는 것이 드러났다. 2011년 BBC 파노라마^Panorama^ 프로그램에서는 NHS 자금을 받아 젊은이들을 돌보는 것으로 알려진 민간 시설 윈터본 뷰^Winterbourne View^에서 학습장애 환자를 학대 및 방치한 것에 대해 촬영한 적이 있다(Tregelles, 2016). 이러한 시설을 폐쇄하겠다는 약속이 있었지만 2016년에도 여전히 많은 시설이 운영되고 있다. 2013년에 뇌전증과 자폐성 장애 진단을 받은 18세 청년이 NHS 남부 건강 신탁^Southern Health Trust^에서 운영하는 시설에 입원했다. 그는 감독 없이 방치되어 욕조에서 익사체로 발견되었다. 그의 어머니인 사라 라이언^Sarah Ryan^은 옥스퍼드대학교에서 보건학을 가르치는 사회학자로, 블로그, 정의 캠페인 등을 통해 학대 문제를 제기했지만, 여러 보고서와 약속들에도 불구하고 중증의 학습 어려움을 지닌 사람들과 그 가족들의 권리를 보호하기 위한 조치는 거의 이루어지지 않았다고 지적했다(Ryan, 2016).

부모의 기대

30여 년 전, 모든 아동과 청소년을 일반교육에 통합하고 포용하기 시작했을 때 부모들에게 제시된 주요 주장은 어려움과 장애를 가진 사람들의 교육이 개선될 뿐만 아니라 비장애인과 소위 '정상'이라 불리는 이들의 교육도 향상될 것이라는 점이었다. 즉, 그들이 성장하고 다름을 인정하며 받아들여지는 사회를 만드는 데 도움이 될 것이라는 기대였다. 하지만 앞에 소개한 학대와 혐오에서 알 수 있듯이 실제로는 그렇지 못했다. 장애인 올림픽과 장애인 재향군인 단체의 도움으로 일부 집단에 대한 수용성이 높아진 것은 분명하지만, '정상적이지 않은' 것으로 간주되는 사람들에 대한 일반적인 수용성은 여전히 부족하다. 1995년 데이비스Davis가 지적했듯이, 정상성은 눈에 보이지 않기 때문에 효과적이며, "정상이란 현대 존재의 0도이다."(Davis, 1995: 170). 자비의 미사여구는 차이를 용인하는 정책과 태도를 포괄하려고 시도하지만, 현실은 통합 및 수용과는 정반대의 정책을 시행하고 있다. 로저스Rogers는 "관용은 이데올로기적으로 다양성의 어두운 면이며, 신자유주의는 공허한 미사여구를 내뱉을 뿐이다."(Rogers, 2016: 5)라며 '정상적이지 않은 것'에 대한 관용이 법제화되고 문화적 인식에 일부 변화가 있었지만, 이는 수용이 아니라고 강력하게 지적했다.

흑인 및 기타 소수집단의 저성취 젊은이들을 둔 부모, 특수교육과 장애라는 꼬리표가 붙은 이들, 다루기 힘든 집단인 저소득층을 모두 합치면 앞서 언급했듯이 전체 가구의 3분의 1 이상이 역기능적인 교육 및 복지 시스템과 이를 유지하는 정책으로 인해 어려움을 겪고 있다고 볼 수 있다. 이러한 부모와 가족들이 스스로를 개선하고 문제를 극복할 수 있도록 '가장 잘 아는' 전문가의 도움을 확대하여 도와야 한다는 가부장적인 관점에 열등한 유전자, 뇌 발달을 저해하는 양육 방식, 장애에 대한 자원과 혜택을 불필요한 비용으로 간주하도록 부추기는 일반대중의 인식, 빈곤층에서 '회복탄력성'을 찾으려는 시도 등이 새롭게 추가되었다. 실제로 위태로운 것은 경쟁적인 글로벌 자본주의에서 특수 또는 저성취자로 '교육받은' 개인이 처한 상황이다. 다음 장에서는 지식 경제를 가정한 젊은이들의 직업훈련과 배치, 그리고 교육적 통합의 목표인 사회 통합에 대해 살펴본다.

미주

1) 상류층의 아둔함이나 장애 또는 하류층이 행할 경우 검열의 대상이 될 수 있는 행동에 대한 조사나 정보는 거의 없다. 예를 들어, 현 여왕의 할머니(메리[Mary] 여왕)는 뇌전증과 학습에 어려움이 있는 아들을 낳았는데, 이 아이는 사립 시설로 보내졌다. 최근 작고한 세습 영지의 소유주였던 배스[Bath] 후작은 기괴한 옷차림, 외설적인 벽화, 75명의 '아내'를 거느리는 등의 생활 방식을 보였는데, 만약 그가 복지 혜택을 받으며 생활했다면 언론과 대중의 비난을 받았을지도 모른다.

2) 1992년 하원 선출 위원회는 '진술서' 작성 절차에 대해 자문을 구했다. 위원회에 제출한 보고서에서 나는 "진술서 작성 절차는 일반교육에 문제가 있다고 간주되는 아동을 배제하기 위해 비용이 많이 들고 모순적인 근거로 발전해 왔다. 전국 각 지역에서 진술서가 작성된 아동의 수에 차이가 있으며 모순적인 압력이 강화될 것이다. 시험과 순위표[league tables]의 영향으로 학교는 좋은 결과를 방해하는 학생들을 배제할 수 있는 수단을 찾도록 부추길 것이다……. 명단 제공과 학교 지정을 요구하는 학부모들이 늘어날 것이다……. 학부모들은 소송과 재판소를 더 많이 이용할 것이다."(Tomlinson, 1992).

3) 교육 기부 재단[Education Endowment Foundation]은 2011년에 기존의 두 교육 자선 단체인 서튼 신탁[Sutton Trust]와 임페투스 신탁[Impetus Trust]이 통합되어 설립되었다. 현재 재단의 최고 경영자는 전 런던 타워 햄릿 자치구장이자 문해력 전문가인 케반 콜린스[Kevan Collins] 경이다. 그는 '훈련된 혁신'과 무작위 대조군 연구를 통해 모든 학생, 특히 취약 계층의 학교교육을 개선할 수 있다고 믿는다.

4) 던컨-스미스[Duncan-Smith]는 총리에게 보낸 사직서에서 "장애인에 대한 최근의 혜택 변경과 그 맥락이 너무 지나친 타협이라고 한동안 마지못해 믿게 되었다."고 썼다. 다른 사람들은 그의 사임이 유럽연합 탈퇴 캠페인에 대한 보수당 동료들과의 의견 불일치에서 비롯된 것이라고 주장했다(Asthana, 2016).

5) 여왕 폐하는 매년 의회 회기가 끝날 때마다 다음 회기에 대한 정부의 입법 계획을 설

명하는 연설(정부에서 작성)을 한다.

6) '다르게 되기 위해 태어남Born to be Different'이라는 마지막 프로그램에 소개된 다섯 명의 아동은 출생부터 16세까지 관찰되었고 다양한 질환을 앓고 있었다. 연골무형성증(왜소증)을 앓고 있는 청년은 결국 뉴질랜드 장애인 수영 대표팀에 합류했다. 결절성 경화증을 가진 청년, 이분척추가 있는 여자아이, 관절증이 있는 여자아이(결국 학교에서 부회장으로 선출됨), 부모가 자신과 다른 다섯 명의 자녀를 돌보는 중증장애 여자아이가 있었다.

참고문헌

Asthana, A. (2016). "Was this all about cuts or about Europe?" *The Guardian* 19 March.

Ball, S. J. (2008). *The Education Debate*. Bristol. Policy Press.

BBC Radio 4 *Today Programme* (2010). Iain Duncan-Smith "It's a sin that people fail to take up work." UTV Live News report London. 11 November.

BBC 4 (2016). *Born to be Different* (Last of a series of programmes following disabled children's lives over 16 years). BBC. London.

Bingham, J. (2012). "Giving poor money does not help them take responsibility for their lives warns Iain Duncan-Smith" *The Daily Telegraph* 29 March.

Blair, T. (2005). *Speech on Improving Parenting*. London. 2 September.

Blair, T. (2011). "Blaming a moral decline for the riots makes good headlines but bad policy" *The Observer* 21 August.

Byfield, C. (2008). *Black Boys Can Make It. Stoke on Trent*. Trentham Books.

Centre for Social Justice (2010). *Green Paper on the Family*. London. Centre for Social Justice.

Crenshaw, K. (1995). "The intersection of race and gender" in (eds). Crenshaw, K., Gotanda, N., Perrer, G. and Thomas, K. *Critical Race Theory: the key writings that formed the movement*. New York. The New Press.

Davies, C. (2008). "Job losses and 'betrayal' of the disabled" *The Observer* 9 March.

Davis, L. J. (1995). *Enforcing Normalcy: disability, deafness and the body*. London. Verso.

DCSF (2009). *Your Child, Your Schools, Our Futures: building a 21st century school system*. London. The Stationery Office.

DES (1977). *Education in Schools: a consultative document*. London. HMSO.

DES (1978). *Special Educational Needs*. London. HMSO.

DfE (2016). *Educational Excellence Everywhere. (cmd 9230)*. London. Department for Education.

DfE/DoH (2014). *Special Educational Needs: code of practice 0–25*. London. Department of Education and Department of Health.

DfES (2007). *Every Parent Matters*. Nottingham. Department for Education and Science.

Duncan-Smith, I. (2006). *Breakdown Britain: interim report on the state of the nation*. London. Centre for Social Justice.

Duncan-Smith, I. (2007). *Breakthrough Britain: ending the costs of social breakdown*. London. Centre for Social Justice.

Duncan-Smith, I. (2009). *Broken Britain Can Be Fixed by its Army of Social Entrepreneurs*. London. Centre for Social Justice.

Furedi, F. (2010). "Rescuing authority in the twenty-first century" *Spiked* 15 February. www.spiked-online.com.

Gentleman, A. (2010). "Life on the edge" *Guardian Supplement* 31 March.

Gentleman, A. (2012). "Charity chief quits over fit-for-work tests" *The Guardian (Society)* 11 April.

Gerwirtz, S. (2001). "Cloning the Blairs: New Labour's programme for the re-socialising of working class parents" *Journal of Educational Policy* 16: 365–378.

Gillborn, D., Rollock. N., Vincent, C. and Ball, S. J. (2016). "The Black middle classes: education, racism and dis/ability. An intersectinal analysis" in (eds). Connor, D. J., Ferri, B. A., Subini, A. and Annamma, S. A. *DisCrit: disability studies and critical race theory in education*. New York. Teachers College Press.

Helm, T. (2016). "Tory party at war as IDS allies slam 'immoral cuts'" *The Observer* 20 March.

Hsu, C. (2012). "Chilling brain scans show the impact of a mother's love on a child's brain size" *Medical Daily* 29 October.

Hughes, F. (2016). "What parents of children with SEND want you to know" *Times Educational Supplement* 13 May.

Joseph, K. (1974). Speech in Birmingham. 19 October. Reported as "Sir Keith calls for 'remoralization' and reassertion of civilized values" *The Times* 21 October.

Lamb, B. (2009). *Special Educational Needs and Parental Confidence: report of the Committee of Inquiry into SEN and disability information*. London. Department for Children Schools and Families.

Lazerson, M. (1983). "The origins of special education" in (eds). Chambers, J. G. and Hartman, W. T. *Special Education Policies*. Philadelphia. Temple University Press.

Levitas, R. (2012). "120,000 troubled families" *Critical Paper*. Bristol. School for Policy Studies, University of Bristol.

Lindsay, G. (2015). "Parenting support: evidence, policy and practice" *Public Seminar*. Oxford. Department of Education, University of Oxford. 26 October.

Meikle, J. (2016). "Dating site condemned over hateful question" *The Guardian* 6 May.

Moorhead, J. (2013). "The biggest problem for a child with SEN? Other people" *The Guardian Education* 16 August.

Nettleton, M. and Friel, J. (2015). *Special Needs and Legal Entitlement: the essential guide for getting out of the maze*. London. Jessica Kingsley.

Parents Voice (1978). Letters. 28/1. London.

Perraudin, F. (2016). "Academies to move pupils with disabilities to worse school" *The Guardian* 30 May.

Quinn, B. (2016). "Soldiers jailed for sadistic attack on disabled pair" *The Guardian* 29 March.

Ramaekers, S. and Suissa, J. (2012). *The Claims of Parenting: reasons, responsibilities and society*. The Netherlands. Springer.

Ramesh, R. (2010). "EHRC launches 'overdue inquiry' into disability hate crimes" *The Guardian* 14 June.

Ramesh, R. (2012). "Iain Duncan-Smith sets out new welfare agenda: blaming poverty on the poor" *The Guardian* 14 June.

Rogers, C. (2011). "Mothering and intellectual disability; partnership rhetoric" *British*

Journal of the Sociology of Education 32/4: 563-581.142

Rogers, C. (2015). "Who gives a damn about intellectually disabled people and their families? Care-less spaces personified in the case of LB" *Disability and Society* 30/9: 1439-1443.

Rogers, C. (2016). *Intellectual Disability and Being Human*. London. Routledge.

Ryan, S. (2016). "We don't need any more reports on Winterbourne View; we need action" *The Guardian* (Society) 2 March.

Sewell, G. (1981). "The micro-sociology of segregation: case studies of the exclusion of children with special needs from ordinary schools" in (eds). Barton, L. and Tomlinson, S. *Special Education: policy, practice and social issues*. London. Harper and Row.

Stewart, H. and Asthana, A. (2016). "Cameron puts social reforms at the heart of plans to reunite conservatives" *The Guardian* 19 May.

Stone, B. and Foley, P. (2014). "Towards integrated working" in (eds). Foley, P. and Rixon, A. *Changing Children's Services: working and learning together* (2nd ed.). Bristol. Policy Press.

Strand, S. (2015). "Ethnicity, deprivation and educational achievement at age 16 in England: trends over time: compendium of evidence on ethnic minority resilience to the effects of deprivation on attainment" *Research Paper*. London. Department for Education.

Taylor Report (1977). *A New Partnership for Our Schools: a report into of the committee of enquiry into the management and government of schools*. London. HMSO.

Tomlinson, S. (1981). *Educational Subnormality: a study in decision-making*. London. Routledge and Kegan Paul.

Tomlinson, S. (1992). *Evidence to the Education Select Committee of the House of Commons on Statements for Special Educational Needs*. London. House of Commons.

Tomlinson, S. (2012). "The irresistible rise of the SEN industry" *Oxford Review of Education* 38/3: 267-286

Toynbee, P. (2014). "The Tories' plan for poor people: stop them breeding" *The*

Guardian 10 December.

Tredgold, A. F. (1908). *Mental Deficiency*. London. Balliere Tindall and Cox.

Tregelles, J. (2016). "Trapped in out-dated institutions: this learning disabled scandal must stop" *Daily Telegraph* 2 March.

Umpstead, R., Decker, J. R., Brady, K. P., Schimmel, D. and Militello, M. (2015). *How to Prevent Special Education Litigation*. New York. Teachers College Press.

Vincent, C. and Tomlinson, S. (1997). "Home-school relationships: the swarming of disciplinary mechanisms" *British Educational Research Journal* 23/3: 361-377.

Vincent, C., Ball, J. S. and Braun, A. (2010). "Between the estate and the state: struggling to be a good mother" *British Journal of Sociology of Education* 31: 123-138.

Walker, D. (2012). "Anti-disabled abuse fuelled by benefit cuts" *The Guardian* 6 February.

Walker, P. (2011). "Disabled people still failed by police, says report" *The Guardian* 20 June.

Waller, W. (1932). *A Sociology of Teaching*. New York. John Wiley and Sons.

Weber, M. (1972). "Selections on education and politics" in (ed.). Cosin, B. *Education, Structure and Society*. Harmondsworth. Penguin.

Williams, Z. (2015). "The early years educational underclass is a handy moralisers myth" *The Guardian* 4 September.

08장

직업적 통합과 배제

학업 성취도와 학위 취득률을 높이기 위해 여러 정부 프로그램이 시도되고 있지만, 저성취, 조기 학업 중단, 그에 따른 실업 문제에 대한 정책적 대응은 점점 더 징벌적으로 변하고 있다. (Graham et al., 2015: 2)

1910년대의 불량배, 결함아, 저능아는 2010년대의 폭력배, 차브족[Chavs], 니트족[NEETS], 부랑자가 되었다. (Tomlinson, 2013: 1)

이 마지막 장에서는 특수교육, 통합교육, 대안교육에 관한 모든 문헌에서 거의 다루지 않는 질문, 즉 그들에게 제공된 교육을 경험했을 때 어떤 일이 발생할 것인지에 대하여 질문한다. 정책과 실천에서 드러나는 것은 주류로부터의 다양한 분리나 '통합'을 시도하는 모든 과정에서 젊은이들이 자신의 무능력을 만들어 내는 경험을 한다는 것이다. 영국에서 '잠재력에 대한 투자[Investing in Potential]'(DCSF, 2009)와 '모든 곳에서의 교육적인 우수성[Educational Excellence Everywhere]'(DfE, 2016)이라는 모든 미사여구에도 불구하고, 결과적으로 대부분의 젊은이들은 주로 낮은 수준의 직업 교육 과정, 산발적 고용이나 실업, 경우에 따라서는 비고용, 의존 또는 청소년 범죄자 기관에만 적합한 것으로 나타났다. 모든 아동은 한계 없이 배울 수 있는 잠재력을 가지고 태어났다는 믿음은, 지식 주도 경제에서는 성공적인 경쟁을 위해 더 높은 수준의 교육과 훈련이 필요하며, 이를 달성할 수 있는 사람은 소수라는 이데올로기적인 고착화 속에서 사라져 버렸다. 하층 사회 집단은 경제에 유용한 수준까지 학습할 능력이 없다는 전통적인 가정과, 상류층과 중산층은 자신들의 당연한 특권을 내려놓을 의사가 거의 없는 사회 계층 위계에 의해 뒷받침되어, 불평등한 교육과 그 결과는 더욱 공고해 지고 있다. 비교적 최근에 교육이 인간의 기본적 권리라는 인식이 확산되면서 학교가 보다 '통합적'이어야 한다는 정치적 합의가 이루어졌다. 하지만 저성취 및 '특수' 학생 인구의 증가는 낮은 수준의 능력을 전제로 한 교육과정을 통해 이들을 저임금, 저숙련, 착취적 일자리 또는 실업으로 이어질 수밖에 없는 미래로 내몰고 있다. 이러한 상황은 자동화 및 로봇화로 인해 많은 일자리가 사라지면서 더욱 악화되고 있다. 언제나 그렇듯이 예외는 존재하며 이는 다시 계층에 따라 달라질 수 있다. 중산층 가정의 아동이 '자폐성 장애'나 아스퍼거 증후군이라고 주장하며 조정을 요구하는 많은 경우, 반드시 더 높은 수준의 교육과 취업에서 배제되는 것은 아니다.

교육 확대를 수용한 각국 정부는 이제 이 모든 것이 너무 성공적이었다는 문제에 직면해 있다. 상위권 대졸자들의 '공급 과잉'을 어떻게 할 것인지, 하위권 졸업생들의 '통합'을 어떻게 할 것인지에 대하여 명확한 해답이 없는 문제가 점점 더 많아지고 있다. 선진국과 개발도상국의 주요 과제는 일자리 창출과 모든 젊은이들의 사회적, 경제적 통합을 중심으로 이루어지고 있다. 그러나 글로벌 경제에서 각국 정부는 특히 다국적 기업이 전 세계로 인력을 이동하거나 철수할 수 있기 때문에 자국 경제의 작동을 거의 통제할 수 없는 경우가 점점 더 많아지고 있다.[1] 이는 고등교육을 받은 모든 사람들에게 좋은 징조는 아니지만, 자격이 거의 또는 아예 없거나 평가 절하된 사람들에게는 더 큰 문제이다. 세넷Sennett(2006: 86)이 말한 '쓸모없음의 유령'은 고등교육을 받은 사람들에게도 적용될 수 있지만, 특히 저임금 저숙련 일자리를 전전하며 낮은 수준의 교육 과정을 거친 사람들에게는 더욱 그러하다. 경제는 고학력 젊은이들을 전부 고용하지 못하게 할 수도 있으며, 저성취자의 경우 잉여 경제 인구의 일부가 될 가능성은 여전히 남아 있다.

인적 자본 이론

영국과 미국에서는 자유 시장의 작동에 대한 신자유주의적인 신념이 여전히 지배적이다. 즉, 기업과 고용주가 국가의 개입으로부터 자유로워지면 생산성이 높아지고 경제가 성장할 것이라는 가정이 전제된다. 정부는 교육과 훈련을 받은 노동자의 공급을 보장하기 위해서만 개입하며, 개인이 평생 학습에 투자하고 정기적으로 자기 자신에 대한 '기술 향상'을 하도록 장려해야 한다. 또한 젊은이들이 교육을 통해 자신에게 더 많이 투자할수록 구직과 소득 증가에 더 성공할 수 있다고 가정한다. 신자유주의 신념은 이와 함께 노동 시장에 대한 마르크스주의적 해석, 즉 빈곤층과 무자격자가 지속적으로 저임금 일자리를 찾거나 취하지 않으면 복지 혜택의 박탈(빈곤화)로 위협받는 '노동 예비군'을 제공할 것이라는 가정을 가지고 있다(Goodwin, 1967). 이것은 확실히 영국과 미국 정부가 채택한 모델이며, 글로벌 지식 중심 경제에서 인적 자본에 투자하는 사람들에게 고숙련, 고임금 일자리가 있을 것이라는 믿음과 함께 채택된 모델이다. 이 시나리오에서 후기 복지사회는 시장 국가이며, 공공기관은 규제를 완화하고, 민영화하거나, 서비스를 외주화해야 한다(Tomlinson, 2005). 현재 두 나라에서 교육의 대부분은 일련의 사기업으로 재구성되었으며, 글로벌 경제에서 경제 발전과 경쟁을 위해서는 유연하고 진취적인 노동자가 필요하다는 정치적 주장이 제기되고 있다. 교육은 여전히 고용과 사회 이동성을 확보하는 경로로 간주되고 있으며, 모든 집단이 더 많은 교육을 필요로 하지만, 우수한 교육과 더 높은 수준의 고용을 얻는 데 있어 가족의 부, 사회적 네트워크, 족벌주의의 영향을 설명하기 위해 약간의 위선이 필요하다.

많은 젊은이가 깨닫고 있듯이, 현실은 이런 식으로 작동하지 않는다. 브라운[Brown]과 그의 동료들은 교육에 투자하면 번영과 안락한 삶을 보장받을 수 있다는 서구 국가의 '기회 거래'가 깨지고 있음을 그래픽으로 설명했다(Brown et al., 2011; Brown et al., 2014). 모든 젊은이들에게 더 많은 교육과 취업 기술을 제공함으로써 세계적 수준의 노동력의 일원이 되게 하자는 취지였다. 더 많은 젊은이가 대학에 진학하고 학위 과정을 확대하도록 장려하는 정책과 이에 대한 비용을 국가에서 개인으로 이전하는 정책은 개인과 국가의 번영을 향상시키기 위한 것이었다. 이 모델은 전 세계적으로 저임금으로도 일할 수 있는 고등교육을 받은 젊은 이들의 수를 늘리려는 신흥 경제국들의 출현을 고려하지 못했다. 중국은 미국보다 고등교육을 받는 학생들이 더 많으며, 인도는 콜센터와 기타 기업에 저임금으로 일하는 졸업생들이 공급되고 있다. 디지털 테일러주의Digital Taylorism2)라고 불리는 이 현상은 이제 전 세계로 수출되어 다국적 기업의 이윤을 창출할 수 있는 많은 일자리에 적용되고 있다. 전 세계적인 일자리 경매에서 대학 교육을 받은 일부 사람들은 일자리를 얻지만, 같은 자격을 갖춘 다른 사람들은 약속된 일자리를 찾지 못해 어려움을 겪는다. '대졸자 일자리'로 간주되는 것은 문제가 있으며(Naidoo & Jamieson, 2006), 대졸자들이 이전에는 저성취자들이 맡았던 낮은 수준의 일자리를 가진다는 불만이 있다. 그럼에도 불구하고 빈곤층의 삶을 변화시킬 수 있다는 고등교육의 힘에 대한 믿음은 지속되고 있으며, 빈곤층이 그들의 낮은 열망만 극복할 수 있다면 보다 평등한 사회가 출현할 것이라는 가정이 있다. 사회 이동성 개선에 전념하고 있는 단체인 서튼 신탁Sutton Trust의 피터 램플Peter Lampl 경이 최근에 제안한 것은, 불우한 학생들을 대상으로 그들의 지역에서 버스로 이동시켜 '좋은' 공립학교에 다니게 함으로써 더 나은 교육의 혜택을 받을 수 있게 해야 한다는 것이었다(Whittaker, 2016). 1960년대 미국과 영국에서 아이들의 통학을 위해 버스로 이동시켰던 경험을 가진 사람이라면 이 제안을 이상하게 여길 것이다.

프레카리아트precariat

안정적인 일자리를 가진 중산층과 연금을 받는 중산층 인구는 감소하는 반면, 많은 중산층 젊은이들이 프레카리아트precariat(단순노동자)로서 전통적인 노동계층에 편입되었다(Standing, 2011). 프레카리아트는 노동조합이나 기타 근로자의 권리가 보호되지 않는 저임금 단기 불안정 일자리를 오가는 것이 특징이며, 주로 0시간 계약직으로 일한다. 프레카리아트로 전락하는 것에 대한 두려움은 이전 장에서 설명한 장애인 학대를 부추기는 요인 중 하나이다. 정부의 불안은 자격증이 거의 없는 저성취자나 특수교육 졸업생의 수가 늘어나고, 일자리가 없을 경우 사회보장급여를 청구할 수 있다는 점에 집중되어 있다. 이 집단은 수년 동안 다양하고 많은 모욕적인 낙인을 받아 왔다. 4장에서 논의한 '종형 곡선[The Bell Curve]'(Herrnestein & Murray, 1994)의 공동 저자인 찰스 머레이[Charles Murray]는 1990년에 영국과 미국 모두에서 일할 자격이 있는 빈곤층과 일할 자격이 없는 빈곤층의 개념이 오랫동안 이중적인 것이었음에도 불구하고 일할 의사가 없는 것으로 여겨지는 노동자 계층의 일부를 설명하는 '신흥 영국 하층민[The Emerging British Underclass]'(Murray, 1990)이라는 팸플릿을 제작했다. 하위 계층을 대상으로 한 정책이 19세기 및 20세기 초의 관점을 연상시키는 징벌적 성격을 띠고 있다는 사실은 이미 지적된 바 있다. 이는 많은 경쟁 시장 경제에서 나타나는 현상이다. 이 장의 서두에서 제시된 그레이엄[Graham]의 인용문은 실제로 저성취자에 대한 호주 정부의 대응을 언급한 것이다. 100년 전 존경을 받을 만한 시민들과 정부를 걱정시켰던 저능아, 불량배, 폭력배는 존스[Jones](2011)가 생생하게 기록한 것처럼 많은 미디어에서 악마화된 요브[yobs], 차브[chavs], 시끄러운 사람, 쓰레기, 일 안 하는 부랑자가 되었으며, 이는 21세기의 대중 시각에 점점 더 영향을 미치고 있다. 낮은 정신 수준, 장애, 저성취, 빈곤, 실업, 범죄 가능성 등 19세기에나 볼 수 있는 연결고리가 여전히 존재한다. 2010년 국제노동기구[International Labour Organisation]는 "일자리를 찾지 못하면 젊은이들 사이에 쓸모없고 게으른 존재라는 인식이 생겨 범죄, 정신건강 문제, 폭력, 갈등, 약물 복용 증가로 이어질 수 있다."고 예측했다(ILO, 2010: 서론). 실제로는, 경제의 상당 부분을 파괴하는 범죄, 즉 일반적으로 고학력자들이 저지르는 화이트칼라 범죄는 미국에서 연간 3,000억 달러의 비용을 초래하는 것으로 추정되며, 마약 복용은 '존경할 만한' 인구의 상당 부분이 선택하는 오락이다. 2015년 런던의 하수에서 발견된 코카인[cocaine] 흔적의 수치는 암스테르담에 이어 두 번째로 높았다(Spiller, 2015).

2010년부터 영국 정부는 빈곤층과 소외 계층에 대한 관심을 표명하면서도, 오히려 그 수를 늘리기 위한 정책을 내놓는 것처럼 보였다. 학교 밖에서는 복지 혜택 삭감, '침실세', 사회복지 서비스 삭감, 개인 세제 개혁으로 인해 2015/2016년 290만 명에 달했던 아동 빈곤층이 2020/2021년에는 330만 명으로 증가할 것으로 추정된다(Institute for Fiscal Studies, 2016). 학교와 추가 교육 대학Further Education Colleges 내부에서는 빈곤층 젊은이들의 교육 유지를 장려하는 교육 유지 수당Education Maintenance Allowance의 폐지, 학교에서 중요하게 여기는 진로 상담 서비스인 커넥션Connexions의 폐쇄, 학교에서 직업 자격증 제도를 없애고 학문적 과목에 중점을 두기, 더 높은 수준에 도달하기 어렵게 만드는 GCSE 등급의 변경, 교직원 감축과 자금 감소, 대학 통폐합 요구 등이 발생했다. 이 모든 것은 취약 계층의 성취도를 개선시킬 가능성이 낮다. 아인스코우Ainscow와 그의 동료들이 최근 관찰한 바와 같이, 점점 더 많은 아동들이 빈곤층에서 자라거나 영어를 추가 언어로 사용하면서 학교에 입학하는 반면, 학교는 이들을 지원하는 데 필요한 전문가의 지도를 받지 못하고 있으며, 사회복지 서비스 삭감으로 인해 취약한 가정 역시 지원을 받지 못하고 있다(Ainscow et al., 2016).

한편, 영국과 미국의 소득 분배는 다른 선진국들보다 계속해서 더 크게 벌어지고 있다(Dorling, 2014, 2015; Wilkinson & Pickett, 2009). 빈곤층과 프레카리아트precariat 계층에 속하는 것은 수백만 명의 아동과 청소년의 복지와 삶의 기회 전체에 영향을 미친다는 것이 분명해지고 있다. 이는 그들의 교육 및 직업 경험과 전망에 영향을 미칠 뿐만 아니라 사회의 다른 어떤 사회 집단보다 정신적, 신체적 건강에 더 큰 영향을 미친다. 이 장의 부록(Stotesbury & Dorling, 2015에서 발췌)은 소득 분배가 불평등한 국가일수록 문해력, 수학, 수리력 등 기초 교육이 잘 이루어지지 않고 있음을 보여 준다. 이 정보는 OECD의 국제 성인 역량 평가 프로그램Programme for the International Assessment of Adult Competencies(PIAAC)의 가장 최근의 결과 발표로부터 가져온 것이다. 미국은 16~24세 청년들의 문해력, 수학, 문제해결력 테스트에서 최하위를 기록했으며, 영국은 저성취 경쟁에서 근소한 차이로 뒤처졌다. 최근 불평등이 심화하고 있는 스페인과 이탈리아 역시 최하위권에 머물렀다. 소득 불평등이 가장 적은 국가인 일본과 핀란드 청년들은 이 시험에서 가장 우수한 성적을 거두었다. 각국 정부는 15세 표본을 대상으로 한 국제 학업 성취도(PISA) 평가에서 하위권에 머물면 '저성취자의 꼬리 부분이 긴 것'을 탓하며 당황하는 경향이 있지만, 아마도 더 정확한 비교는 PIAAC 테스트를 통한 비교일 것이다. 결국 고용주들은 이러한 기술들을 가장 중요하다고 주장한다. 소득 불평등이 가장 큰 두 국가인 영국과 미국의 16~24세 젊은이들이 모든 수준의 국제 비교에서 좋은 성적을 거두지 못하고 있다는 메시지는 분명하다. 이는 정책 입안자들에게 전반적인 교육 정책, 특히 낮은 성취도를 개선하기 위하여 '효과적인 방법'을 찾으려는 교육 정책이 더 공정한 소득 분배 및 일관된 고용 정책을 통해 더 쉽게 개선될 수 있음을 시사해야 한다. 그러나 대신, 젊은이들의 자격과 기술 부족을 탓하는 데 초점을 계속 맞추고 있다. 지난 20년 동안 신노동당과 그 이후 정부가 채택한 복지-일자리 프로그램은 실업자가 자신의 실업을 해결할 주요 책임이 있다는 점을 계속 강조하고 있다(Newman, 2011).

니트족NEET과 실업자 상태

미국의 특수교육 행정가 그룹에서 NEET라는 용어를 사용했을 때, 그들은 그것이 미키 마우스와 같은 디즈니랜드의 캐릭터라고 생각했다(Tomlinson, 2013: 80-81). 이것은 영국에서 약 20년 동안 교육, 취업 또는 훈련 상태에 있지 않으며 이를 취득할 의사나 능력이 거의 없는 것으로 추정되는 16~19세 청소년을 묘사하기 위해 사용되어 온 약어라는 설명이 필요했다. 1997년 내각부의 사회배제부서Social Exclusion Unit가 이 용어를 창안한 것으로 알려져 있으며, 2015년부터 공식적으로 영국의 모든 청소년은 18세까지 어떤 형태로든 교육이나 훈련을 받아야 하지만 이 용어는 그렇지 않은 청소년을 설명한 것이다. 2009년 하원 아동, 학교, 가족 위원회Children, Schools and Families Committee는 니트족NEETS에 대해 보고하면서 "이 용어가 경멸적이고 낙인찍는 의미로 사용될 수 있으며, 우리 조사에 참여한 한 증인은 이 용어가 청소년을 외계 종족으로 만들었다."고 지적했다(하원 CSFC, 2009: 8).

미디어에서 니트족에 대한 설명은 대개 하층민과 연결되는 경우가 많았으며,

2010년에는 영화 〈NED(교육받지 못한 비행 청소년)〉가 개봉되기도 했다. 실제로 어떤 형태의 교육과 훈련도 받지 않은 청소년을 대상으로 한 연구에 따르면, 누가 니트족인지에 대해서는 지역별로 큰 차이가 있었으며, 그렇게 묘사된 많은 청소년들은 학교에서 배제되거나 '특수교육'으로 분류되거나 학교 시스템에서 소외된 것으로 나타났다(Hayward et al., 2008). 16세 이후 청소년 인구의 약 10%가 여전히 교육이나 취업에 참여하지 않는 것으로 간주되고 있지만, 이들은 고정된 인구가 아니며 임시 고용이나 대학 과정에 들락날락할 수 있다. 헤이워드Hayward의 연구에 따르면 일부는 자신과 맞지 않는 과정을 밟고 있으며, 일부는 임시직에 머물러 있거나 18세 이후에도 산발적으로 구직자 수당을 청구하는 것으로 나타났다. 또한 니트족을 둘러싼 문제는 교육, 훈련, 기술 부족의 문제라기보다는 장기적인 구조적, 경제적 변화와 일자리 상실의 산물이라는 점을 지적했다(같은 책, 2008). 청년실업위원회Commission on Youth Unemployment는 청년 실업의 위기가 기술 부족보다는 낮은 수준의 노동 수요에 기인한다고 보고한 바 있다(ACEVO, 2012). 앞에서 언급한 OECD 성인 기술 조사에 따르면 영국에서 니트족으로 간주되는 젊은이들은 문해력과 수리력 측면에서 22개국 중 최하위를 기록했다. 이에 대한 정부의 대응은 "더 많은 젊은이들이 제대로 읽고, 쓰고, 셈을 할 수 있도록 보장하는 표준에 끊임없이 초점을 맞추고 있다."는 것이었다(Adams, 2015). 실제로 대부분의 젊은이들은 어느 정도 읽고, 쓰고, 더하기하는 것은 가능했지만 이들을 위한 일자리나 계획된 교육 프로그램은 거의 없었다.

이전 장에서 살펴본 바와 같이, 역사적으로 많은 젊은이들이 실업상태에 있다는 것은 오랫동안 경제적 공포와 일자리나 소득이 없는 집단에 대한 사회적 통제의 초점이 되어 왔다. 지난 40년 동안 16세에서 24세 사이의 청년 실업률은 계속 증가했다. 경제가 탄탄한 국가들조차도 청년 실업률은 높은 편이지만, 영국에서는 국제 노동력 조사International Labour Force Surveys, 영국 노동력 조사, 국가통계청 및 교육부 집계 모두에서 일하지 않는 청년의 수가 증가하고 있음이 기록되었다. 1973년에는 실업자 수가 3만 명에 불과했지만 2015년에는 전체 실업자 중 약 16%가 이 청년 연령대에 속하는 것으로 나타났다. 청년 실업 문제가 정부의 최우선 과제가 된 결정적인 계기는 1973년 석유 공급 위기와 경기 침체로 인해 노동 시장이 불안해지고 일자리가 사라진 이후였다. 대부분의 젊은이들을 위한 교육 및 훈련 계획이 부족했음에도 불구하고 1945년 전후에는 특수학교 졸업생과 저성취자를 위한 일자리를 포함하여 모든 종류의 일자리가 제공되었다. 1977년 버밍엄[Birmingham] 시에서 발간한 직업 보고서에는 다음과 같이 언급되어 있다.

> 1974년까지 학교를 졸업한 대부분의 사람들은 비교적 쉽게 일자리를 찾았다. 느린 학습자를 위한 학교를 졸업한 학생들은 학기가 끝나기 전에 직업을 가졌다. 그들은 연마, 조립, 기계 작업, 창고 작업, 건축, 포장, 매점, 때로는 여학생을 위한 사무직 등 다양한 직종에 진출했다. 하지만 1975년에 이르러서는 많은 특수학교 졸업생들이 경기 침체의 영향을 받았다.
>
> (City of Birmingham, 1977: 4)

21세기에 들어서면서 서방 국가에서는 직업 구조의 변화, 제조업의 쇠퇴, 금융 서비스의 우세, 신기술의 부상, 중하위권 고용의 소멸을 설명하는 수많은 문헌이 쏟아져 나오고 있다(간결한 논의는 Ainley, 2016; Allen & Ainley 2013; Gautie & Schmitt 2010 참조). 신기술이 고용 가능성을 확대할 것이라는 주장에도 불구하고, 새로 창출되는 일자리는 대부분 하위 직종에 집중될 가능성이 높다. 노동조합총회[Trades Union Congress]는 2010년부터 2014년까지 창출된 일자리의 80%가 판매 및 소매업, 미용, 주거 및 사회복지, 외식업, 웨이트리스 등 저임금, 저숙련 일자리라고 보고했다(Hudson, 2014). 자격증이 거의 없거나 전혀 없는 사람들의 실업률이 가장 높았으며, 젊은 남성이 여성보다 실직할 가능성이 높았고, 가장 명백한 피해자는 소수 집단의 젊은이들이었다. 2010년 정책 연구 기관[Institute for Policy Studies]은 흑인 청년의 48%, 혼혈인의 35%, 아시아계 청년의 31%가 실업자라고 기록했다(Harker, 2010). 실업에 대한 해결책은 계속해서 교육과 훈련을 더 많이 받게 하는 것이지만, 자금 지원은 줄어들고 학업이나 직업훈련에 대한 선택은 구식 모델을 따르고 있다. 직업 경로는 여전히 열등한 선택지로 간주되고 있으며, 새로운 종류의 기술 및 직업 교육(다음 참조)이 도입되었음에도 불구하고 고용과 연계된 직업 교육 및 훈련에 대한 일관된 계획은 없다. 유럽 차원에서는 장애인을 위한 교육과 더 높은 수준의 일자리에 대한 통합을 촉진하기 위한 활동이 활발하게 이루어지고 있다. 2010년에 설립되어 유럽 사회 기금, 스페인 단체 펀딩 ONCE[Fundacion ONCE] 등이 자금을 지원하는 유럽 통합교육 및 장애에 관한 네트워크[European Network on Inclusive Education and Disability]는 유럽 위원회 평생 학습 프로그램의 일환으로 활동하고 있으며, 장애인에게 더 많은 기술을 제공하기 위한 디지털 교육을 포함하고 있다(www.include-ed.eu).

이분법적 사고[binary code]–영국의 통합과 배제

이 책에서 언급했듯이, 19세기부터 서구 국가에서 교육이 확대되면서 많은 청소년들이 주류시스템에서 배제되고 특수교육이라는 하위 시스템에 배치되었지만, 20세기를 거쳐 21세기에 들어와서는 시스템의 확장과 함께 통합으로의 전환이 이루어지고 있다. 이 모든 것에는 다양한 신념과 이해관계가 뒷받침되고 있다. 모두를 위한 더 많은 교육이 국가 경제 경쟁력에 도움이 될 것이라는 믿음은 불우한 저성취자, 학습부진아, 장애인, 무수히 많은 특수교육 요구자 등 다양한 불이익을 받는 것으로 간주되는 사람들로 하여금 더 확장된 공식 시스템에 통합될 수 있도록 하였다. 확대된 제도에 있어 누가, 어느 수준에서, 어디까지 포함될 것인가에 대한 논쟁은 계속되고 있다. 리처드슨[Richardson]과 그의 동료들이 지적했듯이, 이분법적 사고에서 벗어날 수는 없으며, 통합은 필연적으로 배제와 쌍을 이룬다(Richardson et al., 2017). 이전에는 주류에서 배제되었던 모든 집단을 통합시키려는 시도가 이루어지고 있지만, 젊은이들이 가진 능력 수준과 잠재력에는 한계가 있다는 생각은 여전히 존재한다. 잠재력이 낮거나 장애가 있어 낮은 수준의 교육에만 적합할 것으로 여겨지는 사람들은 계층, 인종, 성별에 따라 계속해서 정의되고 있고, 이들의 미래는 대부분 더 높은 수준의 교육, 직업 교육, 훈련에서 배제되고 있으며, 낮은 수준의 고용이나 실업에 처해지고 있다.

5장에서는 어떤 그룹이 논의되고 있는지 명확히 하기 위해 5개국의 학교 및 대학 학장, 행정가, 교사를 대상으로 저성취자 또는 특별한 요구가 필요한 사람으로 누구를 포함할 것인지 묻는 연구를 간략하게 설명했다(전체 연구 내용은 Tomlinson, 2013 참조). 영국, 미국, 독일 3개국에서 응답을 제시하여 응답자들이 생각하는 아동 및 청소년의 비율을 어느 정도 파악할 수 있도록 했다. 3개국 모두 이 비율을 학교 또는 대학 인구의 25%에서 30% 사이로 설정하였다.[3] 이는 6장에서 언급된 영국 전체 가구의 3분의 1이 교육 시스템이 어렵다고 생각하고 있었으며, 자녀를 낮은 수준의 교육과 낮은 지위의 직업훈련에만 적합한 것으로 간주한다는 인식에 근접한 수치였다. 따라서 요약하자면, 영국의 경우 저성취자는 16세에 필요한 시험에 합격하지 못하고 학업적 교육과정에서 성취하지 못하는 학생, 경도 학습문제를 가진 학생, 행동문제를 가진 학생, 직업 교육과정에서 성취할 수 있는 학생, 장애를 설명하는 진술서/계획서가 있는 학생, 부모가 특수교육이 필요하다면서 '진단'을 요구한 학생, 가난한 가정 출신 학생으로 정의할 수 있다.

모든 응답자가 공통적으로 이해하는 점은 저성취 학생 대다수가 취업 또는 비취업의 사회경제적 배경이 낮은 가정 출신이었고, 많은 학생들이 고용이 부족하거나 존재하지 않는 지역에 거주하고 있다는 현실적인 인식이었다. 또한 가족이 일을 하지 않는다면 이는 젊은이들의 결함이 아니라 더 넓은 경제 상황 때문일 가능성이 높다는 견해를 보였다. 결함과 낮은 열망에 초점을 맞춘 정치인과 정책 입안자들의 견해는 실제로 젊은이들을 가르치고 훈련하는 사람들과는 상반된 입장을 보였다. 이 연구에 참여한 학교와 대학들은 젊은이들에게 직업 윤리를 가르치고 자기 소개, 시간 지키기, 복종과 같은 사회적 기술을 포함하여 낮은 수준의 일자리를 준비하도록 사회화하는 과제를 진지하게 수행하고 있었다. 일만큼이나 여가와 사회생활이 중요한 환경에서 자란 많은 젊은이가 일과 돈의 연관성에 대해 모호한 생각을 가지고 있었지만, '열망이 낮다'는 주장은 사실이 아니었다. 오히려 '높은 급여를 받는 좋은 일자리'를 열망하지만 이러한 것을 달성하는 방법을 모른다고 답했다. 응답자들은 특수교육 산업의 부상과 명칭의 확대, 그리고 새로운 '조건'에 대해 의구심을 품고 있었다. 또한 그들은 경쟁적인 교육 환경에서 저성취 아동을 위한 추가 지원을 요구하는 것에 있어 모든 사회계층 학부모들의 압력을 인지하고 있었으며, 정부가 끊임없이 변화하는 의제를 설정하여 학교와 대학들이 자금을 확보하고 검사를 충족시키기 위해서는 이를 충실히 준수해야만 하는 상황을 우려하고 있었다. 현재 영국은 교육부 장관에게 영국 교육 역사상 그 어느 때보다 많은 권한을 위임한 중앙집권적 교육 시스템을 갖추고 있기 때문에 이 모든 것에 대응할 수 있는 민주적 영향력이 존재하지 않는 상황이다.

탈중앙화 국가에서의 통합과 배제

미국의 분권형 구조에서 연방 정부는 50개 주가 기능하는 틀은 설정하고 있지만 교육 통제권은 대부분 주, 학군, 교육청에 위임한다. 이는 지방 당국이 점차 의사 결정 및 자금 지원 권한을 상실하게 된 영국과 대조를 이룬다. 그럼에도 불구하고 저성취자와 특수한 이들의 역사와 처우는 놀라울 정도로 유사하다. 대부분의 주에서 공식적인 졸업 연령은 16/17세이지만, 중퇴나 퇴학을 제외하고는 특수교육 프로그램에 참여한 학생들을 포함한 모든 젊은이들은 2년제 또는 4년제 대학/대학교 과정으로 진학할 것이라는 기대를 받으며 대부분의 학생들은 18/19세까지 공립 또는 사립학교에 머무르는 것이 일반적이다. 그러나 학교 중퇴 가능성과 학교와 교도소 사이의 경로에 있는 잠재적 비행 청소년들에 대한 우려는 교육정책의 주요 관심사였다(Kim et al., 2010).[4] 직업 교육은 1917년 「스미스-휴즈법 Smith-Hughes Act」에 의해 일찍부터 공립학교에 도입되었으며, 연방 정부는 학업과 직업의 격차를 막기 위해 학교에 개설될 직업 과정에 대한 자금을 제공했다. 1984년 추가 법안(「Carl-Perkins Act 칼-퍼킨스 법」)에 따라 학교의 직업 교육과 '학교에서 직장으로 School to Work(스쿨 투 워크)' 프로그램에 대한 연방 정부의 지원이 확대되었지만, 이 과정의 수는 감소했다. 베나봇 Benavot은 1950년경부터 특정 직업을 위한 훈련이라는 개념이 높은 수준의 교육을 중시하는 글로벌 문화와 상충되면서 학교 직업교육은 '죽었다'고 언급했지만(Benavot, 1983), 직업 교육이 계속된 곳에서는 성취도가 낮은 노동자 계층과 소수집단 학생들이 프로그램으로 유도되는 것이 잘 기록되어 있다(Lipman, 2004; Weiss, 1990). 앞서 언급했듯이 미국은 소수집단, 특히 흑인과 라틴계 학생들이 더 높은 수준의 교육을 받을 가능성이 낮다는 믿음의 영향을 많이 받고 있으며, 그러한 학생들이 잠재적 저성취자로 간주되어 더 많이 학교를 중퇴하고 덜 공평한 교육을 받는다는 문헌이 많다(Blanchett, 2008). 일반교육과 특수교육의 분리는 더욱 뚜렷하며, 학습장애가 모든 주에서 전체의 약 20%를 차지하면서 가장 큰 저성취자 집단으로 부상하고 있지만, 이 연구의 응답자들은 모든 저성취자와 특수 요구 학생을 전체 학생의 약 25%로 정의했다.

응답자들은 누가 이 범주에 속하는지에 대해 정규 고등학교 졸업장을 취득할 수 없는 학생, 정규 지역 전문대학 과정을 수강할 수 없는 학생, 표준화된 시험에서 좋은 성적을 거두지 못하는 학생, 특히 학습장애로 명명된 특수교육 요구 범주에 속하는 학생, 행동 문제를 보이는 학생, 중퇴 위험이 있는 학생, 부모가 의료적 또는 치료적 '진단'을 요구하는 학생, 특히 가난한 가정 및 소수집단 가정 학생으로 정의했다. 특수교육이 필요한 것으로 간주되는 학생의 수와 유형, 그리고 이들을 위한 졸업 후 계획은 주마다 차이가 있다. 뉴욕에서는 특수교육을 받는 가장 큰 집단은 학습장애로 분류되었으며, 여기에는 중산층 학생들도 포함되었다. 응답자들은 뇌 발달에 관한 신경과학적인 주장이 부모들의 양육에 대한 죄책감을 덜어 준다고 믿고 있었으며, 특히 중산층 백인 부모들은 자녀를 학습장애나 자폐 스펙트럼 장애로 '진단'받기 위해 시에서 의무적으로 제공하는 서비스를 이용했다. 뉴욕시는 사설 평가, 때로는 사립학교교육 비용을 지불했으며, 이들 대부분은 좋은 대학 과정에 진학했다. 학습장애 및 기타 장애가 있는 흑인과 히스패닉계 학생은 공립학교에 남아 일반고등학교의 졸업장 대신 수료증만 받을 가능성이 더 높았다. 소수집단의 저성취 학생은 목슬리Moxley 와 핀치Finch(2003)가 설명한 대로 저임금, 비선호 직업인 5F에 대한 준비만 되어 있었다는 데 대체로 동의했다. 5F는 음식Food(패스트푸드점, 카페, 레스토랑 업무), 청소Filth(거리, 호텔, 사무실 청소), 세탁Folding(세탁 업무), 가져오는 일Fetching(배달원 업무), 서류 정리Filing(낮은 수준의 사무 업무) 등이 해당된다.

그러나 영국과 마찬가지로 미국의 학교와 대학 관계자들은 교육과 업무에서 배제되는 것을 당연하게 여겼고, 두 나라 모두에서 낮은 수준의 직업 과정과 직업 경험이 확대되었다. 미국에서는 개인주의적인 직업 윤리와 최소한의 복지 혜택으로 인해 교육에서 낮은 수준의 직업훈련으로 전환하는 데 더 많은 관심이 집중되었지만 지역 전문대학Community Colleges에 대한 자금 삭감은 다른 학생들보다 소수집단, 장애인, 가난한 학생들에게 더 큰 영향을 미쳤다(Bohan et al., 2013). 영국과 마찬가지로, 중산층이 자녀의 직업 교육이나 직업훈련에 열성적이라는 증거는 없다. 그리고 영국과 마찬가지로, 특수교육 서비스와 자원에 대한 요구는 경쟁이 치열한 경제에서 '더 높은 기준'을 요구하는 정부의 주장에 따른 불가피한 결과이며, 더 많은 수의 젊은이들이 그 기준을 달성하지 못하고 있다.

독일에서의 통합과 배제

비교를 위해 독일의 저성취자 및 특수교육대상학생 관련 정책과 실천에 대해 간략하게 소개하는 이유는, 10/11세부터 시행된 선별 정책과 약 6%의 아동을 위한 별도의 특수학교교육에도 불구하고 아동의 무능력에 대한 강조가 덜하며 젊은이들의 장래에 대한 긍정적인 고려가 더 많기 때문이다. 독일은 사회민주주의 국가로, 경제적으로 성공했으며 신자유주의적 경쟁 시장 개념을 덜 고수한다. '지식경제'에 대한 스트레스가 적고 경제가 모든 수준에서 고도로 숙련된 인력을 필요로 한다는 것을 당연하게 여긴다. 전후 경제는 이주 노동력, 특히 튀르키예인Turkish의 도움을 많이 받았지만,[5] 경제 호황의 상당 부분은 최근까지 고등교육에 진학하지 않는 대다수 젊은이에게 직업훈련을 제공할 수 있었던 이중 견습 과정 제도 덕분이다. 저성취자를 위한 견습 과정이 있었으며, 직업 교육에는 항상 일부 학업 과정이 수반되었다. 영국 및 미국과 대조되는 점은 직업훈련을 통해 젊은이들이 준비할 수 있는 직업 또는 직종인 '베루프Beruf'의 개념이 존중되고, 모든 젊은이들의 완전한 발달이라는 개념이 포함된다는 점이다. 그러나 다른 국가들과 마찬가지로, 이중 견습 과정 시스템에서 자리를 찾지 못하고 취업으로 이어지지 않을 수 있는 대학의 '전환 과정'에 진학하는 저성취 젊은이들이 점점 더 많아지고 있다. 에르틀Ertl(2009)은 실업에 대처하기 위한 정책에도 불구하고 '어디로 전환하는가?'가 문제가 되고 있다고 지적했으며, 쿠퍼Kupfer(2010)는 좋은 견습 과정이 감소하면서 고등학교 졸업장을 가진 중산층 자녀들이 견습 과정에서 노동계층 및 저성취 젊은이들을 대체하고 있음을 시사했다. 또한 학교교육 수준이 낮을수록 항상 과대 대표되는 이민자 및 소수집단 젊은이들이 좋은 견습 과정이나 일자리를 찾을 가능성은 낮았다.

독일은 미국과 마찬가지로 16개의 란더(주)Lander (states)(5개는 구 동독 주)가 독립적으로 운영되지만 더 넓은 연방 관할권 아래 있는 분권형 교육 시스템을 채택하고 있다. 교육은 란더의 책임이지만 연방 정부의 법률과 지침이 있으며 16개 란더 장관들로 구성된 회의에서 정책을 조율한다. 영국과 마찬가지로 독일의 학교 시스템은 19세기부터 명확한 사회 계층에 맞춰 발전해 왔다. 고전적인 교육과정을 갖춘 짐나지움Gymnasium은 중상류층을 위한 학교였으며, 레알슐레Realschule와 초기 무역학교는 산업 및 과학 교육을, 하우프트슐레Hauptschule는 직업훈련으로 이어지는 기본 일반교육을 제공했다. 일부 주에서는 종합학교인 게삼트슐레Gesamtschule를 통합하여 운영 중에 있으며(동독 5개 주에서는 통일 이전에도 종합학교가 있었지만 1989년 이후 선발제를 채택했다), 현재 11개 주에서는 여전히 선발제가 일반화되어 있다. 함부르크에서는 평등주의 제안에 대한 '중산층의 격렬한 반응'으로 인해 선발제를 유지하기 위한 학부모 투표가 있었다(The Economist, 2010). 다른 곳과 마찬가지로 중산층은 사회와 경제에서 자녀의 지위를 지키기 위해 고군분투하고 있으며, 그 결과 사회적 불평등이 더욱 심화되고 있다. 특수학교 교사 노조는 통합에 대한 요구에도 불구하고 중증장애아동의 부모와 함께 별도의 특수학교가 계속 운영되도록 하고 있으며, 상임 장관 회의에서는 졸업장 없이 특수학교를 떠나는 젊은이들의 미래에 대해 걱정하고 있다(Pfahl & Powell, 2011).

이 연구에 참여한 독일 응답자들은 저성취자나 특별한 요구가 필요하다고 생각하는 사람들의 수를 제시하는 것을 꺼려했지만, 퇴학 증명서 없이 하우프트슐레Hauptschule를 떠나는 학생, 졸업장 없이 특수학교를 떠나는 학생, 대학의 전환 과정에 있는 학생, 좋은 견습 과정에 적합하지 않은 학생, 이주 및 소수집단 청소년, 특히 언어 능력이 부족한 청소년, 빈곤층, 불우한 소수집단 가정의 아동 및 청소년, 노동시장 부족으로 일자리를 찾지 못하는 청소년 등으로 이러한 집단을 정의했다. 모든 유럽 국가들 그리고 미국에서와 마찬가지로 인종, 민족, 이주, 소수집단 청소년, 특히 학업 성취도가 낮거나 특수학교를 졸업할 가능성이 높은 소년들은 낮은 수준의 직업 과정에 입학하여 낮은 수준의 일자리에 종사하거나 실직할 가능성이 더 높다. 다른 나라들에 비해 더 긍정적인 점은 정부와 청년층과 함께 일하는 사람들이 청년층과 그 가족들을 결함된 존재로 간주하기보다는 위축된 노동시장 및 전체 경제와 연계하려는 경향이 더 강하다는 점이다.

일관성 없는 졸업 후 정책

17세기 철학자 버나드 맨더빌Bernard Mandeville(1714~1988: 267)이 노동계층을 위해 "모든 사람이 어떤 식으로든 일할 수 있도록 해야 하며, 병약한 사람들도 면밀히 조사해야 한다."고 권고한 것은 현재 영국과 미국의 노동력에 대한 정부의 철학으로 받아들여질 수 있다. 다른 점이 있다면 맨더빌과 그의 동시대 사람들은 노동 빈곤층에게 교육이 필요하다고 믿지 않았으며, 이로 인해 그들이 무례하고 불복종하게 되었다고 생각했지만, 이제 정부는 모든 노동자들에게 최소한의 문해력, 수리력 및 약간의 기술 숙달을 기대한다는 것이다. 특수교육 프로그램 출신자나 저성취자를 포함한 잠재적인 노동자들은 학교 졸업 후 기관(영국에서는 추가 교육 대학Further Education Colleges, 민간 기관 또는 고용주)에서 어떤 종류의 직업훈련을 받아야 하는데, 후자는 젊은 노동자들의 낮은 기술 수준에 대해 불평하면서 훈련을 꺼려온 역사를 가지고 있다. 적어도 1923년 루이스 터먼Lewis Terman이 IQ가 사람들의 고용 가능성을 결정할 수 있다고 가정한 것에서 벗어나지 못했다. 그는 미숙련 노동자는 55~70, 준숙련 노동자는 70~85, 숙련 및 사무직(현재는 여성 포함) 노동자는 85~100, 준전문가는 100~115, 전문직 및 사업가는 115~145의 IQ를 가질 것이라는 필연적인 종형 곡선bell curve을 그렸다(Terman, 1923: 27-28). 그럼에도 불구하고 교육이나 훈련 기회보다는 어떤 종류의 근본적인 능력이 직업적 결과를 결정한다는 믿음은 여전히 고정되어 있다.

영국의 오랜 문제는 독일, 핀란드, 기타 유럽 국가들이 오랫동안 개발해 온 것과 같은 모든 학생을 대상으로 다양한 직업에 취업하기 위해 필요한 기술 및 실무 교육을 위한 일관된 계획이 없었다는 것이다. 토니 블레어Tony Blair 총리가 젊은이들의 50%를 대학에 진학시키겠다는 포부를 밝힌 것처럼, 정치인과 정책 입안자들은 주로 교육 개선이 대학 부문의 확대로 이어지는 것으로 이해하고 있다. 한 저명한 교육 저널리스트는 직업이라는 용어가 이제는 낮은 지위를 의미하는 것으로 여겨져 폐지되어야 한다고 제안했지만, 여전히 기술 및 직업 교육으로 지정되어 있는 것에 대한 이해는 제한적이다(Wilby, 2016). 영국에서는 1889년「기술 교육법Technical Instruction Act」에 따라 지방 당국이 공예, 무역, 산업 분야의 실무 경험을 갖춘 일반교육을 제공하는 기술 대학을 설립할 수 있게 되었다(Summerfield & Evans, 1990). 문법학교와 대학은 기술 대학과 폴리테크닉polytechnics이 대학으로 통합되기 시작한 1980년대까지 기술 교육과의 연계를 거부했다. 1945년 셋으로 나누어진 체제의 한 축이었던 기술학교는 의도한 대로 발전하지 못했고, 목공 및 가정 과학 분야의 중등 현대 학교교육과 관련된 직업 교육 및 훈련은 앨리슨 울프Alison Wolf가 지적했듯이 '다른 사람들의 자녀를 위한'(Wolf, 2002: 91) 교육으로 남아 있었다. 1986년 인력서비스위원회Manpower Service Commission 설립 이후 30년 동안 우후죽순처럼 생겨났다 사라지는 과정과 자격의 혼란스러운 배열alphabet soup은 청소년 실업과 훈련 문제를 해결하기 위한 것이었다. YOP, YTS, TVEI, NVQ, GNVQ, 새로운 학위(Pring et al., 2009; Tomlinson, 2013)가 그 해결책으로 제시되었지만, 오히려 혼란만 가중시켰다. 직업 단체가 개발한 자격, 특히 BTEC 초급 및 국가 학위에 대한 학교의 인기는 1902년에 개발된 전통적인 학문적 문법학교 교육과정을 여전히 숭배하는 보수 교육부 장관들에게 항상 혐오감을 불러일으켰다.

오랫동안 14~19세 모든 수준이 모든 학생을 위한 통합된 교육과정에 대한 일련의 제안이 있었지만, 디어링Dearing 경이 수행한 청소년 자격 검토는 오히려 학문–

직업 교육 간의 구분을 더욱 공고히 하는 것처럼 보였다(Dearing, 1996). 전 수석 조사관인 마이크 톰린슨Mike Tomlinson은 일관성 있는 14~19세 교육과정을 지지하는 추가 보고서를 작성했지만, 이는 토니 블레어Tony Blair와 그의 장관들에 의해 즉시 거부되었다(Tomlinson, 2004). 신노동당 정부는 원래의 아카데미 설립과는 별개로 새로운 종류의 학교 설립에 대한 지원을 아끼지 않았다. 스튜디오 스쿨Studio Schools은 주로 학업에 흥미를 잃은 14세 이상의 학생들을 대상으로 했으며, 학교 안내책자에는 배관, 엔지니어링, 호텔 및 케이터링, 경영학, 예술 및 디자인 기술을 포함한 실용적인 교육과정이 포함되어 있었다. 2010년에는 마이클 고브Michael Gove 교육부 장관이 스튜디오 스쿨의 열렬한 지지자라고 선언하면서 연립 정부의 지원을 받아 약 8개 학교가 운영되었다. 기술 교육은 대학교 기술 대학University Technical Colleges을 통해 진행될 예정이었는데, 케네스 베이커Kenneth Baker 경과 론 디어링Ron Dearing 경은 레이저 및 유체 역학, 광학, 엔지니어링 등의 기술을 전문으로 하는 14~19개의 기술학교를 개발하기 위해 신탁을 설립했다. 2015년까지 약 40개의 대학이 설립되었지만, 경쟁 학교들이 새로운 유형의 학교로 학생과 자금을 빼앗기는 것을 꺼려했고, UTC는 주로 저성취자나 특수교육 프로그램 출신 학생을 대상으로 하지 않았기 때문에 몇몇 학교가 빠르게 문을 닫았다. 자유학교의 설립도 경쟁에 가세했고, 경찰이 운영하는 학교와 기타 이익 단체가 제안한 학교도 등장했다.

저성취자 및 특수교육 졸업생이 주로 진학하는 추가 교육 대학Further Education Colleges은 2011년 직업 교육을 검토하기 위해 임명된 앨리슨 울프Alison Wolf에 의해 시장 가치가 거의 없는 낮은 수준의 과정을 제공한다는 비판을 받았다(Wolf, 2011). 정부는 이를 대학과 학교의 직업 과정이 학문적 GCSE와 '동등'하다고 추정되는 스캔들에 대한 청신호로 받아들였지만, 낮은 수준의 자격에 대한 정보를 연결하는 대규모 연구에 따르면 대부분의 과정이 직업 가능성과 소득에서 상당한 수익을 가져다주었으며 "우리는 박탈된 배경을 가진 사람들의 수익이 훨씬 더 높다는 것을 발견했다."(Exley, 2015: 44)는 것을 확인했다. 울프는 "모든 자격증이 무의미하다고 생각하는 것은 믿기 어렵다. …… 내가 우려하는 것은 젊은이들이 단순히 정부 목표를 달성하기 위해 자격증을 취득하고 있다는 것이다. …… 이제 우리는 낮은 수준의 자격증이 어느 정도 혜택을 가져다준다는 구체적인 증거를 얻고 있다."(같은 책: 45)라고 언급했다. 이러한 상황에도 불구하고 닉 볼스Nick Boles 교육부 장관은 2017년에 시작하는 대학에 대한 새로운 기술 및 전문 교육 계획을 발표하면서, 정부가 '2011년 울프 보고서'에 대응하여 고용주들이 가치를 인정하지 않는 수천 개의 낮은 수준의 자격증을 순위표에서 삭제했다고 주장했다. 그는 마지팬marzipan 모델링과 풍선 예술(보도 자료 DfE, 2016)처럼 이와 같은 과정이 존재하더라도 저성취자나 특수학생이 수강할 가능성이 없는 과정을 언급했다.

견습 과정에 대한 약속

모든 수준의 젊은이들이 취업을 위한 교육을 받는 데 있어 견습 과정이 차지하는 위치에 대한 혼란이 계속되고 있다. 14세기부터 시작되어 젊은이들을 위한 가장 초기의 기술 및 기능 훈련 형태였던 견습 과정은 영국에서 전후 몇 년 동안 쇠퇴했다. 1994년 보수당의 존 메이저John Major 정부에 의해 현대식 견습 과정이 부활하면서 견습 과정이 다시 취업 경로로 공식화되었다. 2009년 신노동당 정부는 「견습, 기술, 아동 및 학습법Apprenticeship, Skills, Children and Learning Act」을 통과시켰으며 국가 견습 서비스National Apprenticeship Service의 설립을 발표했다. 2010년에 들어선 차기 정부는 더 많은 견습 과정을 약속했지만, 롤스로이스나 BAE 시스템즈와 같은 대기업에서 제공하는 더 높은 수준의 견습 과정을 지속적으로 언급했다. 풀러Fuller와 언윈Unwin(2009)은 현대의 견습 과정이 실제로는 사회계층, 성별, 인종에 따라 계층화되어 있으며 일부 고용주들의 관행에 의문의 여지가 있다고 지적했다. 잘 알려진 한 호텔 그룹과 일부 슈퍼마켓들은 12주간의 '견습 과정' 또는 기존 직원의 교육 비용으로 국가 자금을 청구했다(Murray, 2012). 2015년까지 정부 장관들은 견습생 수를 사상 최대로 늘렸다고 자축했다. 2016년 2월 캐머런Cameron 총리는 2020년까지 300만 개의 견습 과정이 더 만들어질 것이라며 "이는 300만 명의 엔지니어, 회계사, 프로젝트 관리자가 더 필요하다는 것을 의미한다."고 주장했다. 이것이 환상이라는 점과는 별개로, 현재 제도하에서 특수학교 졸업생과 저성취자는 이러한 직업에 고려되지 않을 것이다. 캐머런Cameron은 가족 전체에 대한 수당 상한선을 2만 3,000파운드로 낮춤으로써 이들에 대한 급여를 지급할 것이라고 덧붙였다(Cameron, 2016). 이는 견습 과정을 이수하는 것은 시민 자격이자 성인 생활에 진입하는 한 형태로 간주되고 있으며(Ainley, 2016: 112), 견습생에 대한 지불이 빈곤층에 대한 혜택 감소에 좌우되지 않는 독일과는 대조적이다.

특별한 목적지

그렇다면 영국에서 저성취자로 간주되거나 특수교육 요구 또는 장애가 있는 젊은이들이 학교 졸업 후 교육 및 훈련 과정에 진입하는 곳은 어디일까? 이들이 실제로 어떤 종류의 직업에 종사하고 있고, 얼마나 많은 사람들이 실직하거나 직장을 들락날락하고 있으며, 얼마나 많은 사람들이 가족이나 기관에 의존하고 있을까? 인구 이동과 변화에 대해 수집된 방대한 양의 데이터를 쉽게 조정하고 분석할 수 없기 때문에 많은 부분들은 추측에 의존할 수밖에 없다.[6] 교육과 일자리의 이동이 있기 때문에 니트족과 청년 실업자에 대한 정보는 매년 동일한 인구를 기준으로 하지는 않는다. 영국에서는 추가 교육 대학Further Education Colleges에서 특수교육 부서 또는 일반학교와 특수학교의 프로그램을 졸업한 대부분의 졸업생들을 교육하고 훈련시킨다. 대학협회Association of Colleges는 모든 대학생의 약 15%가 '특수교육 및 장애(SEND)를 가지고 있다.'고 보고하지만, 대학에 다니는 16세 이상일 경우에는 학습장애나 어려움Learning Disability or Difficulty(LDD)이 있다고 밝히는 것은 학생 스스로의 선택에 달려 있다. 대학은 또한 약 30%의 학생이 낮은 수준의 과정을 이수하고 있다고 보고하지만, 목표는 이들이 더 높은 수준으로 진전하는 것이다.

추가 교육 대학은 학교가 기꺼이 허락한다면 14세 이상의 젊은이들을 받아들일 수 있으며, 16~19세의 학생들과 함께 울프Wolf가 2011년에 보고한 250만 명의 학생 중 일부를 형성하는데, 주로 직업 과정을 밟고 있는 학생들이었다. 그는 35만 명이라는 수치를 내놓았는데, 이들은 부적합한 낮은 수준의 과정을 이수한 저성취자들로 보이며(Wolf, 2011: 21), 직업 교육이라는 용어는 고도로 선택적인 견습 과정과 학업 성취도가 극도로 낮은 불만족스러운 젊은이들을 위한 프로그램 모두에 적용된다고 언급했다. 중증 신체 및 학습장애가 있는 소수의 젊은이들은 전문 추가 교육 대학(첼튼햄Cheltenham의 국립스타대학National Star College은 16~24세 젊은이들에게 중요한 진학처임)에 다닐 수 있지만, 지방 당국은 학생들을 수용할 수 있는 지역 대학이 있는 경우 전문 대학에 자금을 지원하는 것을 꺼려한다. 공식적으로 진술서/계획서가 있는 0~25세 젊은이들에 대한 책임은 지방 당국이 가진다[앞서 언급한 바와 같이 한때 특수교육 및 장애(SEND) 명칭이 있는 학생은 전체 학생의 약 2.7%를 차지했다]. 특수학교에서 복합적인 문제를 가진 학생들을 17세 이후 지원할 수 없는 경우 지원 부족에 대한 불만이 많으며, 이를 '특수교육 벼랑 끝'이라고 표현하기도 한다(Lee, 2012). 매우 중증의 복합적 어려움을 가진 소수의 젊은이들을 돌보는 데 어려움을 겪는 가족들도 있다. 그렇지 않은 경우 시설 보호의 가능성이 있으며, 이 중 일부는 계속해서 문제가 되는 것으로 지적되고 있다.

지난 150년 동안 인류의 지식은 엄청나게 확장되었으며, 문맹, 저성취자, 장애인으로 분류되는 많은 사람들이 이러한 지식의 생산과 발전에 특별한 역할을 담당했다. 역사적으로 볼 때, 산업혁명의 밑바탕에는 많은 비숙련 노동과 노동력이 있었다. 20세기와 21세기에 들어서면서, 글로벌 자동차 산업, 항공 및 항공기 산업, 광산업, 우주 탐사, 군사 및 전쟁 기술, 위성 기술, 백신, 제약, 생물 유전 및 의료 기술, 식품 및 농업 기술 등은 고숙련자뿐만 아니라 수작업 및 저숙련 노동자를 필요로 하는 산업의 일부에 불과하다. '디지털 경제'에서 육체노동자와 저숙련 노동자 모두가 일자리를 잃게 되는 것은 아니다. 중요한 것은 저숙련 일자리에 종사하는 젊은이들이 고용 안정성, 임금, 지위 측면에서 어떤 대우를 받게 될 것인가 라는 점이다. 이 책의 결론은 지난 수년간 많은 젊은이들의 무능이 어떻게 생산되어 왔는지, 그리고 영국과 미국 정부가 신봉하는 자유 시장 자본주의가 다수의 시민을 저하시키지 않는 보다 인간적인 사회 자본주의로 나아갈 수 있는지를 요약하였다.

미주

1) 영국의 최근 사례로, 글로벌 타타Tata 철강회사는 중국과의 경쟁으로 수익이 감소하고 해외에서 철강을 생산하는 것이 더 저렴하다는 이유로 2015/2016년 요크셔Yorkshire와 웨일즈Wales에 있는 제철소 직원들을 해고했다.
2) 디지털 테일러주의Digital Taylorism는 업무를 세분화하여 근로자에게 정확히 무엇을 해야 하는지 명시하는 '과학적 관리' 시스템이다. 콜센터 근로자는 이러한 업무 조직 방식의 대표적인 예이지만 일부 학교에서는 테일러주의에 기반한 표준화된 교육과정 모델을 채택하고 있다(Au, 2011).
3) 영국의 추가 교육 대학Further Education Colleges은 14세부터 16세까지 모든 연령대의 학생들을 수용한다. 한번에 약 300만 명의 학생을 수용하며 직업 교육 및 훈련과 학업 과정을 제공한다. 2012년에는 약 345개의 대학이 있었지만, 최근 예산 삭감으로 인한 합병으로 현재는 약 250개에 불과하다. 약 94개의 여섯 번째 형태 대학이 학업 과정을 제공했지만 이들 역시 합병과 폐쇄를 겪었다. 미국 커뮤니티 칼리지에서는 18세 이후 학생들을 대상으로 2년 또는 4년 과정의 교육을 실시하며, 사립 전문대학과 일부 무역 및 기술 학교와 함께 저성취자를 위한 주요 형태의 고등학교 졸업 후 교육을 제공한다. 독일에서는 베뤼프스콜레그Berufskollegs가 모든 수준의 공예, 기술 및 직업 과정을 제공한다.
4) 2010년 미국에서는 약 230만 명이 교도소에 수감되었고, 이 중 61%가 흑인 또는 라틴계였으며, 학교 중퇴자는 다른 젊은이들에 비해 교도소에 수감될 확률이 8배나 높았다. 현재 수감자 수는 300만 명에 육박하고 있다.
5) 독일의 전후 재건은 현재 독일 시민이 된 튀르키예인 '가스타르바이터Gastarbeiter'(게스트 근로자)에 크게 의존했다. 그러나 튀르키예인, 쿠르드인, 기타 소수 민족 등 새로운 이민자의 자녀들은 대부분 낮은 수준의 학교교육과 전문대학에 머물러 있다. 2015~2016년 지속된 난민과 이주민의 '위기' 상황에서 독일은 최근 입국한 이들 집단을 통합하는 데 선두적인 역할을 해 왔다.
6) 2015년 11월 기술부 장관 닉 볼스Nick Boles가 설립한 취업 경로 검토위원회는 고용주와 협력하는 대학에 기술 및 전문 교육Technical and Professional Education 학위를 권장하기 위해 설립되었다. 검토 위원으로는 데이비드 세인스버리David Sainsbury 경, 앨리슨 울프Alison Wolf 교수, 대학 학장 및 기업 회장, 대학 부총장 등이 참여했다(Sainsbury Review, 2016).

참고문헌

ACEVO (2012). *Report of a Commission on Youth Unemployment*. London. Association of Chief Executives of Voluntary Associations.

Adams, R. (2015). "OECD survey highlights skills problems among young adults" *The Guardian* 27 May.

Ainley, P. (2016). *Betraying a Generation: how education is failing young people*. Bristol. Policy Press.

Ainscow, M., Dyson, A., Hopwood, L. and Thomas, S. (2016). *Primary Schools Responding to Diversity*. Cambridge. Cambridge Primary Review Team Trust. Survey No. 8.

Allen, M. and Ainley, P. (2013). *The Great Reversal: young people, education and employment in a declining economy*. London. Radical Press.

Au, W. (2011). "Teaching under the new Taylorism: high stakes testing and the standardisation of the 21st century curriculum" *Journal of Curriculum Studies* 43/1: 25-45.

Benavot, A. (1983). "The rise and decline of vocational education" *Sociology of Education* 56: 63-76.

Blanchett, W. J. (2008). "Foreword: educational inequities: the intersection of disability, race and class" in (ed.). Connor, D. J. *Urban Narratives: Portraits in Vocational inclusion and exclusion 159 Progress, life at the intersections of learning disability, race and social class*. New York. Peter Lang.

Bohan, S., Reges, B. and Johnson, H. (2013). *The Impact of Budget Cuts on California Community Colleges*. Los Angeles CA. Public Policy Institute of California.

Brown, P., Lauder, H. and Ashton, D. (2011). *The Global Auction: the broken promise of education, jobs and income*. Oxford. Oxford University Press.

Brown, P., Cheung, S. Y. and Lauder, H. (2014). "Beyond a human capital approach to education and the labour market" in (eds). Bailey, D., Coelwey, K. J. and Tomlinson, P. R. *New Perspectives on Industrial Policy for a Modern Britain*. Oxford. Oxford University Press.

Cameron, D. (2016). Speech "A Britain that gives every child the best start in life" Westminster. London. February.

City of Birmingham (1977). *Triennial Report of the Careers Service*. Birmingham.

DCSF (2009). *Investing in Potential*. London. Department for Children, Schools and Families/Department for Work and Pensions/Department for Business, Innovation and Skills.

Dearing, R. (1996). *Review of Qualifications for 16-19 Year Olds*. London. Curriculum and Assessment Authority.

DfE (2016). *Educational Excellence Everywhere. cmnd 9230*. London. Department for Education.

Dorling, D. (2014). *Inequality and the 1%*. London. Verso.

Dorling, D. (2015). *Injustice: why social inequality persists*. Bristol. Policy Press.

The Economist (2010). "Leave them kids alone: a set-back for German educational reformers" 24 July.

Ertl, H. (2009). "After the dual system: notes on aspects of the German skills policy" paper to SKOPE *Public Policy Forum*. Oxford. Dept. of Education, University of Oxford, 21 October.

Exley, S. (2015). "Low-level courses bring high rates of return" *Times Educational Supplement* 4 September.

Fuller, A. and Unwin, L. (2009). "Change and continuity in apprenticeships: the resilience of a model of learning" *Journal of Education and Work* 22/5: 405-416.

Gautie, J. and Schmitt, J. (2010). *Low Wage Work in a Wealthy World*. New York. Russell Sage Foundation.

Goodwin, R. (1967). "A growth cycle" in (ed.). Feinstein, E. K. *Socialism, Capitalism and Economic Growth*. Cambridge. Cambridge University Press.

Graham, L. J., Van Bergen, P. and Sweller, N. (2015). "To educate you to be smart: disaffected students and the purpose of school in the (not so clever) 'lucky' country" *Journal of Education Policy* 30/2: 237-257.

Harker, L. (2010). *New Analysis Finds Record Numbers Unable to Find Work*. London. Institute for Public Policy Research.

Hayward, G., Wilde, S. and Williams, S. (2008). *Engaging Youth Inquiry. Oxford. Oxford University for the Nuffield/Rathbone Trust.*

Herrnstein, R. J. and Murray, C. (1994). *The Bell Curve*. New York. The Free Press.

Hudson, M. (2014). *Casualisation and Low Pay: a report for the Trade Union Congress*. London. TUC.

ILO (2010). *World Joblessness Soars*. Geneva. International Labour Office.

Institute for Fiscal Studies (2016). *Child and Working-age Poverty from 2010 to 2020*. London. IFS for the Joseph Rowntree Foundation.

Jones, O. (2011). *Chavs: the demonization of the working class*. London. Verso.

Kim, C., Losen, D. and Hewitt, D. (2010). *The School to Prison Pipeline*. New York. New York University Press.

Kupfer, A. (2010). "The socio-political significance of changes in the vocational system in Germany" *British Journal of Sociology of Education* 31/1: 85-97.

Lee, J. (2012). "The SEN cliff edge" *Times Educational Supplement* 12 October.

Lipman, P. (2004). *High Stakes Education: inequality, globalisation and urban school reform*. London. Routledge Falmer.

Mandeville, B. (1714/1988). "An essay on charity and charity schools" in (ed.). Mandeville, B. *The Fable of the Bees*. Indianapolis. IN Library Classics.

Moxley, D. and Finch, J. (2003). *Sourcebook of Rehabilitation and Mental Health Practice*. New York. Plenum Books.

Murray, C. (1990). *The Emerging British Underclass*. London. The IEA Health and Welfare Unit.

Murray, J. (2012). "A lick of paint for apprenticeship image" *The Guardian (Education)* 7 February.

Naidoo, R. and Jamieson, I. (2006). "Empowering participants or corroding learning?: towards a research agenda on the impact of consumerism in higher education" in (eds). Lauder, H., Brown, P., Dillabough, J. A. and Halsey, A. H. *Education, Globalisation and Social Change*. Oxford. Oxford University Press.

Newman, I. (2011). "Work as a route out of poverty: a critical evaluation of the UK welfare to work policy" *Policy Studies* 32/2: 91-108.

OECD (2013). *Skills Outlook (Original Source Survey of Adult Skills PIAAC 2012)*. Paris. Organisation of Economic Co-operation and Development.

Pfahl, L. and Powell, J. W. (2011). "Legitimating school segregation: the special school profession and the discourse of learning disability in Germany" *Disability and Society* 26/4: 449-462.

Pring, R., Hayward, G., Hodson, A., Johnson, J., Keep, E., Oancea, A., Rees, G., Spours, K. and Wilde, S. (2009). *Education for All: the future of education and training for 14-19 year olds*. London. Routledge.

Richardson, J. G., Wu, J. J. and Judge, D. (2017). *The Global Convergence of Special and Vocational Education*. London. Routledge.

Sainsbury Review (2016). *Technical and Professional Education*. London. DfE. July.

Sennett, R. (2006). *The Culture of the New Capitalism*. New Haven CT. Yale University Press.

Spiller, R. (2015). "Office worker filmed snorting coke on London Underground" *Daily Mail Online* 23 June.

Standing, G. (2011). *The Precariat: the new dangerous class*. London. Bloomsbury.

Stotesbury, N. and Dorling, D. (2015). "Understanding income inequality and its implications: why better statistics are needed" *Statistics Views* 21 October. www.statisiticsviews.com.

Summerfield, P. and Evans E. J. (1990). *Technical Education and the State since 1850*. Manchester. Manchester University Press.

Terman, L. (1923). *Intelligence Tests and School Reorganisation*. New York. World Book Co.

Tomlinson, M. (2004). *Curriculum and Qualification Reform: final report of the working group on 14-19 reform*. Nottingham. Department for Education and Skills.

Tomlinson, S. (2005). *Education in a Post-Welfare Society*. Maidenhead. Open University Press/McGraw Hill.

Tomlinson, S. (2013). *Ignorant Yobs? Low Attainers in a Global Knowledge Economy*. London. Routledge.

Weiss, L. (1990). *Working Class without Work*. New York. Routledge.

Whittaker, F. (2016). "Bus in pupils to good state schools, says trust" *Schools Week* 10 June.

Wilby, P. (2016). "The government seems poised to get it all wrong again on technical skills" *The Guardian* 7 June.

Wilkinson, R. and Pickett, K. (2009). *The Spirit Level: why more equal societies almost always do better*. London. Allen Lane.

Wolf, A. (2002). *Does Education Matter?* London. Penguin Books.

Wolf, A. (2011). *Review of Vocational Education*. London. Department for Education.

부록

다음 그림과 표는 스토테스버리Stotesbury와 돌링Dorling(2015) '소득 불평등과 그 의미에 대한 이해: 더 나은 통계가 필요한 이유'의 10월 21일 통계에서 발췌한 것이다(www.statisticsviews.com).

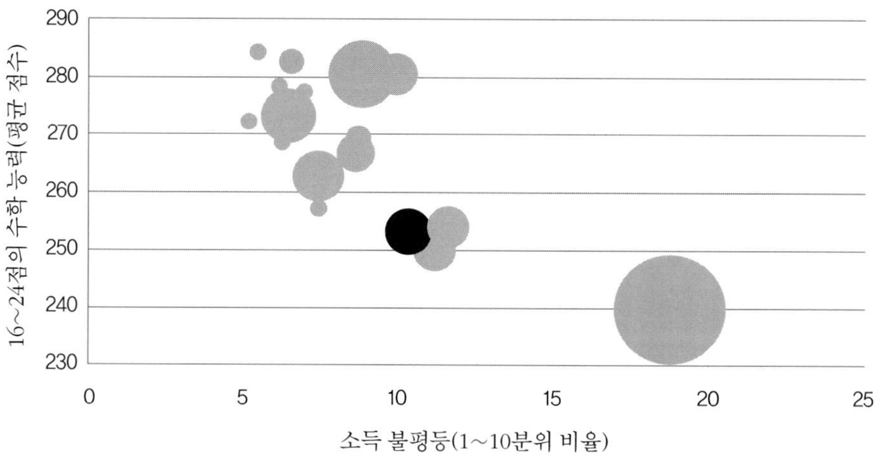

[그림 8-1] 소득불평등과 16~24세 수학 능력

표 8-1 소득 불평등과 16~24세 수학 능력

국가	1위에서 10위까지의 비율	인구	16~24세 수학 능력 (평균 점수)
미국	18.75	320,050,700	240.0
이탈리아	11.23	60,990,300	250.8
영국	10.37	63,136,300	253.1
스페인	11.62	46,927,000	254.3
아일랜드	7.44	4,627,200	257.6
프랑스	7.44	64,291,300	262.9
캐나다	8.64	35,181,700	267.1
호주	8.71	23,342,600	269.0
노르웨이	6.24	5,042,700	269.2
덴마크	5.20	5,619,100	272.5
독일	6.53	82,726,600	273.9
오스트리아	6.97	8,495,100	277.4
스웨덴	6.26	9,571,100	278.2
일본	8.84	127,143,600	280.5
대한민국	9.95	49,262,700	280.9
네덜란드	6.59	16,759,200	283.0
핀란드	5.51	5,426,300	284.8

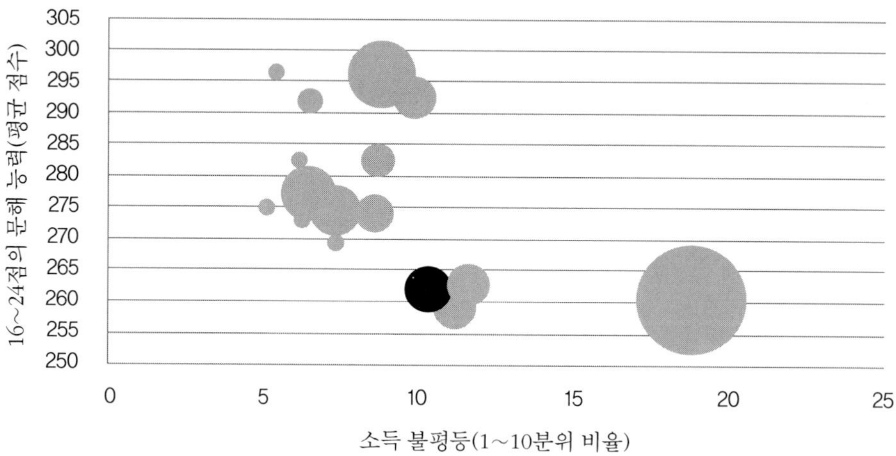

[그림 8-2] 소득불평등과 16~24세 문해 능력

표 8-2 소득 불평등과 16~24세 문해력 능력

국가	1위에서 10위까지의 비율	인구	16~24세 문해 능력 (평균 점수)
이탈리아	11.23	60,990,300	260.2
미국	18.75	320,050,700	260.9
영국	10.37	63,136,300	262.1
스페인	11.62	46,927,000	263.0
아일랜드	7.44	4,627,200	270.2
노르웨이	6.24	5,042,700	273.3
캐나다	8.64	35,181,700	274.4
프랑스	7.44	64,291,300	274.6
덴마크	5.20	5,619,100	275.4
오스트리아	6.97	8,495,100	275.9
독일	6.53	82,726,600	277.7
스웨덴	6.26	9,571,100	282.8
호주	8.71	23,342,600	282.9
네덜란드	6.59	16,759,200	292.1
대한민국	9.95	49,262,700	292.9
일본	8.84	127,143,600	296.5
핀란드	5.51	5,426,300	296.7

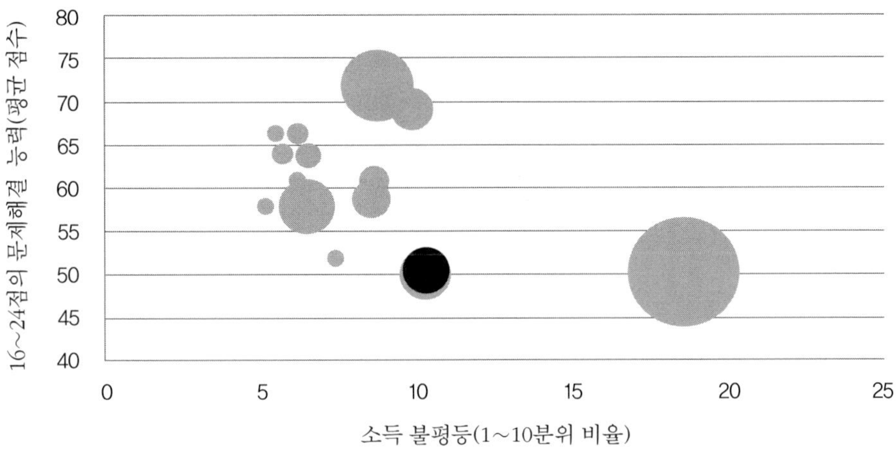

[그림 8-3] 소득불평등과 16~24세 문제해결 능력

표 8-3 소득 불평등과 16~24세 문제해결 능력

국가	1위에서 10위까지의 비율	인구	16~24세 문제해결 능력
미국	18.75	320,050,700	50.5
영국	10.37	63,136,300	50.5
아일랜드	7.44	4,627,200	52.3
독일	6.53	82,726,600	58.1
덴마크	5.20	5,619,100	58.2
오스트리아	6.97	8,495,100	58.9
캐나다	8.64	35,181,700	59.0
호주	8.71	23,342,600	61.1
노르웨이	6.24	5,042,700	61.1
네덜란드	6.59	16,759,200	64.1
벨기에	5.78	11,104,500	64.3
스웨덴	6.26	9,571,100	66.5
핀란드	5.51	5,426,300	66.7
대한민국	9.95	49,262,700	69.5
일본	8.84	127,143,600	72.2

* 이 정보의 출처는 OECD (2013) 성인 기술(PIACC) (2012)이다.

마치며

> 우리 세계의 본질은 경험적이고 역사적인 연구를 통해 발견되어야 하며, 우리가 세상을 바꾸려면 먼저 그것을 이해하려고 노력해야 한다는 것이 지혜의 가르침이다.
>
> (Rex, 1974: 22)

이 책에서는 비판적, 사회학적 관점을 사용하여 대중교육 시스템이 발전하고 확장하면서 특수교육 요구, 장애, 낮은 성취도라는 범주하에 하위권에 포함된 수많은 아동과 청소년을 다루는 제도가 구조적으로 확대된 이유를 이해하고자 하였다. 주로 심리학, 의학, 행정, 기술적 관점에서, 최근에는 신경과학, 사회생물학, 후성유전학 등의 분야에서 아동과 청소년의 학습 능력 결함을 설명하고 범주, 배치, 프로그램에 대해 논쟁하는 많은 문헌이 생성되었다. 이러한 설명은 능력/더 적은 능력, 능력/장애라는 이분법에 대한 믿음에 기초하고 있다. 이러한 믿음에는 학습과 업무에 대한 '능력'은 IQ, 인지 테스트, 경쟁적인 학교 시험을 통해 측정될 수 있으며, 모든 아동의 '잠재력'에는 한계가 있다는 개념이 포함된다. 이제 프로젝트와 자금 지원 프로그램은 '더 나은 두뇌'와 개선된 시험 결과를 추구하고 있으며, 개선이 없는 경우 학교와 교사는 계속해서 비난을 받게 된다. 현대 자본주의 국가의 정부는 모든 젊은이가 복지 혜택에 의존하지 않고 경제적으로 생산적인 사람이 되어야 한다고 믿고 있으며, 국가 경제의 경쟁력을 위해 더 높은 수준의 교육과 훈련이 필요하다고 생각한다. 영국, 미국, 기타 경쟁 시장 자본주의를 수용하는 국가들에서는 정부가 교육과 훈련의 확대를 장려하고 있으며, 이전에는 배제되거나 최소한의 관심도 받지 못했던 집단이 이제는 정규 학교교육에 포함되었지만, 학교교육을 마친 이후 이 젊은이들을 어떻게 해야 할지에 대한 명확한 아이디어는 부재한 상황이다. 이전에는 특권층 교육을 독점하여 취업을 보장받았던 집단이 이제는 더 높은 수준의 교육을 열망하는 더 많은 사람들과 경쟁해야 하는 상황에 직면했다. 역설적이게도 대중 교육이 느리면서 부분적인 성공을 거두면서 노동계층을 교육하는 것은[1] 위험하다는 19세기 초 의원들의 우려가 현실이 될 수 있다. 정부는 이제는 너무 많은 젊은이들이 교육받을 수 있게 되었지만, 경제가 이들을 고용할 수 없다면 어떤 결과가 초래될지 걱정하고 있을 것이다.

사회학적 결함

사회학자들이 스스로를 어떻게 정의하든, 사회학의 주요 과제는 역사적으로 발전해 왔으며 개인이 삶을 영위하는 가치와 신념이 내재된 사회 구조의 범위를 설명하려 한다. 사회학자들은 시장 경제든 교육 시스템이든 이러한 구조가 어떻게 갈등이나 위기에 처해 있는지, 구조 내의 사회계층이 특정 이익 집단이나 강력한 엘리트 집단의 지배로 인해 불균형한지 설명하려고 노력한다. 또한 약자 집단이 균형을 바로잡기 위해 어떤 행동을 취했거나 취할 수 있는지를 설명하며, 사적인 문제에 대한 개인주의적 설명에 의문을 제기하며, 이러한 문제가 대부분 공적인 문제임을 보여 주려 한다.[2] 대중 교육 시스템의 하위 계층에 포함된 젊은이들의 수와 그들에게 일어나는 일에 대한 논의에서 뚜렷한 사회학적 결함이 존재한다. 개인주의적인 심리학적 설명은 여전히 지배적이며, 더 넓은 사회적, 경제적, 역사적 맥락을 무시한 채 저성취에 대한 설명이 제시되고 있다. 사회학자들은 수년 동안 계층, 인종, 성별, 장애에 따른 불평등을 연구하는 데 몰두해 왔지만, 현재 '특수', 저능력 또는 방해적인 것으로 간주되는 젊은이들의 3분의 1 이상을 대량 분리하여 학교교육을 실시하는 교육 시스템에 대한 일관된 사회 분석을 하는 데 어려움을 겪고 있다. 이러한 젊은이들의 과거와 현재의 학교교육, 그들이 받는 직업훈련, 그 이후의 삶의 기회에 대한 연구는 거의 이루어지지 않고 있다.

이 책에는 사회 구조, 이를 지탱하는 정책 목표와 신념, 그리고 이러한 목표와 신념이 사회 참여자들에게 미치는 영향을 설명하는 데 도움이 되는 여러 저명한 비판적 사회학자들의 통찰을 담고 있다. 일부 경제 및 정치 이론가들(Ha-Joon Chang, 2010; Piketty, 2014)과 마찬가지로, 이 책의 배경 이해에는 지난 30년 동안 특히 미국과 영국에서 추구되고 교육에 적용된 자유 시장 정책이 부, 소득, 고용 기회의 불평등을 심화시켰다는 공통점이 있다. 특히 학력이 아주 낮거나 전혀 없는 사람들에게 있어 불평등은 더욱 심각하며, 이제 경제적, 문화적 자본에 더해 '교육 자본'이 필수적인 요소가 되었다. 민영화, 규제 완화, 글로벌 무역과 투자, 소득세와 복지 혜택의 축소, 이윤을 위한 임금 하락에 전념하는 현재의 자본주의 경제는 모든 시민에게 안정을 제공할 수 없다. 실제로 노동 시장 유연성이라는 개념은 일자리 불안정성을 보장하며, 앞서 언급했듯이 많은 젊은이들이 고등교육을 받았음에도 불구하고 임시적이고 불안정한 일자리로 내몰리고 있다. 세금으로 재정을 충당하는 민주 국가가 교육, 건강 및 실업 수당을 제공하고 저성취자를 고용하며 사회 약자를 돌보는 일종의 산업 전략을 제공하겠다는 약속은 점점 더 공격받고 있다.

교육은 전통적인 교육관으로 회귀하는 교육부 장관, 주정부 지원 학교를 인수하는 민간 기업, 영향력을 확대하려는 전문가 집단, 자녀가 경쟁에서 성공하기를 간절히 바라는 부모 등 경쟁하는 이익 집단의 공격적인 전략에 영향을 받는 매우 경쟁이 치열한 사업이 되었다. 서론에서 특수교육과 통합교육, 장애학disability studies, 인종, 심리, 의료 및 기타 중재와 직업 및 고용 미래에 관한 문헌 및 연구가 동일한 고객을 대상으로 하면서도 서로 다른 저널에 게재된다는 점을 언급했다. 정책 개입도 마찬가지이다. 영국에서는 특수교육과 장애, 대안학교, 낮은 성취도와 평가, 인종 및 노동계층의 성취도, 학교 및 대학에서의 교육 제공, '취약 계층'의 직업 과정과 고용 또는 실업에 대한 보고서가 발간되고, 지침이 제시되며, 콘퍼런스가 개최된다. 일부 예외를 제외하고는 동일한 고객을 대상으로 하고 있으며, 정부와 정책 입안자들이 확장된 교육 시스템에서 아동과 청소년을 어떻게 다뤄야 하는지에 대한 딜레마를 보여 준다.

무능력의 제조

이 책의 주요 주제는 정부가 '능력'을 기준으로 아동과 청소년을 분리하는 정책을 계속 생산하고 있으며, 무능력을 제조하는 사업을 하고 있다는 것이다. 영국과 미국 모두에서, 특히 도시 학교에서 시험을 확대하고 '표준을 높이는 것'에 중점을 두면서 더 많은 실패를 초래하고 있다. 영국에서는 '불우한' 학생을 위한 학생 프리미엄과 같은 개선 프로젝트와 자금 지원에도 불구하고, 많은 학교가 지속적으로 높아지는 성취 수준을 수용할 수 있는 자원이나 역사적 역량을 갖추지 못하고 있다. 시험과 검사는 여전히 위계적 계층 구조와 특권 문화에 기반을 둔 시스템을 영속화하기 위한 기술적 수단이다. 시험에서 좋은 성적을 거두지 못하고 낮은 수준의 학교교육으로 강등되어 무지를 양산하는 젊은이들의 대다수는 여전히 주로 사회계층이 낮고, 일부 인종과 소수 민족이며, 여성보다 남성이 더 많다.[3)]

19세기 정부와 엘리트 집단은 노동계층과 특정 인종 집단의 교육을 거부함으로써 공공연하게 그들의 무능력을 만들어 냈지만, 이후 노동계층 교육을 위한 투쟁 과정에서 문제가 많고 학습 속도가 느린 빈민층 자녀들은 어느 정도 무지를 보장하는 특별한 유형의 교육으로 분리되었다. 영국과 미국의 정치인, 행정가, 귀족, 학자들은 하층민 자녀의 정신과 그 가족의 삶을 폄하하는 데 주저하지 않았다. 가난한 사람들의 능력이 유전된다는 우생학적 믿음과 정신 측정 기술이 발달하면서 하층민의 열등감은 구조화되었다. 미국에서는 물론, 식민지 이후의 영국에서도 소수 인종의 정신은 열등한 것으로 구조화되었으며, 마지못해 일부 교육이 허용된 후에는 열등한 유형의 교육만 받을 자격이 있었다. 학교는 느린 학습자, 장애인, 문제아로 간주되는 아동들을 선별하고, 추적하며, 분리하는 시스템을 개발했다.

20세기 후반과 21세기에 들어서면서, 모든 청소년을 일반교육에 포함시키려는 전 세계적인 움직임은 정부와 교육자들에게 문제를 불러일으켰다. 경제 불황과 일자리의 감소로 인해 다양한 차원에서 교육은 더욱 중요해졌다. 하류층 아동을 위한 학교교육의 연장은 이들을 낮은 수준의 교육과정을 운영하는 학교와 대학에 포함시키고, 이후 다양한 직업훈련을 제공하는 방식으로 이루어졌다. 영국에서는 19세기 말과 20세기 초 사립학교와 문법학교를 위한 일종의 '학문적인' 교육과정이 지속되면서 많은 수의 젊은이들이 사회적, 문화적 배경 없이는 이를 수행할 수 없게 되었다. 4장에서 언급했듯이 생물학적 결정론과 우생학 이론의 부활은 일반 지능이 상당 부분 유전된다는 주장을 뒷받침했다. 신경과학에서는 다양한 기술을 통해 '더 나은 두뇌' 또는 '회복단력성'을 만들 수 있다는 주장이 제기되었으며, 정치가들은 사회적으로 낮은 집단일수록 '결핍된 두뇌'를 가질 수 있다는 주장을 펼쳤다. 안타깝게도 '잠재력'이 다른 집단보다 낮은 일부 집단의 선천적 어리석음(또는 더 정중하게는 낮은 능력)에 대한 믿음은 계속해서 교육 정책을 형성했다. 특히 노동자 계층에 영향을 미치는 경제 긴축 정책과 복지 혜택 삭감은 장애인이나 중증 학습장애를 가진 사람들에 대한 적대감과 의심으로 이어졌다. 학교, 대학, 정치인, 정책 입안자, 일반대중에게 여전히 남아 있는 믿음은 아이들은 매우 유능하거나, 유능하지 않거나, 평균적이거나, 장애가 있을 수 있는 가능성을 가지고 태어났으며 차별적이고 불평등하게 대우받아야 한다는 것이다. 이러한 믿음은 사회 전반의 불평등 구조를 영속화하는 데 기여한다.

이전 장에서 언급했듯이, 불평등하고 열등한 종류의 교육으로 배제될 수 있는 아동의 부모는 하위 계층이거나 전문성을 갖추지 못했을 것이라는 가정이 존재했다. 그러나 지난 30년 동안 중산층과 사회적 상승을 바라는 부모들의 요구는 '특수교육 산업'의 확장, 새로운 유형의 장애 발생, 자원, 자금, 특수학교 신설 요구의 주요한 배경이 되었다. 1980년대까지 중산층 부모들은 자녀가 낙인찍힌 꼬리표를 얻는 것을 거부하고 낮은 성취도, 부적응 또는 후속 직업 과정과 관련된 학교를 기피했다. 신체적, 정신적 장애가 심한 경우에는 부모에게 비교적 수용 가능했으며, 소송으로 인해 점점 더 많은 논란이 있었지만, 영국에서는 EHC 플랜, 기존 특수학교 및 자유학교를 통해 청소년을 위한 준비가 계속되고 있으며, 자금과 자원이 계속 지원되고 있다. 자녀가 경쟁적인 학교교육에서 좋은 성적을 거두지 못하면 교육과 취업의 가능성이 낮아질 것이라는 두려움에 사로 잡힌 중산층 부모들은 이를 피하기 위한 전략을 개발하고 있다. 중산층 젊은이들은 전반적으로 '능력이 떨어진다'거나 '파괴적'이라는 꼬리표를 피하고, 허용 가능한 수준에서 경제적, 문화적 이점을 누리며 낮은 수준으로 활동할 것이다.

사회 이동성의 약속

시험을 잘 보는 능력, 높은 잠재력, 박탈당하지 않을 만큼 운이 좋은 두뇌는 위계적인 사회 계층 구조 내에서 지속적으로 상류층과 중산층으로 동일시된다. 정치인과 정책 입안자들은 계층과 계층 간의 갈등에 대한 역사적 논쟁이나 소득과 부의 불평등이 광범위하게 확대되고 있다는 경제적 우려를 회피한다. 계층 분열을 악화시키고 주로 주택, 학교, 실패한 산업에 의해 분리된 수많은 빈곤층 가정을 양산하는 시장 정책과 경쟁이 시작되면서, 영국의 정책은 교육 시스템을 통해 노동계층 지망생을 중산층으로 이동시키는 사회 이동성 개념에 초점을 맞췄다. 1997년 노동당 회의에서 존 프레스콧John Prescott 부총리는 '이제 우리는 모두 중산층'이라고 발표했지만, 2008년 회의에서 고든 브라운Gordon Brown 총리는 사회계층적인 배경이 아동의 미래를 예측할 수 있는 지표라고 주장했다. 교육은 불우한 배경을 가진 소수의 젊은이들이 자격을 취득하고 노동 시장에서 경쟁력을 갖출 수 있는 수단이 되어야 했다. 능력주의가 부활하여 똑똑하고 야심찬 젊은이들이 대학교육에 도움이 되는 자격을 취득할 수 있도록 도와주고, 의욕이 없고 능력이 떨어지는 젊은이들은 뒤로 물러나게 해야 했다.

2010년에 전 노동당 하원의원인 앨런 밀번Alan Millburn이 위원장을 맡은 사회 이동성 및 빈곤 위원회Social Mobility and Poverty Commission(빈곤 부분은 나중에 삭제됨)가 설립되었으며, 사회 이동성 재단도 설립되었다.[4] 부총리실은 사회 이동성을 저해하는 불이익 지표에 대해서 보고했는데, 그중 한 가지는 불우한 학생 성취도 격차 지표로, GCSE 점수 격차가 주요 지표로 사용되었다. 2011년 선거 패배 후 토니 블레어Tony Blair의 신노동당을 부활시키려는 정치인들은 『퍼플 북Purple Book』(Philpot, 2011)을 발간하여 압박받는 중산층의 처지를 한탄하면서도 사회 이동성 확대를 약속했다. 밀번의 한 장Chapter에서는 사회 이동성 추구가 공공 정책의 성배가 되었으며 "배경에 관계없이 각 개인은 소득과 직업 측면에서 발전할 수 있는 동등한 기회를 가져야 한다."고 언급했다(Philpot, 2011: 116). 그는 레온 파인스타인Leon Feinstein(2003)의 연구를 인용해서 '똑똑한' 빈곤층 자녀가 그렇지 않은 중산층 자녀에 의해 학교교육에서 추월당하는 것을 안타까워했다. 제안된 정책 가운데 한 가지는 성취도가 낮은 학교에 다니는 자녀의 부모에게 바우처(교육 그레닛)를 제공하여 '실패'로 분류된 학교의 저성취 아동은 그대로 남겨 두고 '더 나은 성과를 내는 학교에 자녀가 입학하도록 설득'(같은 책: 127)하는 것이었다.

이러한 아동 분리 방식에 대한 도덕적 반대는 차치하더라도, 사회 이동성을 오랫동안 연구해 온 존 골드소프John Goldthorpe는 전후부터 1980년대까지 일자리가 늘어났기 때문에 전문직과 사무직으로의 상향 이동이 증가했다고 지적한 바 있다. 이후 일자리가 사라지고 노동 시장이 변화하면서 하향 이동은 없었지만, 부모들은 자녀들이 중산층 위치를 유지하는 것에 더 관심을 가졌다. "더 유리한 위치에 있는 계층의 부모들은 경쟁 우위를 유지하기 위해 경제적, 문화적, 사회적으로 우월한 자원을 사용하여 교육 시스템의 확장이나 개혁에 대응할 것이다." (Goldthorpe, 2016: 36). 다른 사람들은 불우한 젊은이들에게 큰 영향을 미치는 긴축 정책의 이중성, 특히 교육에 대한 자금과 보조금 삭감을 지적했다. 추가 및 고등 교육부 차관은 "사회 이동성 증가를 약속했지만 정작 가장 필요한 사람들을 위한 필수 자금을 계속 삭감하는 정부에 의해 가장 취약한 배경을 가진 학습자들이 소외되고 있다."고 지적했다(Marsden, 2016: 53).

저성취자, 특수 계층, 노동 시장

그렇다면 장애, 특수교육, 방해, 저성취, 또는 이 모든 것이 혼합된 상태로 분류된 수많은 젊은이들은 어디로 갈까? 여러 차례 언급했듯이, 이들은 현재 교육 시스템에서 어떤 형태로든 교육이나 훈련을 받는 18세(교육, 건강 및 의료 계획Education, Health and Care Plan이 있는 이들의 경우 25세)까지의 모든 젊은이들 가운데 약 3분의 1을 차지한다. 21세기에 접어들면서 이들에게 어떤 미래를 기대할 수 있을까? 영국과 미국의 경제 정책과 관행은 경쟁력 의제와 지식 경제의 미사여구에 의해 주도되어 왔으며, 그 결과 직업 교육과 낮은 수준의 과정 및 비숙련 노동에 대한 관심이 미미해졌다. 선진국에서는 지식 경제에 대한 논의가 줄어들고 있다는 징후가 있지만, 저임금 노동에 대한 정보는 여전히 부족하지 않다. 미국의 파렐Farrell은 미국 노동력의 45%가 저임금 일자리에 종사하고 있으며, '가진 자와 가지지 못한 자'가 극명하게 나뉘어져 있다고 주장했으며(Farrell, 2010), 영국에서는 일자리의 약 22~24%가 저임금 일자리로 간주되며, 한 연구에 따르면 이러한 일자리에 종사하는 사람들은 자격증이 거의 없거나 전혀 없으며 학교교육에 있어 부정적인 경험이 있다고 지적했다(Shildrick et al., 2010). 유급 일자리를 갖지 않고 독립적인 생활을 할 수 있는 소수의 젊은이들과 영구적인 돌봄이 필요한 소수의 젊은이들은 항상 존재할 것이다. 그러나 7장에서 언급했듯이, 실업 및 기타 수당에 대한 긴축 정책으로 인해 장애 수당 신청자에 대한 대중의 적대감이 커졌다.

21세기의 주요 과제는 능력과 무능력에 대한 사회적 위계와 믿음이 한동안 변함없이 지속될 가능성이 높다는 점에서, 저성취자를 지역 및 국가 경제에 어떻게 적응시키는가 하는 점이다. 정부는 기술이 없다면 일부 영역에서 고용을 촉진하는 것이 무의미하다는 주장을 내놓았지만, 지역 일자리 부족과 고용주의 훈련 참여 부족이 주요 문제라는 증거가 제시되고 있다. 또한 로봇 공학과 자동화의 발전으로 저숙련 노동의 필요성이 줄어들 것이라는 주장도 있지만, 사라질 가능성이 높은 일자리는 중간 기술 범위에 있는 일자리이다. 일부 경제학자와 다른 사람들은 자본주의의 진화를 위해서는 이제 사회적 해결책을 통합해야 한다고 주장한다. 플라셸Flaschel과 그의 동료들은 자유 시장 자본주의가 실업이나 소외된 노동으로 인한 노동력 일부의 저하를 동반할 필요는 없다고 생각한다(Flaschel et al., 2012).[5] 이들은 1990년대 덴마크에서 고용주, 국가, 노조, 노동자 간의 파트너십을 통해 모두에게 안정과 기본 소득을 제공하는 노동 관행을 만들어 낸 것과 같은 종류의 고용안정 시스템을 구상하고 있다. 이 모델은 국가가 민간 산업에 종사하지 않는 사람들, 실업자, 은퇴했지만 여전히 일하기를 원하는 사람들에게 일자리를 제공하는 '우선 고용주'라고 가정한다. 플라셸 모델은 경쟁 환경을 가정하지만, "현재 전 세계 자본주의의 상황은 …… 엘리트 행동의 대규모 실패로 특징지어진다."(같은 책: 18)고 지적하였다. 이러한 실패에는 글로벌 엘리트들이 누리는 이점과 금융 엘리트들의 탐욕이 포함되며, 이로 인해 많은 사람들이 타락하고 있다. 노동당 집단도 기술이나 잠재력과 관계없이 모든 시민을 보호하고 현재 주요 선진국에서 증가하고 있는 빈곤 수준을 방지하기 위한 방법으로 보편적 기본 소득의 아이디어를 부활시켰다(Reed & Lansley, 2016).

노동계층을 위한 교육은 장기적으로 볼 때 선진국에서 느리고 부분적인 성공을 거두었으며 더 많은 젊은이들에게 더 높은 수준의 자격을 부여하는 방향으로 계속될 것이다. 그러나 정책은 실제로 훨씬 더 많은 것을 배울 수 있는 많은 젊은이들의 무능력을 계속해서 양산하고 있다. 또한 자신이 실제로 지적으로 우월하다고 믿는 엘리트들도 계속해서 양산할 것이다. 이러한 교육 격차의 결과는 지극히 불평등한 사회에서 계속 나타날 것이다. 아동이 결핍되어 있고, 학교와 교사가 실패하고 있으며, 사회 이동성이 정체되어 있고, 성취도가 낮은 젊은이들이 의욕이 없고, 파괴적이며, 기술이 부족하다는 미사여구는 개인의 결함보다는 정부 정책의 결과이다. 긍정적인 정책은 학력 수준에 관계 없이 모든 사람들에게 일자리를 제공해 주고, 어떤 수준의 일을 하든 근로자를 존중하며, 적절한 임금을 지급하고, 취업 능력은 없지만 여전히 시민으로서 가치 있는 사람들을 돌볼 수 있는 경제와 사회를 개발하는 데 중점을 둘 수 있다. 정부와 그 조언자들이 '세계 최고 수준의 교육 시스템'을 만들고 싶다고 주장할 때, 그 세상은 누구를 위한 세상일까?

미주

1) 한 Tory MP[토리당 의원]는 빈민층을 위한 교구 학교[parish schools] 설립 법안에 반대하면서 "빈민층 노동계층에게 교육을 제공하면 …… 그들이 인생에서 자신의 운명을 경멸하도록 가르치고 …… 선동적인 팸플릿과 악의적인 책을 읽게 하고 상사에게 무례하게 만들 것"이라고 주장했다[David Giddy. 의회 토론. Hansard, 1807년 7월 IX권 798쪽, Simon, B. (1960: 132)]
2) 구조 대 인간의 주체성의 문제는 영원한 사회학적 쟁점이다. 라이트 밀[Wright Mill]의 널리 인용되는 저서(1959)는 사적이고 개인적인 문제가 실제로는 공적인(구조적인) 문제라는 개념을 지지했으며, 개인들이 이러한 구조 내에서 취할 수 있는 행동에 대해 논의했다. 주목할 만한 점은 그의 잘 알려진 이 저서 전체에 걸쳐 여성에 대한 언급이 없고, 참고 문헌에 여성 작가가 인용되지 않았다는 점이다.
3) 새비지[Savage](2015)와 마찬가지로, 나는 인종이 사회학적 이해의 중심이기는 하지만 '최근 몇 년 동안 계층이 사회학적 분석의 중심이라고 주장해 온 사회학자 그룹' 중 한 명이다(Tomlinson, 2008).
4) 2016년 사회 이동성 위원회[Social Mobility Commission]의 전략 및 커뮤니케이션 책임자 모집 광고에서는 위원회의 활동이 언론에 광범위하게 보도되고, 위원회 간행물의 영향력을 강조하는 높은 언론 프로필을 유지하면서 위원회의 영향력을 극대화하기 위해 일할 사람을 원하고 있었다.
5) 또한 플라셸[Flaschel] 모델은 고도로 훈련된 교사가 배치된 종합적인 학교 시스템, 선진화된 공공 보건 및 의료 시스템, 교육과 훈련을 받은 인력이 배치된 노인 돌봄 시스템, 기본 연금 시스템을 전제로 한다.

참고문헌

Farrell, C. (2010). "The splits between the haves and have-nots in the workplace could not be more dramatic" *The Financial Times (business week)* 1 December.

Feinstein, L. (2003). "Inequality in early cognitive development of British children in the 1970s cohort" *Economica* 70: 73-97.

Flaschel, P., Greiner, A. and Luchtenberg, S. (2012). "Flexicurity societies, educational formation and the role of elites" *Review of Political Economy* 24: 85-111.

Goldthorpe, J. (2016). "Decades of investment in education have not improved social mobility" *The Guardian* 13 March.

Ha-Joon Chang (2010). *23 Things they don't tell you about Capitalism*. London. Allen Lane.

Marsden, G. (2016). "Disadvantaged students in dire straits" Times Educational Supplement 19 February.

Mills, C. Wright (1959). *The Sociological Imagination*. Oxford. Oxford University Press.

Philpot, R. (ed.). (2011). *The Purple Book*. London. The Labour Party.

Piketty, T. (2014). *Capital in the 21st Century*. Cambridge MA. Belnapp Press of Harvard University Press.

Reed, H. and Lansley, S. (2016). *A Universal Basic Income*. London. Compass.

Rex, J. (1974). *Sociology and the Demystification of the Modern World*. London. Routledge and Kegan Paul.

Savage, M. (2015). *Social Class in the 21st Century*. London. Pelican Books.

Shildrick, T., MacDonald, R., Webster, C. and Garthwaite, K. (2010). *The Low Pay, No Pay Cycle: understanding recurrent poverty*. York. The Joseph Rowntree Foundation.

Simon, B. (1960). *Studies in the History of Education 1780-1870*. London. Lawrence and Wishart.

Tomlinson, S. (2008). *Race and Education: policy and politics in Britain*. Maidenhead Open University Press/McGraw Hill.

찾아보기

ㅁ

ㅂ

ㅅ

저자 소개

샐리 톰린슨 Sally Tomlinson은 영국 런던대학교 골드스미스 칼리지의 명예교수이자 영국 옥스퍼드대학교 교육학과 명예 연구 위원이다. 교육 정책, 특수교육, 소수집단 교육 분야에서 30년 넘게 저술과 연구를 해 왔다. Routledge에서의 최근 저서로는『무지한 멍청이들? 글로벌 지식 경제의 저성취자Ignorant Yobs? Low Attainers in a Global Knowledge Economy』(2013)와『인종, 계층, 특수교육의 정치The Politics of Race, Class and Special Education』(2014)가 있다.

역자 소개

강종구(Jong-Gu Kang)

대구대학교에서 특수교육 및 통합교육을 가르치고 연구해 왔다. 미국 밴더빌트대학교 대학원 교육학(특수교육학과) 석사, 컬럼비아대학교 대학원 교육학(교육과정 및 교수학과) 박사 학위를 취득했다. 특수교육과 통합교육 분야에서 많은 저술을 남겼고, 주요 저서 및 역서로는『학습장애 총론: 전문성 구축을 위한 입문서』(공저, 학지사, 2014),『포커스 그룹 연구 방법론: 이론과 실제』(공역, 학지사, 2018),『장애학과 통합교육: 통합학급 운영을 위한 비판적 실제』(공역, 학지사, 2020),『모든 학생 학습 참여를 위한 보편적 학습 설계와 통합교육』(공역, 학지사, 2023) 등이 있다.

김라경(Rah-Kyung Kim)

가톨릭대학교 특수교육과 교수로 재직하며, 발달장애 교육, 장애학생의 진로·직업교육, 의료적 지원체계, 장애인 교원 지원 정책 등을 연구해 오고 있다. 이화여자대학교 특수교육과를 졸업하고, 미국 일리노이주립대학교(University of Illinois at Urbana-Champaign)에서 특수교육학 석·박사 학위를 취득했다. 교육부·보건복지부·고용노동부 등과 다양한 연구과제를 수행했으며, 약 70편의 학술논문을 발표했고, '장애청소년 진로성숙도검사'와 '장애학생 전환능력검사'를 개발했다. 주요 저서로는『특수교육 진로와 직업교육론』(공저, 학지사, 2022),『장애학생을 위한 전환교육의 이해와 적용』(공저, 학지사, 2023) 등이 있다.

김지연(Ji-Yeon Kim)

한국체육대학교에서 특수교육과 장애학을 가르치고 있다. 단국대학교 특수교육과에서 학사, 동대학교 대학원(특수교육학과)에서 석사, 미국 캘리포니아대학교 대학원 교육학과(특수교육 및 장애학 전공)에서 박사 학위를 취득했다. 특수학교, 특수학급, 특수교육지원센터에서 특수교사로 15년 이상 근무했고, 특수교육 정책과 제도에 대해 관심을 가지고 연구하고 있다.

강성구(Seong-Goo Kang)

국립공주대학교사범대학부설특수학교에서 고등학교 특수교사로 일하고 있다. 성균관대학교 인지과학(인지심리) 석사, 부산대학교 교육학(특수교육학) 석사, 국립공주대학교 교육학(통합교육) 박사 학위를 취득했다. 경기도에서 특수교사를 거쳐 국립특수교육원에서 교육연구사로 일했으며, 최근 통합교육과 직업특성화교육 등에 관심을 가지고 연구하고 있다. 연구발간물로는 「장애학생 디지털교과서 제작 지침 및 활용 시나리오 연구」(2018), 「나랑 놀자! 소프트웨어」(2019), 「미래형 특수교육 교실 표준모델 개발 연구」(2019)가 있고, 주요 역서로는 『모든 학생 학습 참여를 위한 보편적 학습 설계와 통합교육』(공역, 학지사, 2023) 등이 있다.

김소현(So-Hyun Kim)

대구에서 특수교사로 근무 중이다. 대구대학교 특수교육학과에서 지적학습발달장애 전공으로 석사 학위를 취득했다. 특수교육 현장에서 쌓은 경험을 바탕으로 학생들의 학습과 발달을 지원하고 있으며, 특수교육 분야의 발전을 위해 지속적으로 노력하고 있다.

장애학생과 저성취 학생을 위한 교육 정책
특수교육과 통합교육의 사회학
A Sociology of Special and Inclusive Education:
Exploring the manufacture of inability

2025년 3월 5일 1판 1쇄 인쇄
2025년 3월 10일 1판 1쇄 발행

지은이 • Sally Tomlinson
옮긴이 • 강종구 · 김라경 · 김지연 · 강성구 · 김소현
펴낸이 • 김진환
펴낸곳 • ㈜학지사
04031 서울특별시 마포구 양화로 15길 20 마인드월드빌딩
대표전화 • 02-330-5114 팩스 • 02-324-2345
등록번호 • 제313-2006-000265호

홈페이지 • http://www.hakjisa.co.kr
인스타그램 • https://www.instagram.com/hakjisabook

ISBN 978-89-997-3411-3 93370

정가 18,000원

역자와의 협약으로 인지는 생략합니다.
파본은 구입처에서 교환해 드립니다.